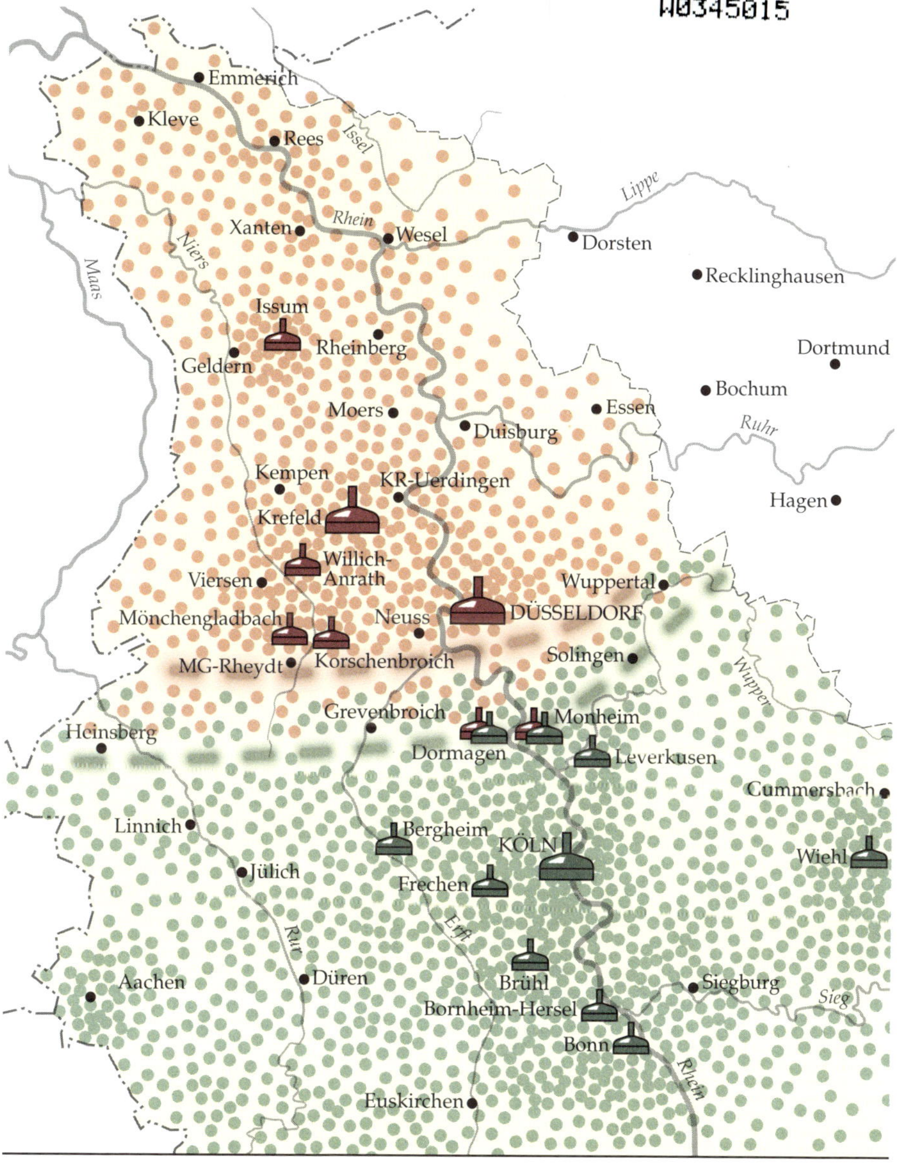

Die „Altbiergrenze“ in der Bierlandschaft Rheinland am Ende des 20. Jahrhunderts

0 20 km

Verbreitungsgebiet
- Alt
- Kölsch
- Pils / Export

Braustätten eine / mehrere
- Alt
- Kölsch

Traditionelle Bereichsgrenzen
- für Alt
- für Kölsch

- Staatsgrenzen
- Grenze des Rheinlandes

Entwurf: I. Hantsche
Kartographie: H. Krähe

Alt Bier im Alltag

Genno Fonk

Alt Bier im Alltag

Biergeschichte vom Niederrhein

Mercator-Verlag

Für Sebastian und Sabine

Die Deutsche Bibliothek – CIP-Einheitsaufnahme

Fonk, Genno:
Altbier im Alltag: [Biergeschichte vom Niederrhein] /
Genno Fonk – Duisburg: Mercator-Verlag, 1999

ISBN 3-87463-285-7

Inhaltsverzeichnis

Vorwort

Eine Kultur- und Sozialgeschichte des Altbiers am Niederrhein geht von zwei Annahmen aus: Die Bedeutung des Altbiers für das Leben der Menschen am Niederrhein übersteigt die Funktion eines bloßen Getränks bei weitem und eine relative Geschlossenheit des Untersuchungsgebiets weist hinreichende Unterschiede zum andersgearteten Umland auf. Die geschichtliche Rolle des Altbiers als Lebensmittel, Genußmittel, ja Bestandteil der Entlohnung und überhaupt als soziales Regulationsmedium ist, wie nachgewiesen wird, unbestreitbar.

Anders sieht es mit der Einheitlichkeit der „Region Niederrhein" aus. Das, was heute unter der Landschaft Niederrhein räumlich verstanden wird, hat es historisch gesehen als politische, kulturelle oder soziale Einheit so nie gegeben. Manche behaupten gar, der Niederrhein sei ein bloßes Konstrukt der Kabarettisten. Tatsache aber ist, daß Bürger, Verbände und Vereine sowie staatliche Stellen eine Region Niederrhein propagieren und der Wunsch nach einer solchen Identifikation auch tatsächlich vorhanden ist.

In einer Fragebogen-Aktion zum Thema niederrheinische Identität, die ich 1997/98 bei Kommunen und Heimatvereinen durchführte, äußerte sich der Wunsch nach Förderung des niederrheinischen Identitätsbewußtseins mit großer Mehrheit. Und gleichgültig, was den Niederrhein-Boom auslöste: Das Verlangen nach niederrheinischer Identität begründet die Existenz einer Region Niederrhein mindestens ebenso gut wie die Herleitung regionaler Identitäten durch längst vergangene vordemokratische Herrschaftsverhältnisse oder irgendwelche Verwaltungsbezirke.

Auch von außerhalb wird der Niederrhein mittlerweile als zusammenhängendes Gebiet wahrgenommen. So kann man heute durchaus mit einigem Recht von der Existenz einer Region Niederrhein ausgehen, einem Gebiet, das Rolf Purpar als „touristischen Niederrhein" bezeichnete und das sich von Emmerich im Norden, die A 2 entlang über Duisburg und Düsseldorf bis Monheim, von Dormagen bis Heinsberg erstreckt. Im Westen endet die Region Niederrhein an der niederländischen Grenze. Interessant ist hierbei, daß dieses auch im NRW-Landschaftsplan 2000 definierte Gebilde ziemlich genau dem Hauptverbreitungsgebiet des Altbiers entsprach. Die sogenannte „Altbiergrenze" war von den siebziger Jahren des 19. Jahrhunderts bis in die siebziger Jahre des 20. Jahrhunderts eine Realität. Es scheint mir somit legitim, die heutige Region Niederrhein sozusagen „ex post" als Folie auf die Landkarte der unterschiedlichen politischen Zugehörigkeiten niederrheinischer Vergangenheit zu legen.

Vollständigkeit kann von einer Kultur- und Sozialgeschichte des Altbiers nicht erwartet werden, das verhindern Quellenlage und der zumutbare Umfang eines solchen Buches. Ich habe mich jedoch bemüht, alle wesentlichen Phänomene der erstaunlichen sozialen Bedeutung des Altbiers exemplarisch aufzuzeigen. Das 19. Jahrhundert nimmt dabei als Zeit radikaler Umbrüche einen besonders breiten Raum ein. Es läßt sich nicht vermeiden, ganz elementare Vorgänge des Bierbrauens darzustellen, um zu verstehen, warum in früheren Jahrhunderten nicht jeder Brauvorgang gelang, warum ein einmal angeschlagenes Faß ziemlich schnell ausgetrunken werden mußte und warum die Brauereien Kleinstbetriebe waren. Das Altbier-Glossar im Anhang vermittelt die Bedeutung der wesentlichen brautechnischen Begriffe, zu denen der Braumeister und technische Geschäftsführer der Privatbrauerei Diebels, Franz Schießl, wichtige Hinweise gab. Am anschaulichsten gewinnt man eine Vorstellung von der Kunst des Bierbrauens in der Anleitung zum Altbierbrauen – ebenfalls im Anhang. Braumeister und technischer Betriebsleiter Gerald Wurdinger von der Rhenania-Brauerei hat freundlicherweise diese Anleitung begutachtet.
Die historischen Biermaße wurden von mir anhand archivalischer Quellen neu berechnet. Daß sie auf dem preußischen Maßsystem basieren, scheint mir vertretbar, da niederrheinische Gebiete wie das Herzogtum Kleve 1614, die Grafschaft Moers mit der Exklave Krefeld 1702 und der größte Teil des alten geldrischen Oberquartiers 1713 zu Preußen kamen. Ab 1815 wurde der gesamte Niederrhein preußische Provinz. Die geringfügigen Maßabweichungen in den jülich-bergischen und kurkölnischen Gebieten des Niederrheins vor 1794 sind im Interesse größerer Übersichtlichkeit zu verschmerzen. Die Maßtabelle findet sich im Anhang 2. Der Einfachheit halber wird in den geschilderten Zeiträumen vor 1900 das Altbier kurz als Bier bezeichnet, andere Biersorten werden benannt. Der flüssigen Lesbarkeit zuliebe wurde auf Anmerkungen verzichtet; soweit sich Fundstellen der Zitate nicht aus dem Text ergeben, stammen sie aus niederrheinischen Archiven; die Quellen unbenannter Zitate aus der Literatur sind unter den Verfassernamen in runden Klammern angegeben, die entsprechenden bibliographischen Angaben finden sich im Literaturverzeichnis.
Zu danken habe ich den zahlreichen niederrheinischen Archivaren, die interessante Hinweise gaben, stellvertretend für alle Karl-Heinz Tekath vom Kreisarchiv Kleve, und den privaten Heimatforschern, die mit großer Hilfsbereitschaft Informationsmaterial und Fotos zur Verfügung stellten. Mein Dank gilt auch Hannes Cobbers, der mir beim oft mühseligen Entziffern alter Dokumente half und nicht zuletzt Klaus Schumacher, der mit großer Sachkunde und Geduld meine Computerprobleme löste. *Genno Fonk*

Einleitung

Die „Altbiergrenze" – Mythos oder historische Realität?

Altbier ist nicht nur ein Getränk unter vielen, es hat auch Identifikationsqualität für den Niederrheiner wie das Kölsch für den Kölner. Nördlich einer Linie von Krefeld über Nettetal gilt das nur noch in eingeschränktem Maße: Seit den siebziger Jahren hat hier der Absatz des Pils das Altbier überflügelt. Doch in den städtischen Gebieten um Mönchengladbach, Krefeld, besonders aber in Düsseldorf und Neuss behauptet das Altbier seine Vorrangstellung. Diese Momentaufnahme darf nicht den Blick für die Tatsache verstellen, daß der gesamte Niederrhein bis in die siebziger Jahre Altbiergebiet war. Mit gutem Recht konnte man damals die Ausdehnung des Niederrheins über seine „Altbiergrenze" definieren.
Die eigentümliche Resistenz des niederrheinischen Altbiers gegen das in der letzten Hälfte des 19. Jahrhunderts aus Bayern ins Rheinland vordringende untergärige Bier hatte zunächst klimatische Gründe. Zum Verständnis dieser Tatsache ist die Kenntnis der ober- und der untergärigen Brauweise erforderlich: Das Altbier ist ein obergäriges Bier, das heißt, die Bierhefe gärt bei Temperaturen zwischen 14° und 22°, die Hefezellen steigen dabei nach oben. Die Hefe des untergärigen Bieres gärt bei 4° bis 9°, die Hefezellen sinken während der Gärung nach unten. Bevor man das Vermehrungsverhalten der Hefen erkannte und die Züchtung von Hefen möglich wurde, war man auf die in der Luft schwebenden „wilden Hefen" angewiesen. Der Gärprozeß des Bieres durch wilde Hefen setzte nach dem Kochen und der allmählichen Abkühlung des Suds (Würze) ein. Da die höheren Gärtemperaturen der obergärigen Hefe während des Abkühlungsprozesses eher erreicht wurden als die niedrigeren der untergärigen Hefe, hatten die obergärigen Hefen grundsätzlich einen Vermehrungsvorteil: Die althergebrachte Brauweise (daher der Name Altbier) war die natürliche Art der Bierherstellung. Um untergäriges Bier zu produzieren, mußte die gekochte Würze schnell auf 4° bis 9° abgekühlt werden, damit die obergärigen wilden Hefen keine Zeit zur Vermehrung hatten und stattdessen die untergärigen Hefestämme zum Zuge kamen. Das untergärige Bier besaß gegenüber dem obergärigen keinerlei qualitative Überlegenheit, aber

seine längere Haltbarkeit machte es transportfähiger. Dies war ein Vorteil für die Braubetriebe. Die Herstellung des untergärigen Bieres setzte allerdings voraus, daß jederzeit genügend Eis vorhanden war, um die schnelle Abkühlung der Würze zu gewährleisten. In Bayern mit seinen vergleichsweise kalten Wintern stand genügend Eis von Seen und Gletschern zur Verfügung, das in Felsenkellern für die warmen Sommermonate gelagert wurde.

Der wirtschaftliche Vorteil der längeren Lagermöglichkeit des untergärigen Bieres überzeugte die Brauer, und so verbreitete sich die neue Brauweise, begünstigt durch die Handelserleichterungen des Deutschen Zollvereins ab 1834, allmählich in ganz Deutschland. Felsenkeller im Rheinland zur Lagerung des Wintereises gab es in der Eifel und im Bergischen Land, nicht aber in der Kölner Bucht und am Niederrhein. Hier hätte wegen der milden Winter ohnehin nicht genug Eis geerntet werden können. So hielt sich in diesem Gebiet das obergärige Bier. Damit ist ein Teil der „Altbiergrenze", die zunächst eine Klimagrenze war, hinreichend erklärt.

Wie aber entwickelte sich die Altbiergrenze zum Kölner Gebiet, in dem ja ebenfalls aus klimatischen Gründen weiterhin obergärig gebraut wurde? Die Trennlinie zwischen dem Kölner Bier und dem niederrheinischen Bier entstand schon im Spätmittelalter als Konkurrenzgrenze.

Bis in die Frühneuzeit gab es im Rheinland zwei bedeutende Brauzentren: Köln und Neuss. Das Neusser Brauwesen hatte eine alte Tradition, auch schon zu Zeiten des Grutbiers. So räumten die Kölner Brauer um 1400 unumwunden ein, daß die Neusser Grut besser als die Kölner sei. Mit dem Aufkommen des Hopfenbieres kontrollierte das Neusser Brauwesen die Hopfenproduktion des nördlichen Rheinlands und prägte den Biergeschmack dieser Region. Es gelang den Kölner Brauern nicht, mit ihrem Bier in das Verbreitungsgebiet des Neusser Biers vorzustoßen. Im Gegenteil: Da sie befürchteten, das Neusser Bier könne in ihr eigenes Absatzgebiet vordringen, verbot der Kölner Rat kurzerhand die Einfuhr des Neusser Biers. Selbst als Neuss seine beherrschende Stellung als Brauzentrum verloren hatte, blieb das Neusser Bier Vorbild für die Biere des Niederrheins. Damit war die Grenze zum Kölner Bier endgültig gesetzt, und sie besteht mit Überschneidungen in den Randgebieten wie Monheim und Dormagen bis heute. Interessant für diese „Grenzlage" ist, daß die Monheimer Brauerei sowohl Altbier (Monheimer Alt) als auch Kölsch (Peters Kölsch) braut, ebenso wie das Brauhaus zur Garde in Dormagen mit seinem Schusters Alt und Garde Kölsch.

Alt und Kölsch – zwei regionaltypische Biere mit Identifikationsqualität

Die Trennung der obergärigen niederrheinischen von den Kölner Bieren war durch wirtschaftliche Konkurrenz bedingt, nicht durch gravierende Geschmacksunterschiede. Wie die Biere der Frühneuzeit wirklich geschmeckt haben, läßt sich heute nicht mehr präzise nachvollziehen. Sicher ist, daß sie aus Haltbarkeitsgründen erheblich stärker gehopft waren als heute. Das Kölsch, wie wir es heute kennen, schenkte man erstmals 1892 in einer Dormagener Hausbrauerei aus – vermutlich eine Reaktion auf die neu eingeführten untergärigen Biere. Die helle goldgelbe Farbe des untergärigen Bieres entsprach wohl dem Zeitgeschmack. Das neue obergärige Bier aus Dormagen wurde schnell von Kölner Brauern übernommen und nannte sich „Kölsch Wieß".
Den milden Geschmack und die helle Farbe des Kölner Obergärigen erzielte man durch sehr weiches Brauwasser, Weizenbeigabe zum Braumalz und schwache Röstung des Braumalzes. Vor der Erfindung des „Kölsch Wieß" ähnelte das Kölner obergärige Bier dem Altbier; Fotos aus Kölner Brauereien vor 1892 zeigen deutlich die dunkle Farbe des damaligen Kölner Biers. Der Name „Kölsch" für das neue Kölner Bier tauchte in Anlehnung an den Begriff „Kölsch Wieß" in den ersten Jahren des 20. Jahrhunderts auf. Das Altbier dagegen hielt Geschmack und Farbe nach traditioneller Art bei. Der Name Altbier ist recht neu, es war ein Unterscheidungsbegriff zum neuen untergärigen Bier und besagte nicht etwa, daß das Altbier ein besonders altes Bier war, sondern ein Bier der althergebrachten Brauweise. Umgangssprachlich tauchte der Name Altbier ebenso wie der Name Kölsch in den ersten Jahren des 20. Jahrhunderts auf, aber im Gegensatz zum Kölsch wurde der Begriff „Alt" erst ab 1950 Bestandteil von Markennamen der Altbierbrauereien. „Alt" war wohl schon damals ein negativ besetzter Begriff.
Die Kölner Brauer sicherten sich mit dem genialen Schachzug, den Namen „Kölsch" für obergäriges Bier aus Köln gesetzlich schützen zu lassen, eine Art Monopolstellung gegenüber dem Umland. Von diesen Vorteilen inspiriert, versuchten daraufhin auch die Düsseldorfer Altbierbrauer, sich die lästige Konkurrenz vom übrigen Niederrhein vom Hals zu halten und ließen den Begriff „Düssel" für in Düsseldorf gebrautes Altbier schützen. Dieser Sortenname setzte sich aber nicht durch; sowohl die Düsseldorfer als auch die übrigen niederrheinischen Altbiertrinker nann-

ten ihr Lieblingsgetränk mit geradezu boshafter Konstanz „Alt". Das war auch berechtigt, denn das Düsseldorfer Alt unterschied sich weder optisch noch geschmacklich von dem am gesamten Niederrhein gebrauten Altbier. So waren im nördlichen Rheinland, der letzten zusammenhängenden Bastion obergäriger Brauweise in Deutschland, zwei Biere verbreitet, die in Aussehen und Geschmack unterschiedlicher nicht sein konnten. Dem Kölschtrinker erscheint das Alt bitter, der Altbiertrinker findet, daß Kölsch „labbrig" schmeckt. Die unversöhnlich scheinende Front zwischen Altbier- und Kölschtrinkern ist jedoch nicht nur vom unterschiedlichen Biergeschmack geprägt, Niederrheiner und Kölner identifizieren sich auch über Alt und Kölsch mit ihrer Region. Nicht ganz ernst gemeinte, aber sorgsam gepflegte Ressentiments, vor allem zwischen Düsseldorfern und Kölnern, finden sozusagen im „ungenießbaren" Bier des anderen Bestätigung.

Die Rolle der obergärigen Traditionsbiere bei Festen, Kirmessen, Karneval und alten Bräuchen ist ungebrochen. Die augenzwinkernde Zuneigung zum vertrauten Altbier verdeutlicht beispielhaft die Namenswahl der einzelnen Züge beim größten Schützenfest des Rheinlands in Neuss: „Alt-Herren", „Die Oberjä(h)rigen", „Pittermännches", „Flaschenzug", selbst die gegen Ende des Schützenfestes knappe Bierkasse wird bedacht: „Hätte mer noch e Fäßke" oder schlimmer noch „Immer blank", „Ärm Söck". Und der alte Düsseldorfer Karnevalsschlager mit dem Refrain „Ja sind wir denn im Wald hier? Wo bleibt unser Altbier?" wurde von der Rockgruppe „Tote Hosen" in zeitgemäße Form gebracht. Altbier wurde und wird besungen, bedichtet und gemalt. Kein anderes Getränk, auch kein anderes Bier, verfügt über eine Identifikationsqualität wie Alt und Kölsch.

Altbier und „niederrheinische Mentalität"

Das Altbier, so wie wir es heute kennen, hat als einziges Bier eine ungebrochene Tradition, die bis ins Spätmittelalter zurückreicht. Damals war das Alt keineswegs eine niederrheinische Spezialität, es wurde in ganz Deutschland getrunken. Daß es sich aber gegenüber dem untergärigen Bier durchsetzen konnte, liegt zum großen Teil an der schon beschriebenen Klimagrenze, aber nicht ausschließlich. Denn die von Carl von Linde 1879 entwickelte Kühlmaschine für Brauereien ermöglichte nun auch am Niederrhein das Brauen von untergärigem Bier. Zwar produzierten einige

Brauer untergäriges Bier neben dem Alt, doch die Niederrheiner blieben ganz überwiegend bei ihrem altbekannten Getränk. Beruhte dies auf einer besonders konservativen Mentalität, einer instinktiven Abwehrhaltung gegen alles Neue?

Über die niederrheinische Mentalität ist viel fabuliert worden, nicht erst seit Hanns Dieter Hüsch. Die übergroße Zuneigung der Niederrheiner zu ihrem Bier und die Begründung dafür aus deren Mentalität haben schon in vergangenen Jahrhunderten Fremde zu allerlei Mutmaßungen veranlaßt. So beschrieb um 1805 während der französischen Besetzung der Unterpräfekt Jacob Johann Bouget die Moerser stellvertretend für alle Niederrheiner als zwar phlegmatisch, aber von Natur aus gut und führte dies unter anderem auf den reichlichen Genuß von Bier zurück. Das fiel Fremden immer wieder an den Niederrheinern auf: ein behäbiges Temperament und ein enormer Bierkonsum.

Dagegen schwanken die Selbstbeschreibungen der Niederrheiner und der Bewohner einzelner niederrheinischer Städte zwischen euphorischer Selbstverherrlichung und abgrundtiefer Verdammung. Eine Art Niederrhein-Hymne vom Anfang des 20. Jahrhunderts, „bewegt und mit Begeisterung" in D-dur zu singen, teilte unter anderem folgendes mit: „Noch wurzelt echte deutsche Sitte in meines Volkes starker Brust, noch prangt in meines Landes Mitte der Baum der Treu in Frühlingslust. Du strahlst ins Herz mit hellem Schein, mein Heimatland, o Niederrhein!" Dieses Lied geriet schnell in Vergessenheit, vielleicht weil im gesamten dreistrophigen Text nirgendwo von Bier, ja von überhaupt keinerlei Getränken die Rede war. Die neuromantische Beschreibung der Neusser Mentalität durch den Heimatdichter Karl Schorn entspricht weitgehend anderen Schilderungen des niederrheinischen Naturells: „Schweres Kaltblut trifft hier zusammen mit leichtem Warmblut, dem Haftenden begegnet das Bewegliche, dem Bedächtigen das Unternehmungslustige, dem Deftigen das Verfeinerte. Eine Neigung zum Gemächlichen, gefühlsbetont Gemütlichen, leiblich betont Behäbigen, das gern zum Phlegma sich gehen läßt, ein Hang zum Besinnlichen, der in Stubenenge zur Eigenbrötelei sich verkapselt; demgegenüber Lust an Geselligkeit, am vergnügt und laut bewegtem Leben, Festfreudigkeit bis zum Leichtsinn, aber doch eine Festfreudigkeit, die im Ablauf einer langen Tradition in kulturgültige Formen gebunden wurde…"

Mit kurzen Worten gesagt: Der Niederrheiner ist bequem und feierfreudig.

Ziemlich negativ resümiert der Mönchengladbacher Lehrer und Schriftsteller Paul Eßer das, was bislang über die Mentalität der Niederrheiner geschrieben und gedichtet wurde so: „Im Verhalten ein schwerfälliger Gestus, begriffsstutzig, immer wieder vom Geschehen überrumpelt, sich durchwurstelnd durchs Nichtbegriffene, ein mit dem Kopf nach hinten geborener Traditionalist, mit den Händen ängstlich Rosenkranz und Bierglas umklammernd..."

In der Tat vermitteln manche Heimatdichter ein antiquiertes Bild von den Niederrheinern. Selbstverständlich waren vor allem die im Ländlichen lebenden Niederrheiner provinziell, als es noch keine Zeitungen gab, als Informationsquellen ausschließlich Pfarrer und Lehrer, die wichtigsten Gebäude Kirche, Rathaus und Kneipe waren (wenn auch nicht unbedingt in dieser Reihenfolge). Das war im übrigen Deutschland nicht anders. Auch Zuschreibungen wie „Am Niederrhein sind sogar die Steckrüben katholisch" von Heinrich Böll gehen an den Tatsachen vorbei, da es vor allem in den ehemals preußischen Territorien des Niederrheins starke protestantische Gemeinden gab. In diesen Gebieten herrschte religiöse Toleranz, die aber nicht mentalitätsbedingt, sondern aus überwiegend wirtschaftlichen Gründen politisch verordnet war.

Überhaupt ist allen Mentalitätsbeschreibungen gegenüber Skepsis angebracht, die Niederrheiner sind nicht anders als andere Menschen auch. Sicher scheinen nur zwei niederrheinische Charakteristika zu sein: der unglaubliche Bierdurst vergangener Zeiten und ein bodenständiger Realismus. Der alte niederrheinische Spruch „Besser bang jeloofe als kühn jefalle" kennzeichnet treffender als alle Heimattümeleien den nüchternen Pragmatismus des Niederrheiners.

Die abwartende – nicht feindliche – Haltung gegenüber dem Neuen mag auch ein Grund für den Erhalt des Altbiers am Niederrhein sein. Die sprichwörtliche Verbundenheit des Niederrheiners mit seinem Lieblingsgetränk kommt auch in alten Redensarten zum Ausdruck: In Düsseldorf nannte man einen gerade geborenen Jungen „ne Jebraute", und im Gelderland sagte man „Backen, brauen, Fleisch uthauen" zu einer vollständig fertiggestellten Sache. Und zahlreiche Straßennamen erinnern daran, daß es vor 150 Jahren kaum eine Gemeinde am Niederrhein gab, in der kein Bier gebraut wurde.

Altbier gegen Alkoholismus

Anders als heute war das Bier bis zum 19. Jahrhundert Nahrungsmittel, Medizin, Naturallohn; als „Bierstrafe“ in genau festgelegten Mengen diente es dem Ausgleich sozialer Streitigkeiten, mit Bier wurden durchziehende Soldaten besänftigt, Schöffen bestochen und Gericht gehalten. Bei den jahreszeitlichen Festen floß das Bier in Strömen, und Taufen, Hochzeiten und Begräbnisse waren ohne reichlichen Biergenuß undenkbar. Der Bierkonsum begleitete die Menschen von der Wiege bis zur Bahre. Wenn auch die „Obrigkeit“ die ärgsten Exzesse per Erlassen zu verhindern suchte, war die Trunkenheit sozial akzeptiert. Der gewaltige Bierkonsum am Niederrhein darf nicht darüber hinweg täuschen, daß die Menschen damals in Armut lebten und die Ausgaben für Lebensmittel den weitaus größten Teil ihres Einkommens verschlangen. Nur die Reichen konnten sich Essen und Trinken im Überfluß leisten. Für die ländliche und städtische Durchschnittsbevölkerung war das Überleben vor allem in harten Wintern und nach den gar nicht so seltenen Mißernten ein Problem. Nur wenn man es sich leisten konnte, wurde gefeiert. Dann aber kam es oft zu Alkoholexzessen, weil man die legendären Gelage der Reichen imitieren wollte. Dabei mußte Quantität die Qualität ersetzen.

Daß Bier damals als Lebensmittel angesehen wurde, hatte bei der mangelhaften Ernährung in gewisser Weise seine Berechtigung. Hinzu kam, daß das Trinkwasser zumindest in den Städten wegen fehlender Hygiene von sehr schlechter Qualität war, das Bier aber relativ keimfrei, da das Kochen der Bierwürze vor der Gärung die Mikroorganismen im Bier abtötete. Der Biergenuß verstieß auch gegen kein kirchliches Fastengebot, und sogar Pfarrer wurden mit Bier oder Braumalz entlohnt. Bei den damals getrunkenen Biermengen von durchschnittlich 350 Litern pro Kopf und Jahr ist zu berücksichtigen, daß das Bier bis in das 19. Jahrhundert hinein einen geringeren Alkoholgehalt hatte und daß ein angeschlagenes Faß wegen mangelnder Haltbarkeit des Biers sofort ausgetrunken werden mußte.

Der Beginn der Industrialisierung zu Anfang des 19. Jahrhunderts brachte eine Verelendung breiter Bevölkerungsschichten mit sich, der billige Kartoffelschnaps mußte das teurere Bier ersetzen. Gegen die „Branntweinpest“ versuchten Mäßigkeitsvereine vergeblich den völligen Verzicht auf Alkohol durchzusetzen. Erst die Besserung der sozialen Verhältnisse und der Zwang zur Selbstkontrolle durch die Bedienung

komplizierter werdender Maschinen löste das Alkoholismusproblem gegen Ende des 19. Jahrhunderts weitgehend. Dabei wurde Bier erfolgreich als ein Hilfsmittel gegen den Schnapskonsum propagiert. Selbst die Nationalsozialisten, die gegen den „Volksverderber Alkohol“ agitierten, mußten dem Bier seine bedeutende Rolle belassen.
Gegen Bier ist oft vorgebracht worden, es sei ein „Arbeiter-Gesöff“. Diese arrogante Meinung ist grundfalsch: Es ist geradezu ein Merkmal der typischen Altbiergaststätte, daß soziale Unterschiede hier bedeutungslos sind. Der Schriftsteller Paul Kollbach beschrieb 1912 das Fehlen dieser Gegensätze in einer niederrheinischen Altbierwirtschaft so: „Dieses Zusammensein von hoch und niedrig, von reich und arm, bei dem scheinbar aller sozialer Gegensatz ausgeglichen ist, macht einen trefflichen Eindruck und gewiß gewinnen dabei auch beide Teile. Da könnte denn selbst ein Abstinenzler milde gestimmt sein, ob solch volkserzieherischer Wirkung.“ Das „gesellige Trinken“ in der Altbierkneipe, mit Freunden und Fremden an der Theke beim Altbier zu debattieren, kennzeichnet den niederrheinischen Altbiertrinker.
Die Fachzeitschrift „Getränkemarkt“ berichtete 1986 über eine Untersuchung zur Typologie der Biertrinker: „Besonders deutlich hebt er (der Altbiertrinker) sich von ihnen (den Trinkern anderer Biersorten) aber ab von seinen liebsten Freizeitbeschäftigungen, von denen an erster und einsamer Stelle der Kneipenbesuch steht.“ Die Neigung zum geselligen Trinken des Niederrheiners drückt sich auch darin aus, daß der Faßbieranteil beim Alt höher ist als bei allen anderen Biersorten. Bei allen Veränderungen, die das Trinken im Laufe der Jahrhunderte erfahren hat, zeigt die typische Altbiergeselligkeit des Niederrheiners eine Verbindung zu den wilden und turbulenten Trinksitten der Vergangenheit.

I. Vom Grutbier zum Hopfenbier

Das alte Bier – Lebensmittel und Medizin

Die Ursprünge des Biers liegen im dunkeln; sehr wahrscheinlich geht seine Erfindung auf einen Zufall zurück: Feucht gewordenes Getreide begann unter der Einwirkung wilder Hefen zu gären und entwickelte Alkohol. Auch die Erfindung des Brotes dürfte auf die zufällige Entdeckung der Hefewirkung zurückzuführen sein: Diese Gemeinsamkeit im Umgang mit Hefe brachte mit sich, daß Brauer häufig aus dem Bäckergewerbe hervorgingen und beide Handwerke bis ins 18. Jahrhundert gelegentlich in einer einzigen Zunft vereinigt waren. Der so zufällig entdeckte alkoholhaltige Getreidesaft fand offensichtlich allgemeines Gefallen und wurde daraufhin systematisch produziert.

Das erste Bier dürften wohl die Sumerer vor rund 6000 Jahren getrunken haben. Die öffentliche Bedeutung des Biers scheint immerhin so groß gewesen zu sein, daß die Beschaffenheit des Biers schon im Altertum gesetzlich vorgeschrieben war und Bierpantscher mit drastischen Strafen bedroht wurden. Der Kodex des Hammurabi, eine in Stein gemeißelte Gesetzessammlung aus dem zweiten vorchristlichen Jahrtausend, sah für den Frevel des Bierpantschens das Ertränken in den eigenen Bierfässern vor – eine sehr tatnahe Strafe. Auch die Ägypter waren leidenschaftliche Biertrinker, davon künden zahlreiche Hieroglyphen. Wie allerdings die damaligen Biere geschmeckt haben, läßt sich kaum nachvollziehen, obwohl es immer mal wieder Versuche gab, die alten Biere nachzubrauen. Der letzte Versuch galt dem ägyptischen Bier: Der britischen Archäobiologin Delwen Samuel gelang es, die ägyptischen Bierzutaten aus archäologischen Funden zu ermitteln. Gebraut wurde demzufolge aus Emmer (einer alten Weizenart), Koriander und Wacholder. Als PR-Gag braute man anläßlich der Übernahme des Londoner Kaufhauses Harrods durch den Ägypter Al Fayed das ägyptische Bier nach und verkaufte es flaschenweise. Ein Experte der Brauerei äußerte sich aber geringschätzig zum ägyptischen Bier, es sei kein Bier für Kenner und nur etwas zum „Runterkippen".

Keine hohe Meinung vom Bier hatten die weintrinkenden Römer, das Bier der Gallier bezeichneten sie als stinkenden Saft aus im Wasser verfaulten Getreide. Und für Tacitus war das Bier der Germanen ein schauerliches Gebräu von sehr entfernter Ähnlichkeit mit Wein. Die Römer brachten den Weinbau an den Niederrhein, und so blieb der Wein bis ins Spätmittelalter hinein das bevorzugte alkoholische Getränk der Wohlhabenden am Niederrhein. Das bedeutete aber nicht, daß Bier nun eine kümmerliche Nischenexistenz führen mußte. Die Germanen wußten mit dem Wein ohnehin nicht so recht umzugehen, sie tranken ihn in den Mengen, die sie vom Bier her gewohnt waren, und das endete meist in Bewußtlosigkeit. Den Bierrausch dagegen schätzten die Germanen als Mittel der Erkenntnis. Auch die altnordische Dichtung „Edda“ weiß mitzuteilen: „Bierwort wird wahr“. Das Bier wurde im Mittelalter als „gar christliches Getränk“ angesehen, und so ist es kein Wunder, daß der als Vorbild für viele mittelalterliche Klöster geltende „St. Gallener Klosterplan“ allein drei Bierbrauereien enthielt, die mit den drei Klosterbäckereien räumlich verbunden waren. Der Kardinal Nonnatus (1204–1240) lobte das Bier als „reiche Nahrung“, es mache „ein gut Geblüt“, verhindere Nierensteine und verursache keine Kopfschmerzen. Selbst kosmetischen Nutzen bei äußerlicher Anwendung sah Nonnatus, Bier mache eine natürliche Farbe und eine „gelinde, saubere und reine Haut am Leibe“.

Die älteste deutsche Darstellung des Bierbrauens von 1397. Links oben das Zunftzeichen der Brauer

Das mittelalterliche Bier war zwar obergärig, hatte aber nur wenig Ähnlichkeit mit dem Altbier, wie wir es heute kennen. Es wurde nicht mit Gerste und Hopfen, sondern mit einer Kräutermischung eingebraut.

Diese Mischung, die Grut (Kraut), bestand aus den unterschiedlichsten und teilweise abenteuerlichen Zutaten, vor allem aus den Blättern des Gagelstrauchs, der in den Moor-, Sumpf- und Heidegebieten des Niederrheins gedieh. Hinzu kamen dann Porsch (wilder Rosmarin), Kümmel, Lorbeer und Wacholder. Weitere Zutaten zur „Geschmacksverfeinerung" wurden nach Phantasie der Grüter beigemengt: Harz, harte Eier, Kreide, Torf, Ruß, Ochsengalle, Schlangenkraut, für Duisburg sind auch Kirschen als Bestandteil der Grut bezeugt.
Die Ingredienzen der Grut wurden in den Gruthäusern gekocht, getrocknet, zum Schluß gemahlen und dann gegen Zahlung des „Grutgeldes" abgegeben. Das Recht, Grut herzustellen und zu verkaufen, stand allein den Territorialherren und einigen Klöstern und Stiftungen zu. Diese konnten die „Grutgerechtsame", also das Grutrecht, verpachten. So hatte der Graf von Kleve der Stadt Wesel die Grutgerechtsame verkauft, die der Stadt einen Reingewinn einbrachte, aus dem sie bis zu einem Viertel ihres Haushalts bestreiten konnte. Da die Grutproduktion durch das Grutrecht monopolisiert war, bildete sie eine zuverlässige Einnahmequelle für die Inhaber des Grutregals. Eine Urkunde aus dem 15. Jahrhundert belegt, daß Kalkar durch Bier und Wolle groß, reich und ansehnlich geworden war.
Schon seit dem frühen Mittelalter sah man Bier als Lebensmittel an, was angesichts der abwechslungsarmen Ernährung nicht verwundert. Mißernten, Unwetter, Kriege und plündernde Söldner ließen vor allem der Landbevölkerung kaum das Nötigste zum Leben. So blieben oft nur in der Natur gesammelte Pflanzen und Getreide als Nahrung: Es gab Getreidebrei aus Wasser und Mehl, manchmal verfeinert durch Beimischung von Rüben und Möhren. Besonders geschätzt waren Bierbrei und Biersuppen.
Vollbier konnten sich die meisten Menschen nicht leisten, die Armen mußten sich mit Dünnbier zufriedengeben. Der Bedeutung des Biers entsprach die Ritualisierung des Biergenusses schon im Hochmittelalter. Außer als tägliche Nahrung in Form von Dünnbier wurde Vollbier zu bestimmten Festen und Gelegenheiten gespendet. So war es üblich, daß die Grundherrschaft des Fronhofes Ribbrock am Helenentag ihren Zinspflichtigen acht Quart Bier und eine gebratene Gans gewährte. Das Bier hatte auch eine wichtige medizinische Bedeutung: Da das Wasser insbesondere in den Städten von Fäkalien und allem möglichen Unrat verschmutzt war, bot das Grutbier, das vor der Gärung gekocht wurde, eine

akzeptable Alternative zum Trinkwasser. In mit Schenken verbundenen Apotheken wurde mit Heilkräutern versetztes Bier als Medizin ausgeschenkt.

Mit dem Aufkommen des neuen Hopfenbieres ging die Zeit des Grutbiers unwiderruflich zu Ende, doch erinnern noch heute Straßennamen in fast allen niederrheinischen Gemeinden an die jahrhundertealte Grutbierzeit: Gageldonk, Gagelweg, Grutkamp, Am Gruithus, Am Grütherhof, Grütgen und viele weitere Variationen. Auch der Name Grünstraße hat nichts mit Grünzeug zu tun, sondern leitet sich von Grut ab.

Der Hopfen verdrängt die Grut – das erste „Altbier“

Das erste Hopfenbier wurde kurz vor 1300 in den norddeutschen Hansestädten wie Hamburg und Bremen getrunken. Von dort aus verbreitete es sich in den Niederlanden und drang an den Niederrhein vor. Nachgewiesen ist es 1384 erstmals in Wesel, ab 1388 braute man das neue Bier auch in Neuss. Um 1450 schließlich war dieses erste „Altbier“ am gesamten Niederrhein verbreitet Das neue Hopfenbier hatte gegenüber dem Grutbier erhebliche Vorteile. Der Hopfen, dessen beruhigende und konservierende Wirkung schon lange bekannt war, garantierte längere Haltbarkeit des Bieres, und die Beschränkung auf die Brauzutaten Braugerste, Hopfen und Wasser sorgte für einen relativ gleichbleibenden Geschmack des Bieres. Die Gärung besorgten nach wie vor die wilden Hefen, und die Unberechenbarkeit dieser zufälligen Gärung ließen so manchen Brauvorgang mißlingen. Dieses erste Altbier war von rot-brauner Farbe und wurde deshalb gelegentlich Rotbier genannt.

Die Einführung des Hopfenbiers stieß allerdings bei den Inhabern des Grutregals auf erbitterte Ablehnung, drohten ihnen doch erhebliche Einnahmeverluste. So wurde das Hopfenbier erst einmal verboten. Die Stadt Wesel untersagte 1377 sogar, das Hopfenbier zu trinken. Die Äbtissin von St. Quirin in Neuss als Grutrechtsinhaberin gab ihren Widerstand gegen das neue Bier erst nach zähen Verhandlungen mit dem Neusser Brauamt (Brauerzunft) auf, nachdem man sich auf die Besteuerung des Braumalzes einigte. Damit war die erste echte Biersteuer eingeführt, denn im Gegensatz zum Grutgeld wurde nur noch kassiert, aber nichts mehr geliefert. Um 1450 hatte sich die Braumalzsteuer allgemein am Niederrhein durchgesetzt, und dem Erfolg des Hopfenbieres stand nichts mehr im Wege.

Begünstigt wurde die Verbreitung des Hopfenbieres auch durch die seit dem Spätmittelalter einsetztende Klimaverschlechterung, die dem niederrheinischen Weinbau den Garaus machte. Durch weniger Sonneneinstrahlung und wesentlich kühlere Temperaturen war der niederrheinische Wein so sauer geworden, daß er Zielscheibe allgemeinen Spotts wurde. Man sprach vom „Dreimännerwein", den man nur zu dritt zu sich nehmen konnte: Einer trank und die beiden anderen mußten den Trinkenden festhalten. Und vom sauren Wein des Klosters Kamp bekam man angeblich einen schiefen Mund. Nach dem Dreißigjährigen Krieg gab man den Weinbau am Niederrhein ganz auf.

Christliche Barmherzigkeit und Freibier in Gasthäusern

Das Mittelalter mit seiner festgefügten, ja man kann sagen, starren Ordnung ging allmählich mit der um 1400 nach Deutschland vordringenden Renaissance und dem neuen Humanismus zu Ende. Die von den italienischen Stadtstaaten ausgehende Rückbesinnung auf Werte und Ästhetik der klassischen Antike und humanistische Ideale entwarfen ein neues, individualistisches Menschenbild. Erasmus von Rotterdam suchte mit einer Synthese zwischen Humanismus und Christentum die katholische Kirche zu Reformen zu bewegen. Aus dem Konfliktfeld zwischen der in Machtbesessenheit erstarrten Kirche und den humanistischen Reformbestrebungen sollte die Reformation erwachsen, die auch den Niederrhein weiter spaltete.
Doch das neue Denken blieb vorerst auf intellektuelle Zirkel begrenzt, und das tägliche Leben der Niederrheiner änderte sich nicht. Die Welt des Spätmittelalters und der Frühneuzeit war geprägt von sozialer Unbeweglichkeit der Gesellschaft: Zunftzwang, eine rigide Ständeordnung, die Ausgrenzung von Minderheiten wie den Juden, denen das städtische Bürgerrecht verwehrt wurde, stießen große Teile der Bevölkerung in die Obdachlosigkeit. Ströme von Vagabunden, Hausierern, Krämern, Gauklern und Bettlern bevölkerten die wenigen Landstraßen, die es damals gab. Man schätzt, daß etwa 10 bis 20 Prozent der Bevölkerung zu den so Ausgestoßenen gehörten. Die hygienischen Verhältnisse, vor allem in den Städten, waren katastrophal. Befestigte Straßen gab es kaum, und so versanken die Fußgänger bis zu den Knöcheln in Matsch und Kot. Fast

Vom Gasthaus „Zum heiligen Michael" in Uerdingen ist noch die Gasthauskapelle erhalten. Sie wird von den Uerdingern „Et Klöske" genannt, nach der Nikolausfigur über dem Eingangsportal

regelmäßig auftretende Epidemien, Mißernten und kriegerische Auseinandersetzungen machten den Menschen das Leben schwer, und so bestimmte die Sorge um das tägliche Überleben den Alltag.
Den Armen wurde aus christlicher Barmherzigkeit geholfen. Vor allem im 14. und 15. Jahrhundert gründeten private Stifter und gelegentlich auch Städte „Gasthäuser", die keine Gaststätten in unserem heutigen Sinne waren, sondern Heim und Hospital für Arme und Sieche. Die Insassen der Gasthäuser wurden meist von Beginen und Begarden versorgt, die in religiöser Gemeinschaft lebten, ohne ein klösterliches Gelübde abgelegt zu haben. Gasthäuser entstanden am Niederrhein in Duisburg 1327, Neuss 1343, Goch 1358, Geldern und Erkelenz um 1400, Kleve 1428, Xanten 1432. Die Bewohner wurden verpflegt, und es stand ihnen ihr tägliches Quantum Bier zu. Ein Dokument des Gasthauses zu Kleve legte 1397 fest, daß ein gewisser Heinrich Voskens lebenslang Wohnung, Speise und Dünnbier bekommen sollte.
Ein weiteres Dokument des Klever Gasthauses verlangte 1422 vom Verwalter, er solle den „Hausarmen" wöchentlich eine Tonne Hopfenbier

geben. Im städtischen Neusser Gasthaus stand jedem Insassen täglich rund 1,5 Liter Bier zu, das waren pro Jahr immerhin 548 Liter. Viele dieser Gasthäuser brauten das Bier für den Eigenbedarf selbst. Sie finanzierten sich aus Stiftungen und Spenden, aber die arbeitsfähigen Heimbewohner mußten durch leichte Arbeiten zum Unterhalt des Gasthauses beitragen. Normalerweise waren das Arbeiten im Garten oder in der Hausbrauerei. Die Stifter der Gasthäuser verlangten als Gegenleistung meistens ein tägliches Gebet für den großherzigen Spender. In den meisten Gasthäusern nahm man allerdings nur Einheimische auf, Fremde blieben ihrem Schicksal überlassen.

Schwierig wurde die Versorgung in den befestigten Städten während der gar nicht so seltenen Belagerungen durch feindliche Truppen. Karl der Kühne hatte 1472 Geldern besetzt und bedrohte nun kurkölnisches Gebiet, um sein territorial zerrissenes burgundisches Reich zu arrondieren. Als erste stark befestigte Stadt stand ihm Neuss im Wege, das er von 1474–1475 belagerte, ohne die Stadt einnehmen zu können. Lebensmittel wurden knapp. Nur über Bier schien man in ausreichendem Maße zu verfügen.

Die (erfolglose) Belagerung von Neuss durch die Truppen Karls des Kühnen in einer zeitgenössischen Darstellung

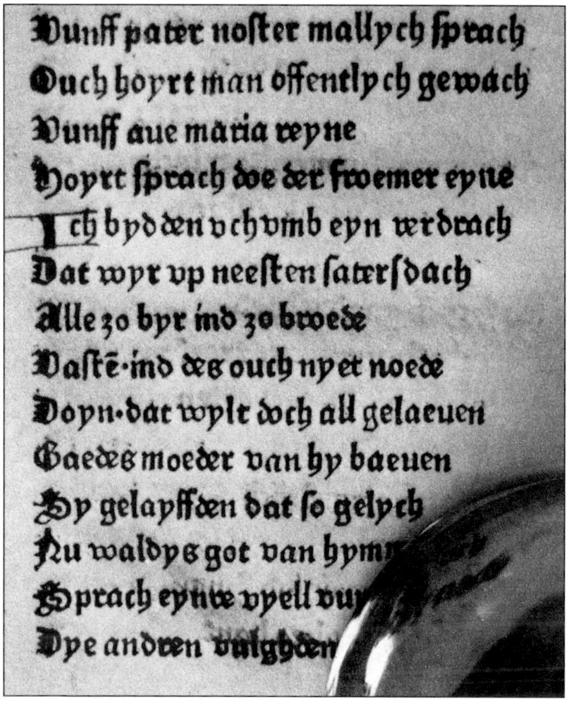
Vunff pater noster mallych sprach
Ouch hoyrt man offentlych gewach
Vunff aue maria reyne
Hoyrt sprach doe der froemer eyne
Ich bydden vch vmb eyn verdrach
Dat wyr vp neesten saterſdach
Alle zo byr ind zo broede
Vastē·ind des ouch nyet noede
Doyn·dat wylt doch all gelaeuen
Gaedes moeder van hy baeuen
Hy gelapffden dat so gelych
Nu waldys got van hym
Sprach eynre vyell vu
Dye andren vulghden

Bis ins 19. Jahrhunert hinein war Bier ein als notwendig angesehenes Lebensmittel, selbst beim Fasten war Bier erlaubt. Während der Belagerung der Stadt Neuss durch Karl den Kühnen erflehte man den Beistand der Mutter Gottes, wie hier in der Chronik des Christian Wierstraet: „‚Hört,' sprach da der Frommen einer. ‚Ich bitte euch um die Verabredung, daß wir am nächsten Samstag alle bei Bier und Brot fasten.'"

In der Chronik von Christian Wierstraet „Dye hystorij des beleegs va Nuys" (die Geschichte der Belagerung von Neuss) beschreibt der zeitgenösische Chronist, wie die Neusser die Mutter Gottes um Hilfe bitten und zu diesem Zweck bei Brot und Bier fasten wollten. Die Neusser hielten stand, und Karl der Kühne zog ab, ohne seine hochgesteckten Ziele erreicht zu haben. Wierstraet gibt die Menge des während der Belagerung verbrauchten Biers mit zehntausend Ahmen (Ohm) an (Biermaße siehe Anhang 2). Viele Niederrheiner brauten damals ihr Bier selbst, vor allem, wenn sie auf dem Lande lebten. Und die Geistlichkeit, die Naturalbezüge in Brotgetreide und Bier oder Braumalz bezog, machte da keine Ausnahme. Ein Viersener Pfarrer klagte über seinen ihm zu gering erscheinenden Naturallohn, daß ihm „die Renten bloß Bier und Brot aufbringen, nemlich 2 M (Malter) Roggen und 2 M (Malter) malz, da ja ist vur einen Priester und Pastoor Wenich genoch." (Lutterbeck)

Erschwerend kam hinzu, daß die Geistlichkeit einmal im Jahr ihren Vikaren und Küstern einen Freitrunk zu gewähren hatte. Üblich war damals das Lohnbrauverfahren: Man erhielt Braumalz, und ein Brauer verbraute dies unter Einbehaltung einer bestimmten Menge als Braulohn zu

Bier. Sehr häufig braute man aber auch selbst, und da machte die Geistlichkeit keine Ausnahme. Ein Vikar aus Kalkar hinterließ laut Testament seinen Erben einen kupfernen Braukessel und diverse Braugeräte. Bier war als Lebensmittel von Kirche und Obrigkeit anerkannt und fester Bestandteil der täglichen Kost – auch in Klöstern. In einer jülich-bergischen Polizeiordnung aus dem Jahre 1554 wird genau definiert, was als „nohtdürfftige Waaren" zu gelten hatte: Bier, Brot, Fleisch, Fisch, Butter, Käse, Speck, Öl, Hering, Stockfisch, Schollen, Salz. Diese Aufzählung scheint für die damalige Zeit recht üppig zu sein, interessant aber ist, daß Bier an erster Stelle genannt wird.

Bierstrafen und Bierspenden

Die Rolle des Biers ging weit über seine Bedeutung als Genuß- und Lebensmittel hinaus; es diente auch als soziales Regulationsmedium. Nach dem Prinzip Zuckerbrot und Peitsche wurde Bier als Belohnung gewährt oder mußte zur Strafe ausgegeben werden. Zum Beispiel erhielten aufgestellte Deichwachen und Schützen, die zu Fronleichnam die Prozession

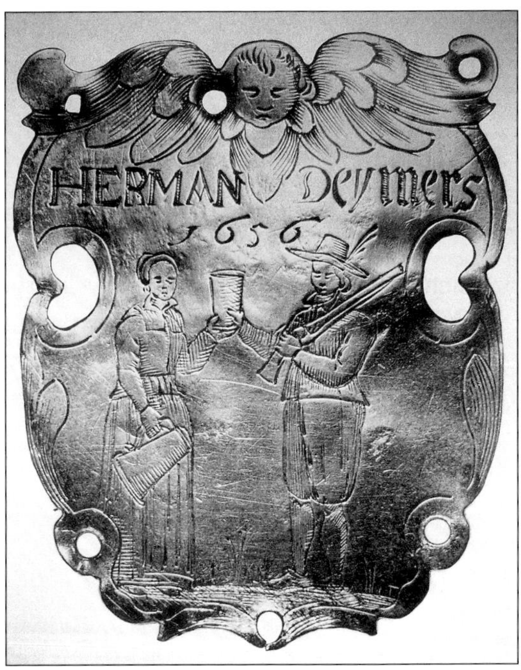

Historisches Schützensilber: Plakette des Schützenkönigs Herman Deymers von 1656. Das Motiv zeigt einen Musketier, dem von einer Frau mit Bierkanne ein Bierbecher gereicht wird.

begleiteten, Freibier. Bierstrafen in genau bestimmten Mengen gab es zu den verschiedensten Anlässen: Im Weistum (Rechtsweisung aus herrschaftlicher Satzung und gewohnheitsrechtlicher Überlieferung) der Herrlichkeit Wevelinghoven von 1500 für Vergehen „ein summeren weck und eine heringstone beiers“ und im Weistum des Holzgedings im Erftbruch 1563 „ein summeren weck und ein herinkston biers“.

Selbst die Gerichtsbarkeit konnte ohne Bier offensichtlich nicht auskommen: Im heute zu Mönchengladbach gehörenden Geistenbeck stiftete der Vogt zum Gerichtstag eine Tonne Bier, die so gut gefüllt sein mußte, daß eine Fliege ungebückt daran trinken konnte. Und wurde die Qualität des Biers angezweifelt, verschob man den Gerichtstag bis zur Gabe besseren Biers. Da früher bei weitem nicht jeder Brauvorgang gelang, kann man sich vorstellen, was das für die Gerichtsbarkeit bedeutete.

Auch im Wirtschaftsleben machte man von Bierstrafen Gebrauch: In der Landschaft zwischen Wachtendonk und Erkelenz, im Volksmund auch „Flachsland“ genannt, war die Leinenweberei stark verbreitet; bei regelmäßigen Kontrollen beschlagnahmte man in Wachtendonk fehlerhafte Webstücke, und die betroffenen Weber mußten ihrer Gilde zur Strafe eine halbe Tonne Bier liefern. Schützengilden und -bruderschaften waren ohnehin dem Bier zugetan, und so bot die Vollziehung von Bierstrafen willkommene Anlässe zu Gelagen. Ein Bruderschaftsbrief der St.-Michaelis-Schützen in Kempen legte fest, daß ein Bruderschaftsmitglied, das „Zank und Händel“ suchte oder einen anderen an „Leib oder an Ehre“ verletzen sollte, seinen Mitbrüdern zur Buße ein Ohm Bier ausgeben mußte.

Institutionalisierte Absicherungen für die Wechselfälle des Lebens gab es nicht, und so waren gute Beziehungen untereinander lebenswichtig. Man half sich auf Gegenseitigkeit in Schützenbruderschaften, Handwerksgilden und Nachbarschaften. In diesen Korporationen wurde Bier als Strafe und Belohnung zur Regulierung der Beziehungen untereinander eingesetzt. Regelmäßig veranstaltete Gelage stärkten das Zusammengehörigkeitsgefühl.

Die Nachbarschaften in den Gemeinden organisierten sich meist als „Pumpengemeinschaften“, die aus den Hauseigentümern und deren Familien im Versorgungsbereich einer öffentlichen Pumpe bestanden. Die Pumpennachbarschaft wählte in einer Art früher Demokratie aus ihren Reihen den Pumpenmeister, der die Interessen der Gemeinschaft nach innen und außen (etwa den städtischen Behörden gegenüber) wahrnahm.

Dabei ließen sich die Nachbarschaften nicht reglementieren, nahmen aber Anordnungen der Obrigkeit hin, wenn sie ihnen vernünftig erschienen. Neben Wasserversorgung und Feuerschutz als ursprünglichem Sinn dieser Gemeinschaften stand man sich bei Geburten, Hochzeiten und Sterbefällen gegenseitig bei. Zu all diesen Gelegenheiten wurde Bier in großen Mengen konsumiert, vorausgesetzt, es ging einem gerade wirtschaftlich gut. Der Umfang von Bierspenden war in Satzungen genau geregelt, ebenso wie die Bierspenden zum Neubau oder Bezug eines Hauses. Die Mitgliedschaft in einer Pumpengemeinschaft mußte grundsätzlich durch in Satzungen festgelegte Bierspenden erworben werden, in manchen Nachbarschaften mußte der Beitrittswillige vor der Aufnahme erst mal nachweisen, daß er ein „ganzer Kerl" war und einen großen Humpen Bier in einem Zuge leeren konnte.

Der älteste innig mit Bier verbundene Brauch am Niederrhein dürfte der Karneval sein. Eigentlich stammt er sogar aus vorchristlicher Zeit und geht auf die römischen Saturnalien zurück. Zu diesen Tagen in der Mitte des Dezembers gab es ein Festmahl und ein ausuferndes Trinkgelage auf Kosten der Staatskasse, und die Herren bedienten ihre Sklaven. Diese auf den Kopf gestellte Welt war Vorbild für spätere Narrengesellschaften und in der Umkehr festgefügter sozialer Strukturen Vorläufer der Narrenfreiheit. Man kann davon ausgehen, daß die Saturnalien auch von den Römern am Niederrhein gefeiert wurden und hier Nachahmer fanden. Später wurden dem Brauch germanische Motive der Winteraustreibung hinzugefügt. Die Christianisierung des Niederrheins brachte zwar eine Namensänderung und die Verlegung des Datums unmittelbar vor den Beginn der Fastenzeit, die Art zu feiern aber blieb.

Die älteste Narrengesellschaft Europas wurde am Niederrhein gegründet. Am 12. November 1381 hob Graf Adolf I. von Kleve die „Gheselschap van den Gecken" aus der Taufe. Mitglieder waren bei der Gründung 25 Adlige aus dem Klever Land, die sich zu närrischem Treiben alljährlich auf St. Michael trafen. Die Gründungsurkunde hielt fest, daß nur diejenigen feiern durften, die Frieden hielten und Frieden stifteten. Parodiert wurde das später elitäre Verhalten des Klever Narrenordens durch die 1554 gegründete Narrenakademie in Dülken: Mit Steckenpferden ritten die Mitglieder um die Narrenmühle. Und das wichtigtuerische Gehabe der Gelehrten des nahen Kreuzherrenklosters imitierten sie mit grotesker Übertreibung, indem sie abstruse Titel ihrer „brittenen Mondakademie" verliehen. Der Klever Narrenorden verlor im Laufe des 16. Jahrhunderts

an Bedeutung, während die Dülkener Narrenakademie noch heute feuchtfröhlich ihre Scherze treibt. Den Karneval des Mittelalters und der Frühneuzeit feierte man recht grobschlächtig, und er endete regelmäßig in ausufernden Trinkgelagen. Inhaltlich persiflierte man nach wie vor Obrigkeit, Geistlichkeit und Adel. Organisiert wurden die Fastnachtsfeste meist von Nachbarschaften oder Schützengilden.
In Waldfeucht wurde der Fastnachtssonntag als „Papen vaste" (Pfaffenfastnacht) bezeichnet. Statuten der Geilenkirchener Schützen von 1471/86 verlangten für den Fastnachtssonntag ein Gelage mit Bier. Und der Landesherr von Heinsberg gab in der ersten Hälfte des 16. Jahrhunderts am Karnevalsdienstag den Bürgern ein Trinkgelage. Gegen Ende des 16. Jahrhunderts veranstaltete man schon vereinzelt Karnevalszüge der „Mummen (Maskierten) mit ihren Bellen (Schellen) und pferdtlein". (Gillessen)

Kneipen, Wirte und vereidigte Bierträger

Beliebte Treffpunkte waren die Kneipen. Die Menschen saßen bei trüben Rüböllampen und würfelten, spielten Karten oder „bügelten" bei schönem Wetter auf der an den Gaststätten liegenden Bügelbahnen, Vorläufern der Kegelbahnen. Gespielt wurde durchweg um Bierrunden. Die Kneipen waren äußerst einfach ausgestattet; hölzerne Bänke und Holztische standen in ganz normalen Zimmern. Toiletten gab es nicht. Außen wurde dagegen in den größeren Städten mit schmuckvollen Schildern und phantasievollen Namen geworben. Kneipen waren übrigens keine Männerdomäne; schon im Mittelalter gab es sogenannte „Weiberzechen", die nur von Frauen besucht werden durften. Gasthöfe außerhalb der größeren Ort-

Die älteste Darstellung des Bügelspiels zumindest am Niederrhein von 1513 findet sich auf dem „Annenaltar" der Kempener Propsteikirche

schaften hatten eine wichtige Funktion, sie machten längere Reisen und den Handel zwischen den Städten vor der Einführung der Eisenbahn überhaupt erst möglich.
Diese Wirtschaften lagen an Zollstationen, wichtigen Kreuzungen, Brücken, Handelsplätzen und Wallfahrtsstätten. Gasthöfe außerhalb der Städte dienten auch als Haltestationen für Postkutschen. Es kam nicht selten vor, daß Posthalter die Reisenden an Kneipen mit der Erklärung festhielten, sie hätten keine frischen Pferde. So nötigten sie die Reisenden zu Unterkunft und Zeche. Ein Treffpunkt besonderer Art war der Fuhrmannsgasthof „Zum schwarzen Pfuhl“ in der Nähe von Neersen. 1579 wurde in unmittelbarer Nähe zum Gasthof ein Galgen augestellt, der auch häufiger genutzt wurde. Ob das der Gaststätte mehr Gäste brachte, ist leider nicht überliefert. Als allerdings über zweihundert Jahre später Napoleon im schwarzen Pfuhl „einen Trunk“ zu sich nahm, war der Galgen wieder verschwunden.
Klagen über unredliche Wirte oder schlechtes Bier waren an der Tagesordnung. Gregor Wagner dichtete 1547 etwas holprig „Die Stube kalt, das Bier warm / Das ist ein Wirt, dasz Gott erbarm“. Auch mit der Biersteuer nahmen es einige Wirte nicht genau, denn die Kontrolle der gebrauten Biermenge durch die Gemeinden war schwierig. Die Stadt Rheinberg stellte 1591 gar vereidigte Bierträger ein, die das Bier von den Brauern zu den Weiterverkäufern oder Konsumenten brachten und so einen Überblick über die zu zahlende Biersteuer gewannen.
Im allgemeinen zeichnete sich das niederrheinische Bier durch eine sehr gute Qualität aus. Brauer und Wirte gehörten zu den wohlhabenden und angesehenen Bürgern der Städte; in Zons stellten sie Bürgermeister, Ratsherren und Schöffen. Das niederrheinische Bier war vom Geschmack des Neusser Biers geprägt und genoß selbst bei den Kölner Brauern einen guten Ruf. Als Bayern gegen Ende des 16. Jahrhunderts sein Brauwesen in größerem Umfang aufbaute, griff man auf Erfahrungen und Mitarbeit niederrheinischer Braumeister zurück.
Mit dem allmählichen Übergang vom Mittelalter zur Neuzeit hatte sich das Hopfenbier gegen das Grutbier durchgesetzt, und gegen Mitte des 16. Jahrhunderts verlor auch der niederrheinische Wein seine Vorrangstellung gegenüber dem Bier. Sowohl in der Ernährung als auch im sozialen Leben der Niederrheiner hatte das Bier seinen festen und bedeutsamen Platz weiter ausgebaut. Bei den enormen Mengen Bier, die damals zeitgenössischen Berichten zufolge getrunken wurden, handelte es sich überwiegend

um ein Schankbier mit geringerem Alkoholgehalt. Man war überzeugt, daß Bier gesund war. Paracelsus schrieb im 16. Jahrhundert: „Bier ist kein schlecht Geträncke / sondern mit zu eine Artzeney / denn es alteriert und verändert die Leibe der Menschen / So vermehret es auch die Substantz / und wird Blut darauß / Deshalben so ists auch ein Nutriment und Nahrung."

II. Bier in allen Lebenslagen

Reformation und Glaubensflüchtlinge: Trinkpokale als Dank für niederrheinische Toleranz

Die Reformation hatte auch am Niederrhein weitreichende Auswirkungen. Zunächst gab es scharfe Auseinandersetzungen um den rechten Glauben; in Köln wurde 1529 der aus Wesel stammende Reformator Adolf Clarenbach verbrannt, nachdem er den protestantischen Pfarrer Klopreis vor dem Kölner Inquisitionsgericht verteidigt hatte. Erst das nach dem Augsburger Religionsfrieden 1555 zugestandene Recht der Territorialherren, die Religion ihrer Untertanen zu bestimmen, erlaubte den Protestanten die Flucht aus katholischen Gebieten in protestantische Territorien. Das „landesherrliche Kirchenregiment" stärkte die Macht der Territorialherren gegenüber dem Reich, vertiefte damit aber auch die Spaltung des Niederrheins. Unter Graf Hermann wurde die Grafschaft Moers Mitte des 16. Jahrhunderts protestantisch. Graf Hermann hatte wie andere Landesherren erkannt, daß die Konfession als Regierungsinstrument gute Dienste leisten konnte, und so setzte er den Protestantismus per Verwaltungsdekret durch. Die breite Masse der Bevölkerung, die weder schreiben noch lesen konnte, behielt allerdings noch lange ihre alten religiösen Vorstellungen bei.
Einen auf Ausgleich bedachten mittleren Weg steuerten Johann III. und sein Sohn Wilhelm V., Herzöge von Jülich-Kleve-Berg. Die vom Humanismus beeinflußten Landesherren blieben zwar katholisch, erlaubten ihren Untertanen aber, weitgehend frei ihre Religion zu wählen. Der humanistische Geist Kleves verhinderte hier die Hexenverbrennungen, ein

im Reich einmaliger Vorgang. Den katholischen Glaubensfanatismus der Gegenreformation und den berüchtigten „Hexenhammer" der Inquisitoren Institoris und Sprenger von 1487 bekämpfte der am Düsseldorfer Hof arbeitende Arzt Johannes Weyer 1563 in seiner Schrift „Über die Blendwerke der Dämonen, Zauberer und Giftmischer". Und der 1591 in Kaiserswerth geborene Jesuit und Dichter Friedrich Spee konstatierte in seiner 1631 anonym veröffentlichten Schrift „Cautio Criminalis" die Unrechtmäßigkeit der Hexenprozesse.

Gemäß den Bestimmungen des Augsburger Religionsfriedens mußte das Kurfürstentum Köln als geistliche Territorialmacht beim katholischen Glauben bleiben, und so war den niederrheinischen Protestanten, die in den kurkölnischen Gebieten des Niederrheins, darunter Neuss, Kempen und Rheinberg, lebten, die Ausübung ihrer Religion verboten. Auch das Oberquartier Geldern wurde nach einem kurzen protestantischen Intermezzo 1543 wieder katholisch. Vor allem im Gefolge der katholischen Gegenreformation strömten Glaubensflüchtlinge, darunter zahlreiche qualifizierte Unternehmer und Handwerker, in mehreren Wellen in die toleranteren protestantischen Territorien. 1607 erhebt der Moerser Landesherr Krefeld zur „religiösen Freistatt". Protestantische und mennonitische Geschäftsleute aus Rheydt und dem Bergischen Land kamen nach Krefeld, darunter die Familie von der Leyen, die die Krefelder Seidenindustrie zur bedeutendsten der Welt aufbauten. 1768 beschäftigte die Firma von der Leyen bereits 2800 Menschen in der Seidenherstellung.

Die Mennoniten, die eine gemäßigte Form des Täufertums vetraten, erhielten 1678 in Krefeld die vollen Bürgerrechte. Sie brachten der Stadt Wohlstand und Wachstum. Wie erfolgreich die Krefelder Mennoniten wirtschaftlich waren, zeigen die alten Steuerlisten: Die Mennoniten zahlten fast viermal so viel Steuern wie die gesamte übrige Bevölkerung. Die tolerante Haltung im moersischen Krefeld beschreibt ein Reim des Predigers Peter von Sarn um 1700: „Reformeerden en Papisten (Katholiken), / Lutheraner en Mennisten (Mennoniten), / Dompelaars (Täufer) en Abramssoenen (Juden), / t'samen nu in Creyfeldt wohnen."

Ein Bericht von 1624 bezeichnet das protestantische Moers als ein „nahrhaftes Städtchen, weil es bei allen Kriegszeiten in Frieden geblieben und allerhand Religionen, außer der katholischen, darin geduldet werden." Aber 1779 wurde der kleinen katholischen Gemeinde im protestantischen Moers der Bau einer eigenen Kirche erlaubt. Wesel bekannte sich Ostern 1540 offen zur Reformation. Niederländische Protestanten, die vor den

katholischen Spaniern an den protestantischen Niederrhein flüchteten, brachten ähnlich wie die Mennoniten in Krefeld ihre Kenntnisse der Tuchweberei auch nach Wesel mit.
Wesel erlebte durch das Können der Zuwanderer in der zweiten Hälfte des 16. Jahrhunderts eine wirtschaftliche Blütezeit. Die niederländischen Religionsflüchtlinge verehrten zum Dank für die freundliche Aufnahme den Bürgern der Stadt Wesel zwei prunkvolle Trinkpokale mit der Aufschrift „Vesalia hospitalis" (gastfreundliches Wesel). Die tolerante Haltung der protestantischen Territorien am Niederrhein brachte bis ins 18. Jahrhundert Zuwanderung fähiger Kaufleute und damit wirtschaftlichen Aufschwung.
Die katholischen kurkölnischen Gebiete verloren dagegen an wirtschaftlicher Bedeutung. Das mag auch an der katholischen Ablehnung moderner Entwicklungstendenzen wie Zinswesen, Technik und Wissenschaft gelegen haben. Die unterschiedliche Entwicklung am Niederrhein wurde noch verstärkt, als das Herzogtum Kleve 1614, die Grafschaft Moers 1702 und der größte Teil des geldrischen Oberquartiers 1713 zum protestantischen Preußen kamen. 1655 wurde vom „Großen Kurfürsten" die Duisburger Universität gegründet, die als einzige Universität des Rheinlands auch Juden aufnahm. So wurde es ein Faktum nicht nur am Niederrhein, daß der mit Abstand größte Teil der Gebildeten und der erfolgreichen Unternehmer protestantisch war. Da die protestantischen Preußen Hochdeutsch sprachen, galt die dem Niederländischen verwandte niederfränkische Sprache als Ausdrucksmittel der einfachen, katholischen Volksschichten. Die Trennung zwischen „katholisch" und „evangelisch" griff weit und nachhaltig ins Privatleben ein, und es wäre einer katholischen Rheinbergerin nie eingefallen, eine „Mischehe" mit einem evangelischen Moerser einzugehen.

Dünnes Bier schreckt Söldner ab

Im Vorgriff auf die Ideen zur öffentlichen Wohlfahrt der Aufklärung wurde im Herzogtum Jülich-Kleve-Berg die Verwaltung modernisiert und mehr Beamte eingestellt. Ständiger Sitz der Verwaltung waren Kleve und Düsseldorf. Die „Polizey-Ordnung" (Polizey als Zustand guter Ordnung, Verwaltung) von 1558 zielte darauf ab, „gute löbliche ordnungen, statuten satzungen und polizeyen zur Erhaltung friden, rechtens, christlicher

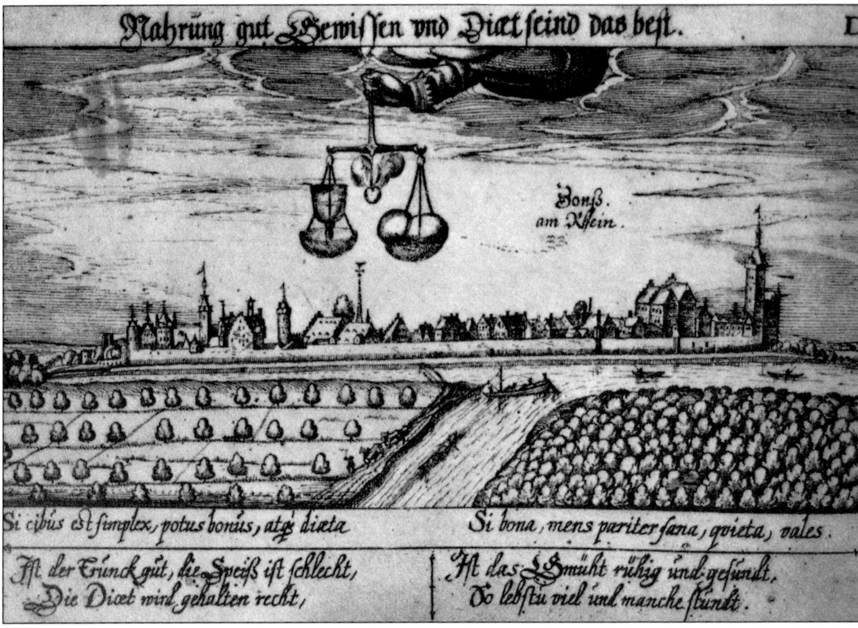

Ansicht von Zons aus dem „Thesaurus Philopoliticus" 1623–1631. Die positive Wirkung eines guten Trunkes (damit war überwiegend das Bier gemeint) wird hier hervorgehoben: „Ist der Trunck gut, die Speiß ist schlecht (schlicht), Die Diaet (Lebensweise) wird gehalten recht."

Zucht und erbarkeit, auch förderung gemeinen nutzens und wolfahrt der unterthanen ufzurichten". Zur Durchführung dieser Prinzipien war die Zeit allerdings noch nicht reif. Es bestand weder ein dichtes Verwaltungsnetz noch wollten sich Städte und adlige Landstände bevormunden lassen. Statt öffentlicher Wohlfahrt bestimmten Mißernten und vor allem Kriege, die mit niederrheinischen Belangen nicht viel zu tun hatten, die Entwicklung des Niederrheins. Der Freiheitskampf der Niederländer gegen die Fremdherrschaft der Spanier hinterließ Spuren am Niederrhein. Um den rebellischen Niederländern wirtschaftlichen Erfolg durch den Rheinhandel zu nehmen, bauten die Spanier die Fossa Eugenia von Venlo nach Rheinberg, eine Wasserstraße, die nie fertig wurde. 1627 besuchte die spanische Infantin Isabella Clara Eugenia Geldern, um sich über den Stand der Bauarbeiten zu informieren. Aus diesem Anlaß gab es abends in den Wirtsstuben der Stadt Freibier.

So harmlos wie die bloß strategische Kanalbaumaßnahme verliefen die kriegerischen Auseinandersetzungen leider nicht. In dem erbittert geführten Freiheitskrieg der Niederländer gegen die Spanier ging nahtlos der Dreißigjährige Krieg über, der auch am Niederrhein, vor allem im Herzogtum Kleve, schwere Opfer forderte. Der Niederrhein litt unter durchziehenden plündernden Söldnern, die Verpflegung und Einquartierung von Landsknechten mußten die Gemeinden bezahlen. Auch die Stadt Rheinberg war lange von fremden Soldaten besetzt. Da die Landsknechte Bier als Grundnahrungsmittel beanspruchten, wurde die Rheinberger Stadtkasse arg strapaziert. 1684 ordnete der Rat der Stadt an, ein besonders dünnes und damit billiges Bier für die Soldaten zu brauen, um sie aus der Stadt zu vergraulen. Laut einer Aufstellung von 1678 vertranken fremde Söldner bei vier Oedter Wirten, natürlich ohne Bezahlung, folgende Mengen Bier: „Peter Kreinen 643 Quart. Item Mattheiß Dückers 56 ½ Ohm, 33 Quart. Item Drieß Küppers 3086 ½ Quart. Item Hermann Wackers 22 ½ Ohm, 13 Quart." Im Siebenjährigen Krieg besetzten französische Truppen für einige Monate niederrheinische Städte, darunter Kleve, Moers, Duisburg und Düsseldorf. Wie üblich mußten die Besatzungstruppen auf Kosten der Städte verpflegt werden, darunter auch mit ausreichenden Mengen Bier. Da verwundert es nicht, daß nach Abzug der Soldaten aus Moers ausgerechnet ein Gastwirt die höchste Entschädigungsrechnung präsentierte.

Frühes „Sponsoring" durch einflußreiche Brauer

Brauer und Bäcker gehörten meist einer Zunft an. 1637 erhielten Bäcker und Brauer in Kalkar einen gemeinsamen Amtsbrief. In Düsseldorf setzten sich die Brauer erfolgreich gegen die Verschmelzung mit den Bäckern in einer Zunft zur Wehr; 1712 stellte Herzog Johann Wilhelm, den die Düsseldorfer „Jan Wellem" nannten, den Brauern ein eigenes Zunftstatut aus, in dem auch festgelegt war, daß nur ehelich Geborene Mitglieder der Brauerzunft werden konnten. In Neuss hatten die Brauer schon seit dem Spätmittelalter eine eigene Brauerzunft, das „Brauamt". Zunftzeichen der Brauer war ein aus zwei Dreiecken bestehender sechszackiger Stern, der mit dem jüdischen Davidstern identisch war. Als alchimistisches Symbol stand der Stern für Feuer und fließendes Wasser, Zeugungskraft und den gebärenden Schoß; das zeigt, wie die Brauer ihr Produkt einschätzten.

Der Kupferstich von Martin Engelbrecht (1684–1756) zeigt einen Bierbrauer mit seinen Gerätschaften.

Selbst Friedrich Schiller sollte später dem Bier und insbesondere der Bierhefe potenzfördernde Wirkung zuschreiben: „... die kraft seiner Lenden ist versiegen gegangen und nun musz bierhefe den menschen fortpflanzen helfen."
Im 19. Jahrhundert wurde der sechszackige Stern als jüdisches Symbol populär, obwohl der Davidstern schon im Prag des 15. Jahrhunderts nachgewiesen ist. Als Ende des 18. Jahrhunderts die Zünfte aufgehoben wurden, verlor sich auch die Bedeutung des Sterns als Zunftzeichen der Brauer. Heute erinnern nur noch Namen von alten Wirtschaften an das Brauer-Symbol.
Schutzpatron der Brauer ist Gambrinus. Pate für diesen Namen dürfte wohl das mittellateinische Wort „cambarius" (Brauer) gestanden haben. Nach älteren Überzeugungen stellt Gambrinus eine Verballhornung des

Namens „Jan Primus“ dar, einem leutseligen Herzog von Brabant und fröhlichem Zecher, der Ehrenmitglied der Brüsseler Brauergilde war. Wie auch immer der Name Gambrinus zustande gekommen sein mag, angesichts des niederrheinischen Bierdurstes waren die Brauer wohlhabende und angesehene Bürger. Im Neuss des 16. Jahrhunderts gehörten sie zu den „Vierundzwanzigern“, einer klüngelähnlichen Gruppierung, die den Aufstieg in höhere städtische Posten wie Bürgermeister oder Schöffen ermöglichte. 1630 bestand die Hälfte der „Vierundzwanziger“ aus Brauern. Und 1720 waren von den 57 Neusser Brauern zehn Schöffen oder Ratsherren. So konnten sich die Brauer auch leisten, in einer Frühform von Sponsoring den Armen der Stadt Bier, Brot und Butter zu spenden und städtische Einrichtungen zu unterstützen.

Wenn auch die Qualität des niederrheinischen Biers im allgemeinen recht hoch war, so lobte doch jeder Brauer vor allem sein eigenes Produkt, und jede Stadt glaubte über die besten Brauer zu verfügen. Dazu mußte das Bier anderer Städte herabgesetzt werden. Der Begleittext zu einem Kupferstich von Goch aus dem Jahre 1649 behauptete, daß in der Stadt Goch ein außerordentlich gutes Bier gebraut würde, und zwar „beter als in eenige Stadt van't Kleeffsche of Gelderlandt gadaen wort“ (besser als in einigen Städten im Klevischen oder im Gelderland).

Ganz abgesehen davon, daß früher bei weitem nicht jeder Brauvorgang gelang (auf dem platten Land machte man „Bierhexen“ dafür verantwortlich), blieb auch die Haltbarkeit des Bieres unbefriedigend. Zwar hatten die Gerbstoffe des Hopfens Verbesserung gebracht, und auch die sorgfältig gepichten Eichenfässer erhöhten die Haltbarkeit. Doch bei den schlechten Verkehrswegen der frühen Neuzeit dauerte ein Transport in etwas entferntere Gebiete länger, als es das Bier ertrug. So konnte der Qualitätsvorsprung des niederrheinischen Bieres nicht durch Export genutzt werden. Zudem erschwerten völlig unübersichtliche Münz- und Maßsysteme sowie zahlreiche Zollschranken den Handel. Chaotisch war auch die recht willkürliche Art des Biersteuererhebung, jede Gemeinde hatte ihre eigenen Regeln. Einige besteuerten das Braumalz, andere das gesamte Gebräu, manche das fertige Bier bei Prüfung.

Verschiedene Gemeinden belegten auch das „exportierte“, also das in eine andere (nahegelegene) Stadt gelieferte Bier mit Steuern, ja selbst den häuslichen Bierkonsum versuchte man fiskalisch zu erfassen. Da der private Biertrunk zu Hause kaum zu überwachen war, wurde in einigen niederrheinischen Städten die Biersteuertaxe geschätzt und als Reallast auf

das einzelne Haus umgelegt. Die Uerdinger Bürger mußten samstags, wenn das „Akzise-Glöcklein" (Akzise = Steuer) läutete, ihre Brausteuer im Rathaus abliefern.
„Steuerumgehung" gab es damals auch schon. Die Rheinschiffer und Flößer machten sich die schon beschriebenen Erschwernisse beim Bierhandel zunutze, indem sie mit Braumalz, Hopfen und Bier außerhalb der Stadtmauern handelten und so die städtischen Abgaben umgingen. Daß dabei auch die Brauer und Wirte innerhalb der Stadtmauern geschädigt wurden, interessierte wenig. Ein Bericht aus Orsoy beklagt 1722 diese Zustände: „Die Braunahrung ist an dem Orte schlecht (...) anertwegen keine Schenkkrüge zu verlegen vorhanden, wenn nicht zuweilen von den Schiffern eine Tonne Bier mit aufs Schiff genommen wird, wiewohl die herumliegenden Kölnische und Meurs'sche Schenkwirte, so nahe am Rheinstrom liegen, alles verderben und der Bürgerschaft das Brot aus dem Munde nehmen."

„Etliche Tage alt, klar und wohlgesetzet": Bierqualität und Bier als Medizin

Die Bierqualität war vielerorts durch Vorschriften geregelt. Um 1600 sollte in Erkelenz das Bier für die Schöffentafel „alt, klar, mild und trinkbar" sein. Und die „Stadt-Düsseldorfische Polizey-Ordnung" von 1706 gebot im Artikel 12: „ Von Bier-Brauwen und Bierzapfen. Hiesige Bierbrauere und Bier-Zäpfere sollen nach Ertrag des Früchtenkauffs das Bier gut machen / dabei aber absonderlich besorgen / damit selbes gar / und Wohlgeschmack mit aufrichtigen Hopfen / keineswegs aber mit anderen unzulässigen Zusatz und Composition ausgekochet / auch kein Bier zum Verzapfen angestochen werden / es sey denn zuvor etliche Tage alt / klar / und wohlgesetzet."
Während das Bier überwiegend in Schankbierqualität getrunken wurde, gab es auch weiterhin Dünnbier für die Armen und Vollbier für die Wohlhabenderen. Das Dünnbier wurde auch als Konventbier bezeichnet. Dazu der Brauer Krünitz 1775: „Aus den Träbern der Gerste (...) und des Hopfens verfertiget man für das Gesinde und für arme Leute ein Nachbier, Dünnbier, Speisebier oder Kofent (Kovent)".
Noch im 19. Jahrhundert wurde dieses Dünnbier gebraut. Das „Bilder-Conversations-Lexikon für das deutsche Volk" von 1837 stellte Ver-

mutungen über die wahrscheinliche Herkunft des Namens „Konventbier" an: „(...) wird aus dem schon einmal benutzten Malze noch ein schwächeres Getränk gebraut, das man Nachbier, Dünnbier oder Convent nennt, welcher letztere Name davon herrühren soll, daß in den Klöstern die Obern das beste Bier für sich nahmen, der Convent oder die übrigen Klostermitglieder aber das schlechtere bekamen."

Die positiven medizinischen Wirkungen des mäßigen Biergenusses kannte man aus Erfahrung, und so konnte es nicht ausbleiben, daß man mit dem Bier experimentierte, um spezifische Wirkungen zu erzielen. Das war nur zu verständlich, denn das Gesundheitswesen der damaligen Zeit war äußerst bescheiden. Und vor 1700 gab es am linken Niederrhein außer in Neuss, Moers, Xanten und Kleve keine Apotheken. Verbesserte Heilwirkung des Biers versprach man sich von der Beimischung verschiedenster Kräuter.

1784 wurde das „Scordienbier" und seine Heilkraft in der Schrift „Der vollkommene Bierbrauer" beschrieben: „Es ist bekannt, daß das Scordium (Wasserknoblauch) an und für sich ein edles Kraut ist, und seiner Kraft und Würckung nach, in der Arzneykunst jederzeit hoch gerühmet worden, so kann auch mit solchem ein gesundes Bier angestellet werden, welches Kraut dann auch das Bier vor der Säure erhält, sondern es ist auch sehr gut wider Gift, Colicam (Koliken) oder Grimmen, Lung- und Lebergebrechen, den kalten Magen, auch sehr gesund denen Kindbetterinnen, und fördert auch darneben der Weiber Blödigkeit." Auch als Schmerzmittel wurde Kräuterbier eingesetzt: „Ein gut Kräuterbier oder Wundtrank, der von Grund aus heilet und die Schmerzen stillet. Nimm Engelsüß (Wurzel vom Tüpfelfarn), Klettenwurzel, Hirschzungen, Petersilienwurzel, jedes eine Hand voll. Siede es in guten alten Bier, und lasse den Hafen wohl zugedecket, seyhe es hernach durch ein Tuch, und gieb dem Patienten Morgens und Abends einen guten Trunk davon."

Abstrus war die Empfehlung des Christoph von Hellwig, wie man einen Alkoholrausch und den nachfolgenden Kater vermied. In seinem 1730 erschienenen Büchlein „Der curieuse und vernünftige Zauber-Arzt" riet er: „Man nähe Epheu oder Jelänger Jelieber in eine Mütze und trage eine solche beym Trincken auf dem Kopffe." Dieses abenteuerliche Rezept dürfte auch nach dem Genuß des Neusser „Dollbiers" keinerlei Wirkung gehabt haben. Da es erstmalig in einem kalten Winter gebraut wurde, war es untergärig und mit „Brandenweinsmoder und anderen Dollkraut" versetzt. Der Genuß des Dollbiers hatte verheerende Wirkung, und das weitere Brauen dieses Biers wurde umgehend verboten. War das Dollbier nur ein brautechnischer Mißgriff, so gab es unter den Brauern auch schwarze Schafe, die bewußt in betrügerischer Absicht die Biertrinker mit gesundheitsschädlichen und billigen Ersatzstoffen übervorteilten. Das „Betrugslexikon" von 1720 stellte fest: „Brauer betrügen, wenn sie das sogenannte Katzenhirn, Baldrian und dergleichen kopfreißende Dinge mehr in die Pfanne werfen, damit das Bier davon stark und die Leute, die es trinken, davon taumelnd werden, ferner, wenn sie anstatt des Hopfens, solchen, da er aufgeschlagen, zu ersparen, Wermuth, Ochsengall und dergleichen unter das Bier tun, damit dasselbe nur bitter werde."

„... ob das Bier den erlaubten Groschen werth sey": Wirte und Kneipen

Den sachlichen Ton, den das „Betrugslexikon" gegenüber betrügerischen Brauern anschlug, läßt die Schrift „Der vollkommene Bierbrauer" von 1784 gegenüber bierpanschenden Wirten drastisch vermissen: „Etliche Biere (...) haben die Art an ihnen, daß sie gleichsam vor der Brust und Herzen liegen, nicht gerne hinunterwollen, einen aufgeblasenen Leib machen, die schmerzhafte Colic, und das grausame Grimmen im Leibe, desgleichen auch die kalte Piß verursachen, uno sonderlich hilft zu solchen jetzt angezogenen Beschwerungen sehr, wann einige Geldgier und geitzige beschißne Bierwirthe oder Schenken, das Bier auf das neue wieder im Keller mit Wasser verfälschen und vermengen." Allerdings achtete der Biertrinker sehr genau auf Qualität und Preis des ihm vorgesetzten Bieres und ein unehrlicher oder panschender Wirt hätte schnell seine Kundschaft verloren. Aber auch die Behörden sahen den Wirten auf die Finger: Die „Stadt-Düsseldorffsche Polizey-Ordnung" von 1706 überprüfte, ob das Bier „den erlaubten Groschen werth sey" und versprach Belohnung für die Anzeige eines unredlichen Wirtes oder Brauers. Unehrliche Wirte waren jedoch die Ausnahme, wofür die gut besuchten Kneipen sprachen.
Es war durchaus üblich, „auf Borg" zu trinken, obwohl die Behörden dies immer wieder zu unterbinden suchten. Der Wirt machte zur Erinnerung Kreidestriche mit Namen des Zechers auf die Wände; wurde die offene Zeche nach einer bestimmten Zeit nicht bezahlt, konnte der Wirt sein Geld „in den Schornstein schreiben", wo die Striche, vom Ruß allmählich geschwärzt, verschwanden. Das sollte aber nach Ansicht der Wirte der

Die Gaststätte „Em Schwatte Päd" in Neuss, eine typische Wirtschaft im Renaissance-Stil von 1603. Über dem Eingang ist noch das historische Schild mit der Aufschrift „Zum schwatten Rosz Anno 1603" zu erkennen.

Typische Innenansicht einer Renaissance-Wirtschaft, wie hier das Haus „Zum goldenen Stern“ in Neuss. Obwohl das Gemälde eine Szene um 1780 zeigt, gibt es doch die Atmosphäre des Innenraums zu Anfang des 17. Jahrhunderts authentisch wieder. Solche prachtvollen Wirtshäuser gab es allerdings nur in den großen wohlhabenden Städten.

Schutzpatron St. Severinus verhindern, der auch liebevoll „St. Söfferinus“ genannt wurde. Allerdings waren nicht alle Wirte ehrlich und so spotteten die Gäste: „Wie machen's denn die Wirthe? / Sie nehmen Kreide in die Hand / und schreiben's doppelt an die Wand!“ (Meyers: Niederrhein)
Wenn auch die meisten Wirtschaften einen eher ärmlichen Eindruck vermittelten, gab es in den größeren Städten schon Schanklokale von sehr ansprechender Architektur und einem für die Zeit gediegenen Inneren. Dazu zählte das 1695 in Düsseldorf errichtete Hofbräuhaus, vor allem aber die älteren, schon vom Bauentwurf her als Wirtschaften konzipierten Häuser im Stil niederrheinischer Backstein-Renaissance. Unter den Stufengiebeln zeigte die gelegentlich auch in Ochsenblut-Rot gestrichene Front große Fenster in teils farbiger Bleiverglasung. Der großzügige Gastraum mit steinernen Bodenkacheln und aufwendigen Holzvertäfelungen erstreckte sich in der Höhe über zwei Etagen und verfügte gelegentlich sogar über Innenbalkone.

In Neuss zum Beispiel gab es gleich mehrere dieser prachtvollen Biertempel, die bis in den Zweiten Weltkrieg hinein als Gaststätte dienten, darunter die Hausbrauereien „Zum bunten Ochsen", „Historisches Brauhaus" und „Zum goldenen Stern". Leider wurden die meisten der alten Gaststätten im Zweiten Weltkrieg durch Bombentreffer zerstört. Das Haus „Zum bunten Ochsen" überstand zwar leicht beschädigt den Krieg, wurde aber in der Sanierungswut der fünfziger Jahre abgerissen. Heute existiert von den kurz nach 1600 erbauten Renaissance-Wirtschaften nur noch die Gaststätte „Zum schwatten Rosz" von 1603 unter dem Namen „Em schwatte Päd". Obwohl das Innere dieses Lokals nicht authentisch umgebaut wurde, läßt es noch etwas von dem Charme der Hausbrauereien und dem Wohlstand der Wirte und Brauer ahnen.
Ebenfalls noch in Betrieb ist die 1601 eröffnete Neusser Gaststätte „Im Dom", heute Brauereiausschank von Schlösser Alt. Wie in fast allen Wirtschaften braute man auch „Im Dom" eigenes Bier und das bis in die siebziger Jahre des 20. Jahrhunderts. Der erste Wirt und Brauer hieß „Vit im Dom" und hat keine Erklärung hinterlassen, warum ein unterirdischer Gang von der Wirtschaft zum in der Nähe liegenden Nonnenkloster der Klarissen führte. Heimlicher Bierdurst der Nonnen kann nicht der Grund für den Bau gewesen sein, da die Klöster ihr eigenes Bier brauten. Jedenfalls waren die Klarissen biererprobt: Ein kirchlicher Visitationsbericht von 1788 stellte fest, daß das tägliche Getränk der Nonnen Bier war, und zwar ein gutes.
Der Name „Im Dom" ermöglichte es den Neussern immer wieder, ihre häusliche Abwesenheit erfreulich ungenau zu erklären. Gute, aber nicht immer der Wahrheit entprechende Gründe für den heimlichen Kneipenbesuch waren stets willkommen, stießen aber selten auf Glauben.
Der Neusser Schriftsteller Karl Schorn erzählte einen alten Schwank von den Nöten des unabweisbaren Bierdurstes nach: „Da wohnte vor Zeiten daheim in Neuß ein ehrsamer Kürschnermeister, der allabends, wenn er sich im Wirtshaus einen Nachttrunk zu genehmigen dachte, mit seinem Eheweib einen heftigen Strauß auszufechten hatte. Aber wenn das Weib bei der ruhigen, doch festen Gemütsart unseres Meisters auch wenig Erfolg damit erzielte, so ließ es mit Listen und Schikanen doch nicht nach. Und so sahen denn die Gäste der Kneipe, in der unser Meister seinen Trunk zu nehmen pflegte, ihn eines Abends mit der halben Haustür auf der Schulter zum Wirtshaus hereinkommen, wo er diese gegen die Wand stellte und sich dann, ohne weiter ein Wort zu verlieren, auf der gewohn-

ten Bank beim Bier niederließ. Auf die erstaunte Frage des Wirts aber gab er nur kurz zur Antwort: es sei sein Hausschlüssel, den er da mitgebracht habe. Die Sache lag aber so: Um in ihrem Feldzug endlich zu einem Erfolg zu kommen, hatte die Frau an diesem Abend den Hausschlüssel versteckt und sich dumm gestellt, als sei er verloren gegangen. Der Mann aber, kurz entschlossen, hatte die obere Haustürhälfte aus den Angeln gehoben und mit ins Wirtshaus genommen. Nach Mitternacht, als er seine Krüglein getrunken hatte, lud er sich die Tür wieder auf den Nacken, ging nach Hause, hängte sie wieder an ihren Ort und schloß zu. Sein Weib aber, das bei offener Haustür nicht zu Bett zu gehen gewagt hatte, fand er noch mit dem Strickstrumpf in der Küche sitzen. Von da ab soll die Frau ihren Widerstand drangegeben und – wenigstens in dieser Hinsicht – ein gefügiges Eheweib geworden sein." Heute könnte das auch in umgekehrter Rollenverteilung passieren.
Bayern rühmt sich zu Unrecht, die älteste Biergartentradition Deutschlands zu haben, dieser Vorzug kommt dem Niederrhein zu: Schon 1668 gab es an der Düsseldorfer Hausbrauerei und Posthalterei „En de Canon" einen ausgedehnten Biergarten. Und manche Kneipen am Niederrhein, die über „Bügelbahnen" verfügten, hatten auch Tische und Bänke zur Erholung der Spieler im Freien aufgebaut. Auf dem „platten Land" und in den kleineren Städten und Gemeinden waren die Wirtschaften eher bescheiden. An der unteren Skala rangierte die schlichte Kammer des Nebenerwerbsbrauers, der einen „Bierwisch", also einen Strauß aus Zweigen, an seinen Hauseingang hängte, um der Nachbarschaft nach gelungenem Brauvorgang trinkbares Bier zu offerieren. Die normale Kneipe bestand auch nur aus einem einfachen Zimmer mit sparsamsten Mobiliar, Theken gab es damals noch nicht.
Aber immerhin schmückten sich die Wirtschaften mit phantasievollen Gasthausnamen auf buntbemalten Aushängeschildern. Manche Wirtshausnamen hatten auch einen Bezug zum ortstypischen Gewerbe. Das Wirtshaus „Zur blauen Hand" in Anrath wies auf die im „Flachsland" zahlreich wirkenden „Blaufärber" hin, die Leinentuche mit Indigo einfärbten und an ihren bläulichen Händen zu erkennen waren. Die Technik des Blaufärbens war damals nur unter Zuhilfenahme von Urin möglich, und so hatte sich eine erstaunliche Symbiose entwickelt: Viele Kneipen im „Flachsland" hatten Kübel auf den Höfen stehen, in die die Gäste pinkelten; den durch Biergenuß reichlich fließenden Rohstoff gab der Wirt dann vorzugsweise an die Färber ab, die seine Kunden waren. Es gibt in diesem

Wirtshausschild der Gaststätte „In den swaerten Adeler“ von 1786 am Museum für niederrheinische Volkskunde in Kevelaer

Zusammenhang jedoch auch etwas kulturell Höherstehendes zu berichten: Der Anrather Bürgermeister und Wirt des Wirtshauses „Zur blauen Hand“, Thewis Doomer, bekam gelegentlich Besuch seines nahen Verwandten Lambert Doomer, der sich in Amsterdam einen Namen als Rembrandt-Schüler gemacht hatte. Lambert Doomer (1622 – 1700) saß während seiner seltenen Besuche in Anrath nicht nur in der „Blauen Hand“ und produzierte Hilfstoffe zur Blaufärbung, er zeichnete auch Ansichten vom alten Anrath und schuf damit interessante Einblicke in die Architektur eines niederrheinischen Dorfes im 17. Jahrhundert.
Die kleinen Ortschaften verfügten über keinerlei öffentliche Räume, außer vielleicht Kirchen, und so mußten die Sitzungen der „Gemeinsmänner“ (Gemeindevertreter) zwangsläufig in Kneipen abgehalten werden. Das scheint aber so schrecklich nicht gewesen zu sein, denn das Protokoll einer Sitzung der Gemeinsmänner von Neersen in der Wirtschaft Bongarts hielt fest: „1701 den 9. Aug, alß der New Burgmeister gesetzt in Bongarthauß domall verzerdt 20 kannen bei (als der neue Bürgermeister im Bongartshaus eine Sitzung abhielt und dabei 20 Kannen Bier getrunken wurden).“ Da ist es kein Wunder, daß das wirklichkeitsfremde kurkölnische Edikt von 1655 einfach ignoriert wurde, das an Sonn- und Feiertagen das Lärmen und Singen in den Wirtshäusern verbot. Es gab aber auch ziemlich überzogene Kritik an den Wirtshäusern, die Ägidius Albertinus 1617 mit dem „höllischen Schlund“ verglich: „Der Tag verkehrt sich darin in die Nacht, die Nacht in den Tag; die Menschen verändern

sich in wütige, unsinnige, rasende, tobende Bestien und Schweine. Wer Schalksnarren, Fuchsschwänzler, Fatzmeister, Spieler, Doppler, Tänzer, Flucher, Schwörer, Gotteslästerer, Raufer, Balger, Huren, Buben begehrt zu haben, der verfüge sich in die Wirtshäuser, daselbst wird er sie fein lustig finden." (Bode)

Nachbarschaften und ihre Gelage

Geselliges Biertrinken fand nicht nur in den zahlreichen Kneipen am Niederrhein statt, auch die alten Nachbarschaftsorganisationen sprachen dem gemeinschaftlichen Trunk nach wie vor intensiv zu, dabei wurde neben dem mindestens einmal jährlich stattfindenden „Gelage" jede nur denkbare Gelegenheit zum geselligen Umtrunk gesucht. Damit der Eindruck von Zügellosigkeit und Willkür vermieden wurde, waren die Trinkregularien exakt in Satzungen festgehalten worden.

Das „Pumpenbuch" von 1656 der Pumpennachbarschaft Rees enthält Rechte und Pflichten der Mitglieder, die immer etwas mit Bier zu tun hatten: 1. Wer ein Haus in der Nachbarschaft kaufte, mußte eine Tonne Bier zu 5 Talern spenden; 2. Wer ein Haus in der Nachbarschaft mietete, mußte eine halbe Tonne Bier zu 2 ½ Talern geben; 3. Kaufte ein Mieter dieses oder ein anderes Haus in der Nachbarschaft, so brauchte er nur noch eine halbe Tonne Bier zu stiften; 4. Verließ ein Nachbar seine Wohnung und zog ein anderer ein, so war dieser gehalten, eine viertel Tonne Bier auszugeben; 5. Heiratete ein Nachbar oder eine Nachbarin, ein Nachbarssohn oder eine Nachbarstochter, so war eine halbe Tonne Bier fällig. Einmal jährlich fand die Hauptversammlung statt, dabei wurde vom übriggebliebenen Geld aus der Lade (Kasse) Braugerste eingekauft, von der ein Brauer Bier braute, das gemeinschaftlich vertrunken wurde. Dieses Gelage nannte man „Pumpenkirmes". Die Nachbarschaftsregelungen berücksichtigten teilweise kleinste Einzelheiten wie etwa die Bestimmung von 1636 einer Nachbarschaft aus Geldern, nach der frisch Verheiratete, sofern sie über Fastnacht in ihrer Wohnung blieben, ein halbe Tonne Bier ausgeben mußten.

Selbst die nachbarschaftsinternen sozialen Aktivitäten waren mit Bier verknüpft: Die Verpflichtung zur gegenseitigen Hilfe innerhalb der Nachbarschaften umfaßte oft auch die Absicherung der Bestattungskosten im Todesfall. Da es sich bei den „Sterbeladen" um eine Art Versicherung auf

Gegenseitigkeit handelte, war grundsätzlich ein Höchstalter für den Beitritt festgelegt. Die Sterbeladen waren nicht selten bei den Wirten untergebracht, was diesen „Ladenvätern“ den Vorteil brachte, daß beim Einzahlen auch getrunken wurde. Manche Wirte verlangten gar einen Mindestverzehr beim Einzahlen in die Sterbeladen. Einige Sterbeladen deckten auch Krankheitskosten ab, so die „Alte Meisterlade“ in Krefeld. Die Sterbeladen, die auch von Zünften und Schützengilden für ihre Mitglieder betrieben wurden, bestanden teilweise bis in das 20. Jahrhundert hinein.

Wenn Streitfälle in den Nachbarschaften nicht mehr mit Bierspenden geregelt werden konnten, griff man zu drastischeren Mitteln, etwa wie in einem Gedicht von August Kopisch dargestellt „Ich hör', im Clevischen zu Goch, / hat man die alte Sitte noch, / und hält darauf noch sehr genau: / Schlägt dort ein Ehemann seine Frau, / fährt an den Brunnen man den Tropf / und pumpt ihm Wasser auf den Kopf“. Bei dem enormen Alkoholkonsum in den Nachbarschaften kam es auch zu Prügeleien, die vor Gericht endeten. Dabei mußten die Zeugen auch die Trinksitten der Nachbarschaften offenbaren.

Zeugenaussagen in einem Prozeß vor dem kurkölnischen Hofgericht wegen einer Schlägerei zu Aschermittwoch 1754 in Kempen belegen dies: „Wahr, daß zu Kempen dem alten Brauch und Herbringen gemäß jede nachbahrschaft in denen dreyen fastnachts Tagen sich in sicherem bestimmtem Wirtshaus pflege einzufinden. Wahr, daß die versamlete nachbahrschaft in bestimmtem Wirtshaus an besagten Tagen pflege gemeinschaftlich zu trinken Bier und wein, vulgo zu gelag zu sitzen. Wahr, daß zu dem gelag oder daselbst verzehrendem Bier und wein von denen im selbigen Jahr zur nachbahrschaft neu eingetroffenen nachbahrn ein sicheres Theil pflege bezahlt zu werden.“

Nachbarschaftliche Beistandsverpflichtungen erstreckten sich auch auf Ausrichtung und Teilnahme an Beerdigungen. Schon beim Nähen des Totenhemdes betranken sich die Frauen, und die Totenwachen lagen nicht selten im Delirium neben der aufgebahrten Leiche. Und manche Teilnehmer des Leichenschmauses konnten nicht mehr aus eigener Kraft nach Hause gehen. Diese Besäufnisse nahmen derartig überhand, daß die kurkölnische Verwaltung 1683 anordnete, daß höchstens sechs Verwandte oder Freunde nach der Beerdigung bewirtet werden durften. Die Auswüchse des Alkoholkonsums fanden ihre Ursache jedoch überwiegend nicht im Biergenuß, sondern wurden durch Getränke mit stärkerem

Alkoholgehalt wie Wein, vor allem aber von dem neu aufgekommenen „Brandewein" verursacht. In einer Verordnung verbot 1682 die kurkölnische Administration schließlich das Brennen und Verkaufen von Branntwein, damit die Leute nicht „ihren Witz und Gesundheit versaufen".

Von Bierstrafen und Bierlohn zum Trinkgeld

Branntwein gehörte zu den Getränken, die zwar sozial geächtet waren, aber dennoch getrunken wurden, dagegen war Bier allgemein akzeptiert. Bier war nicht nur Nahrung und Medizin, sondern wurde auch in Form von Bierstrafen und Bierlohn zur Regulation des menschlichen Zusammenlebens eingesetzt. Das Weistum von 1720 des Dorfes Heerdt bei Düsseldorf sah interessanterweise bei allen Verstößen Bierstrafen vor, die hier aus Platzgründen nicht vollständig zitiert werden können. Zwei Beispiele: „9-to. Wan der Hirt des Mittags oder abendts die Nachbahren zusammenbläst soll ein jeder so im Dorff ist, bey die Versamblung ahn der Linden erscheinen unter straff 2 quart Bier. 10-to. So einer dem sein Vieh geschüttet (gepfändet) wird, das auf fremden Stück Schaden anrichtet, mit Scheltworten gegen die Schützenmeisters ausfahren thut, soll zur straff geben 10 quart Biers." (Lutterbeck)

Bierstrafen gab es in allen gesellschaftlichen Gruppierungen. Die katholischen Schützenbruderschaften und auch die weltlichen Schützengilden, die aus den städtischen Wehrorganisationen des Mittelalters entstanden, waren gleichermaßen dem Bier zugetan. Wenn sie es zu toll trieben, wurden ihre Gelage auch schon mal verboten. So untersagte Graf Hermann von Moers und Neuenahr 1574 die zu Schützenfesten üblichen Gelage.

Als Versammlungsort wählten die Schützen grundsätzlich Bierlokale. Die Schützengilde St. Georgius in Goch wechselte häufiger ihr Wachlokal, so daß alle Gocher Wirte nach und nach in den ertragreichen Genuß des Schützen-Bierdurstes kamen. Zwei dieser alten Wachlokale aus dem 18. Jahrhundert existieren noch heute in Goch: das „Weiße Pferd" und die „Drei Kronen". Die Reformierte Schützen-Compagnie zu Goch sah in ihren Statuten von 1688 Bierstrafen für folgende Vergehen vor: Wer der Entscheidung des Schützenkönigs, der Offiziere und der Küchenmeister hinsichtlich des ausgewählten „Recreationsortes" (Wachlokal) widerspricht, muß ein viertel Faß Bier ausgeben; wer über das ausgegebene Bier meckert, muß ebenfalls eine Bierstrafe von einem viertel Faß hinnehmen und wer außerhalb der dafür festgelegten Termine aus der Compagnie austreten will, muß gar eine halbe Tonne Bier stiften. Recht zahm, aber ausgedehnt scheinen die Familien Kirmes gefeiert zu haben. Ein Bericht aus dem Viersen des 16. Jahrhunderts berichtet, nach dem Besuch der Messe ging man mit der Familie „ein Glaesken Beyer drinken bis gegend Abend, wenn die Huysvrouwe (Hausfrau) de Avondtmaltyt (Abendmahlzeit) angericht“ hatte. (Lutterbeck)

Die Schützenbruderschaften dienten der Kirche bei den verschiedensten Anlässen, etwa bei den Fronleichnamsprozessionen, und erhielten für diese Dienste festgelegten Bierlohn. Die Schützgilden versahen weltliche Dienste wie Deichwache oder Sicherungsaufgaben und wurden ebenfalls mit Bier entlohnt. Je mehr allerdings die klassischen Aufgaben der ehrenamtlichen Schützen entfielen, desto mehr konzentrierten sie sich auf das interne Leben ihrer Organisationen. Dabei spielte Bier eine dominante Rolle. Das artete im Verlauf des 17. Jahrhunderts dahin aus, daß oft nicht mehr der beste Schütze Schützenkönig wurde, sondern der, der das meiste Bier ausgab. Selbst die begehrten Offiziersstellen konnte man durch großzügige Bierspenden erwerben. In den Statuten der St.-Sebastianus-Schützenbruderschaft Osterrath von 1667 bestimmte der Artikel 9, daß alle Schützenbrüder auf Kosten der Bruderschaft „ungefähr“ ein Ohm Bier erhalten sollten, sobald der Vogel abgeschossen war. Falls jemand den Vogel behalten und eine „gasterey“ (Bewirtung von Gästen) veranstalten möchte, sollte das Bier auf seine Kosten gegeben werden. Auch auf dem Königssilber zeigten sich mehr und mehr Bierhumpen und -kannen statt frommer Motive.

Belohnungen in Bier wurden aus zahlreichen Anlässen und in genau bestimmten Mengen gegeben, so daß sich aus den ursprünglich freiwilligen Bierspende fast ein Gewohnheitsrecht entwickelte. Die Städte stifteten das „nöthige Quantum“ Bier den ehrenamtlichen Hochwasser-Wachen auf den Deichen, den Schützen, den Turmwächtern und Stadtwachen. Die Stadträte versorgten sich auf Kosten der Städte bei ihren Sitzungen mit reichlich Bier und tagten entsprechend lange, manchmal über mehrere Tage.

Aus Düsseldorf ist überliefert, daß neben dem üblichen Lohn Naturalbezug von Braumalz gewährt wurde: 8 Malter für den Hauptmann, 4 Malter für den Stadtschreiber und 3 Malter für den Stadtdiener. In Krefeld wurden vor den Ratswahlen die Stadttore geschlossen, die wählen-

den Bürger erhielten Freibier; eine schöne Anregung gegen die heute oft beklagte Wahlmüdigkeit. In Uerdingen beschwerte sich der Magistrat, daß die zu wählenden Schöffen zur Beeinflussung der Wähler wahre Trinkgelage veranstalteten. Da war es kein Wunder, daß die Städte zu den besten Kunden der Brauer gehörten.
Eine ähnliche Rolle spielte der Bierlohn auch in der gewerblichen Wirtschaft. Fuhrleute bekamen an den Raststationen in Anrath, Schiefbahn und Kempen 1726 Bier und Weck. Bei der Grundsteinlegung eines Gebäudes erhielten die Handwerker ebenso Bier wie beim Setzen des Schlußsteins oder der Fertigstellung des Daches. 1714 wurde im kurkölnischen Liedberg ein Flügel des Schlosses neu aufgebaut. Die Maurer und Zimmerleute erhielten „vor den also gen. Mai zu stecken, wie es Sitte und Stil ist" sechs Reichstaler für Bier. Dieses Beispiel zeigt den Übergang vom klassischen Bierlohn zum „Trinkgeld" als bequeme Alternative zum real ausgegebenen Bier.

„Fensterbier" und „Letschtröpken"

Eine aus dem niederländischen Raum stammende Sitte war das „Fensterbier". Zur Fertigstellung eines Hauses schenkten Freunde und Nachbarn dem Bauherrn buntbemalte Fensterscheiben, der Bauherr revanchierte sich mit einem ausgiebigen Bierumtrunk. Im Grafschafter Museum in Moers ist ein sehr schönes Exemplar der „Fensterbier-Scheiben" von 1691 erhalten. Im Mittelteil zeigt die Scheibe einen pflügenden Bauern und eine Frau mit Bierkanne und Trinkbecher.
Familiäre Feste ohne Bier waren undenkbar. Das begann mit der Taufe des Neugeborenen über die Hochzeit und endete mit den schon geschilderten Trinksitten bei Begräbnissen. In Moers wurden beim „Lehnschenken" im Mai die jungen Mädchen gegen Bier versteigert, nur zum Tanzen versteht sich. War man sich nähergekommen und die jungen Leute wollten heiraten, mußte vor der Hochzeit die „Letsch", eine Art Polterabend ohne Poltern, gefeiert werden. Dabei nahm der Bräutigam mit seinen Freunden und Nachbarn im Wirtshaus Abschied vom Junggesellenleben. „Et Letschtröpken", das der Schwiegervater ausgeben mußte, fiel jedoch manchmal nicht so üppig aus, wie die Nachbarn sich das vorgestellt hatten. Weil er ihr nur eine Tonne Bier zur „Letsch" ausgegeben hatte, klagte 1700 eine Viersener Nachbarschaft den Schwiegervater Jan der

„Fensterbier"-Scheibe im Grafschafter Museum Moers. Im Mittelfeld wird dem pflügenden Bauern Bier angeboten.

Straub an. Sie war der Meinung, „von all sulken rycken Man" (von solch einem reichen Mann) könne man drei Tonnen Bier verlangen. Der Chronist Arnold von Anrath beschrieb 1617 eine jüdische Hochzeit in Wesel. Danach fasteten am Hochzeitstag Braut und Bräutigam getrennt bis zur Trauung. War die Ehe geschlossen, wurde ein „Brauthuhn" verspeist. Dazu durfte als Getränk ausschließlich Bier gereicht werden. Nach dem Zutrinken wurden in Anwesenheit der Rabbiner die Brautgeschenke überreicht.

Pfarrer, die zu den meisten Familienfesten eingeladen wurden, selbst aber bei den üblichen Familienereignissen nicht im Mittelpunkt standen, vielleicht außer bei ihrem eigenen Begräbnis, verzichteten keineswegs auf regelmäßigen Bierkonsum. Sie wurden teilweise in Naturalien entlohnt, meist Bier oder Braumalz, das sie verbrauen ließen oder selbst verbrauten. 1660 enthielt das Haushaltsbuch des Viersener Pfarrers Joh. Hartens die Notiz, daß ihm ein Brauer „Maltz gemacht, gebrauwen u. auch die Hoppe dazu gethan". Somit hatte der Pfarrer beim Brauer einen Vorrat von „1 Ohm guten biers u. eine halbe Ohm dünnen Biers" liegen. (Lutterbeck) Und 1648 vertraut ein Dülkener Pfarrer seinem Haushaltsbuch an, er habe beim Kartenspiel im Kloster 10 Albus (niederrheinische Silbermünze [Weißpfennig], bis etwa 1650 verbreitet) an Bier verloren. Besucher des Niederrheins probierten natürlich das Bier und so schrieb in der ersten Hälfte des 17. Jahrhunderts ein Reisender auf eine Postkarte gutgelaunt: „Urkunde mit welcher Euer Liebden bekundet wird, daß ich in der gemütlichen Stadt Goch (...) Glas Bier auf Euer Wohl geleeret habe." Die Anzahl der getrunkenen Gläser Bier ist, vielleicht mit Absicht, unleserlich.

„Dot huckt henese Köt!": Krämer und Fürsten

Die fröhlichen Trinkgelage der frühen Neuzeit dürfen nicht zu der Auffassung verführen, man habe im Wohlstand gelebt. Selbst Kleinbauern, die von ihrer Nahrungsmittelproduktion her als Selbstversorger gelten konnten, brauchten Geld für handwerklich und gewerblich hergestellte Waren, deshalb übten sie oft noch Nebentätigkeiten als Weber oder Spinner aus. Mißernten, meist als Folge von Wetterkatstrophen, wirkten in brutaler Härte sofort auch auf die Städte. Gaben die Menschen schon in guten Zeiten rund 80 Prozent ihres Einkommens für Lebensmittel aus, so beschränkte sich der Einkauf in schlechten Zeiten vollends auf unentbehrliche Nahrungsmittel, wozu auch das Bier gehörte. Damit entfiel die Nachfrage nach handwerklichen und gewerblichen Leistungen, was Lohnverfall und sogar Arbeitslosigkeit nach sich zog. Fehlende Nahrungsmittel konnten wegen der schlechten Verkehrswege auch nicht durch Nahrungsmittelüberschüsse aus anderen Regionen ersetzt werden. Hinzu kamen die Söldnerheere, die in den zahlreichen Kriegen aus dem Land ernährt wurden und als Plage galten. Das traf selbst für die Landsknechte des eigenen Territorialherren zu.

Reisen waren beschwerlich. Zwar verkehrten schon Postkutschen zwischen den verschiedenen Posthaltereien, aber der Komfort ließ sehr zu wünschen übrig. Bis zu zwölf Reisende quetschten sich in eine Kutsche, zusätzlich zum üblichen Gepäck wurden Tiere, Lebensmittel und sogar Bierfässer transportiert. Die holprigen Verbindungsstraßen erlaubten kaum höhere Geschwindigkeiten als acht Kilometer pro Stunde. Zahllose Zollstationen waren auch auf kürzeren Reisestrecken zu überwinden.

Es konnte passieren, daß eine Postkutsche, die zum Beispiel vom kurkölnischen Kempen ins geldrische Wachtendonk fahren wollte, an der Grenzstation „Schloot“ wieder umkehren mußte, weil sich Zollbestimmungen geändert hatten. Und nicht selten wurden die Reisenden von Räubern und Wegelagerern überfallen. Der Rhein war nur mit Fähren zu überwinden, Brücken gab es noch nicht. Menschen, Vieh und Waren wurden mit „Schalden“ übergesetzt, flache Kähne mit Rudern und Segeln. Damit sie von der Flußströmung nicht zu weit abgetrieben wurden, mußten sie vor jeder Überfahrt ein Stück flußaufwärts gezogen werden. Erst 1795 errichteten die Franzosen aus militärstrategischen Gründen bei Uerdingen eine Schiffsbrücke über den Rhein.

Bei all diesen Beschwernissen lohnte es sich, zu Fuß zu gehen. Die „Kiepenträger“, kleine Flachshändler aus Breyell, wanderten mit ihrer Ware gruppenweise bis nach Westfalen und Holland. Sie entwickelten eine Geheimsprache, „Henese Fleck“ (schöne Sprache), deren Ursprung ins Mittelalter zurückreicht. Damit konnten sie in fremden Gebieten untereinander vorteilhafte Preisabsprachen treffen. Henese Fleck ist eine ganz ungewöhnliche Sprache mit nur relativ wenigen Wörtern. Ihr Vokabelschatz bewegte sich hauptsächlich in den Feldern des Handels und der Gastronomie, da sie oft auswärts übernachten mußten.

Interessant sind die Wortbildungen im Umfeld von Bier. Gerste zum Beispiel nannten sie „Kötspetzen“, also „Biergetreide“. Bier brauen heißt

„Köt pröttelen“ und ein Wirt ist ein „Härksblag“. Ein Wortwechsel in der Kneipe zwischen den Kiepenträgern aus Breyell könnte sich etwa so angehört haben: „Schütt nog en Ruht! Dot huckt henese Köt. – Henese plar! – Wat die Hutzen geien, die nucken wal wöschken. – Plaren vör hitschen en de Härk en Ruht? – Nobes, Minotes mot strömen. Huck knäbbig!“ Das heißt auf Hochdeutsch: „Gib noch ein Glas! Das ist ein gutes Bier. – Prost! – Wie die Bauern singen, die sind wohl betrunken. – Trinken wir in dieser Kneipe noch ein Gläschen? – Nein, ich muß gehen. Auf Wiedersehen!“ Vielleicht wartete auf den eiligen Zecher eine „knäbbige Flitschen“, eine „hübsche junge Frau“? Die „Henese Fleck“ enthält unter anderem auch einige Elemente aus der Gaunersprache Rotwelsch wie etwa „Hutz“ für Bauer. Die Geheimsprache wurde laufend aktualisiert („Fonkeschütt“ für Eisenbahn) und im 19. Jahrhundert Schmugglersprache. Noch heute wird sie von den Mitgliedern des Vereins „Henese Fleck“ in Breyell bei den Treffen im Vereinslokal gesprochen.

Die absolutistischen Fürsten, die in Prunk und Verschwendungssucht den Stil des französischen Hofes zu imitieren suchten und infolgedessen unter ständigem Finanzmangel litten, vergrößerten die Not ihrer Untertanen. Der König in Preußen Friedrich I., unter dessen Herrschaft Moers und Obergeldern zu Preußen kamen, hielt ohne Rücksicht auf die Staatsfinanzen verschwenderisch Hof.

Das galt auch für den in Düsseldorf residierenden späteren Kurfürsten Johann Wilhelm, genannt Jan Wellem. Er baute Düsseldorf zwar zu einer prächtigen barocken Residenz- und Kunststadt aus, ruinierte aber die Staatskasse. Die Düsseldorfer liebten ihn trotzdem, weil er volkstümlich Platt mit ihnen sprach, in seiner Stammkneipe „En de Canon“ mit Künstlern zechte und sogar zweimal Schützenkönig der St.-Sebastianus-Schützenbruderschaft wurde. Diese Volkstümlichkeit hinderte ihn aber nicht daran, seine Auftritte feudal zu inszenieren: Der Chevalier de Blainville schilderte 1705 die Fahrten Jan Wellems durch die Stadt: zwanzig Pagen vor der Kutsche, ein halbes Dutzend „Haiducken“ (ungarische Söldner) auf dem Wagenschlag und die Kammerherren „wie Wachtelhunde nebenhertrabend“. In Anlehnung an das französische Vorbild wurden allmählich die oft von Privatunternehmern aufgebauten und vermieteten Söldnertruppen aufgelöst und stehende Heere aufgebaut. Diese Maßnahme erhöhte den Finanzbedarf der Fürsten weiter und so war eine Reform von Wirtschaft und Verwaltung zur Verbesserung der Staatseinnahmen unumgänglich geworden.

III. Preußischer Kameralismus und die „gute Policey" der Aufklärung

Kein Geld außer Landes: die Förderung des niederrheinischen Hopfenanbaus

Um den durch verschwenderische Hofhaltung und stehende Heere gestiegenen Finanzbedarf der absolutistischen Staaten zu befriedigen, führte man in Preußen ein System weitreichender Wirtschaftsförderung mit dem Ziel höherer Steuereinnahmen ein: den Kameralismus, eine Sonderform des westeuropäischen Merkantilismus. Planmäßige Förderung der Agrikultur und der Textilindustrie, Erschwerung der Importe zur Verhinderung des Kapitalabflusses ins „Ausland" und die damit angestrebte Autarkie veränderten neben dem Aufbau einer leistungsfähigeren Verwaltung die wirtschaftlichen Verhältnisse in den preußischen Territorien des Niederrheins.
1713 kam der von pietistischem Geist geprägte Friedrich Wilhelm I. – der „Soldatenkönig" – an die Macht. Ihm war die barocke Geldverschwendung der absolutistischen Fürsten und seines Vaters Friedrich I. zuwider; sofort nach Amtsantritt schränkte er die Hofausgaben drastisch ein, um einen ausgeglichenen Etat für Preußen aufzustellen. Er richtete im Interesse einer effizienten Wirtschaftskontrolle und Verwaltung 1723 das „General-Ober-Finantz-Kriegs- und Domainen-Direktorium" als Oberbehörde der Innenverwaltung ein. Ihr unterstanden die weisungsgebundenen „Königlich Preussischen Kriegs- und Domainencammern" auch in den preußischen Territorien des Niederrheins. Um auch die ländlichen Gebiete besser in die staatliche Kontrolle einbinden zu können, kamen ab 1753 noch die Landratsämter hinzu.
Die Förderung landwirtschaftlicher Produktion und die Verhinderung der Geldausgaben für Importe hatte am Niederrhein Auswirkungen auf das Brauwesen. Gerade die von Preußen verlangte Unterbindung der Hopfeneinfuhr an den Niederrhein zeigt exemplarisch die Auswirkungen der kameralistischen Wirtschaftsdoktrin. Die großen Mengen an Hopfen, die die niederrheinischen Brauer benötigten, waren aus landeseigenem

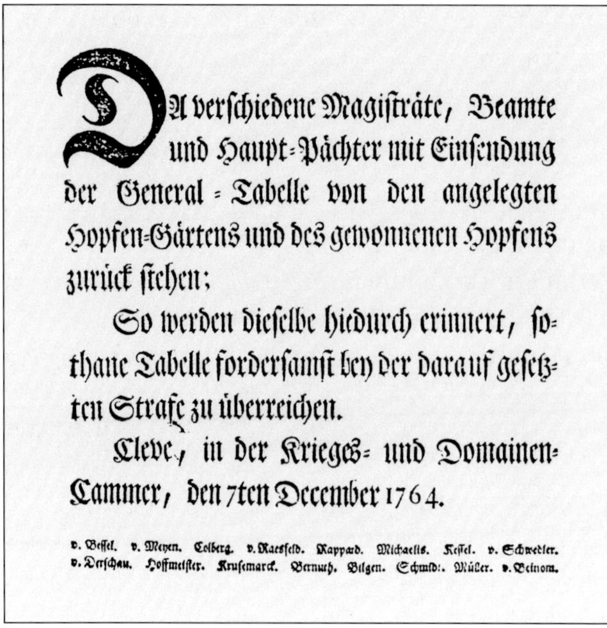

DA verschiedene Magisträte, Beamte und Haupt-Pächter mit Einsendung der General-Tabelle von den angelegten Hopfen-Gärtens und des gewonnenen Hopfens zurück stehen;

So werden dieselbe hiedurch erinnert, sothane Tabelle fordersamst bey der darauf gesetzten Strafe zu überreichen.

Cleve, in der Krieges- und Domainen-Cammer, den 7ten December 1764.

v. Bessel. v. Meyen. Colberg. v. Raesfeld. Rappard. Michaelis. Kessel. v. Schwedler. v. Derschau. Hoffmeister. Krusemarck. Bernuth. Bilgen. Schmid:. Müller. v. Beinom.

Mahnung zur Abgabe der Hopfenstatistik

Anbau nicht zu beschaffen. Der Hopfenanbau war zeitaufwendig, da nur unbefruchtete weibliche Dolden verwendet werden konnten, die männlichen Pflanzen also sorgsam aus der Umgebung der Hopfengärten entfernt werden mußten. Vor allem der „Vlaamsche Hopfen“ aus der „Meyerei vom Hertzogenbusch“ wurde importiert.

Inzwischen hatte Friedrich II. als König von Preußen den Thron bestiegen und intensivierte die kameralistischen Maßnahmen. Mit Datum vom 10. Juni 1743 ließ er die Gemeinden am preußischen Niederrhein befragen: „Nachdem seine Königliche Majestät, Unser Allergnädigster Herr angemercket, daß hin und wieder in Dero Landen bey dem Hopfen-Bau annoch ein grosser Mangel seye, und für Ausländischen Hopfen viel Geld ausser Landes gehe; auch derowegen allergnädigst und zugleich ernstlich befohlen haben, dasz an denen Orten, wo es genugsahmen einländischen Hopfen fehlet, und das Land dazu tüchtig, die annoch nöthige Hopfen-Garten angeleget werden sollten: Als wird denen Regierern von St.-Anthoniusberg (Tönisberg) hierdurch aufgegeben in zeit von vier Wochen nach Erlangung dieses über folgende Puncta ordentlich und hinlänglich zu berichten: 1. Wie viel Hopfen-Gärten in ihrem gantzen District vorhanden, und wie grosz selbige seyen? 2. Wie viel Hopfen Jährlich, ein Jahr dem anderen zu Hülffe gerechnet, ohngefehr daselbst gewonnen werde?

3. Ob dieser einländische Hopfen vor alle und jede Einwohner hinreichend seye? oder wie viel frembden Hopfens dieselben ausserdem Jährlich noch von nöthen haben? 4. Woher Sothaner frembde Hopfen komme? oder wo er eingekauffet werde? 5. Ob das Land unter St.-Anthoniusberg zum Hopfen-Bau tüchtig? und wie viel Hopfen-Garten zur Erlangung der völligen Consumtion noch wohl erfordert werden? 6. Welche Eingesessene dergleichen bequemlich anlegen können? und 7. Was dabey sonsten etwa noch zu erinnern vorkommen möge? Signatum Geldern in Commissione Regiä den 10. Junii 1743."

Nachdem sich die Kriegs- und Domänenkammern durch die Befragung einen ersten Überblick über den niederrheinischen Hopfenanbau verschafft hatten, wurden einige Jahre später „Circulare Zu Beförderung des Hopfen Baues" mit Tabellen verschickt, die von „Städten Ämtern und Jurisdiktionen" mit Angaben über jährlichen Verbrauch, Herkunft und Geldwert des verbrauchten und eingeführten Hopfens ausgefüllt werden mußten. Offensichtlich ließ die Zahl der Rücksendungen zu wünschen übrig, denn mit gedruckten Mahnschreiben wurde unter Androhung von Strafe an die Einsendung erinnert: „Da verschiedene Magisträte, Beamte und Haupt-Pächter mit Einsendung der General-Tabelle von den angelegten Hopfen-Gärtens und des gewonnenen Hopfens zurück stehen; So werden dieselbe hierdurch erinnert, sothane Tabelle fordersamst bey der darauf gesetzten Strafe zu überreichen. Cleve, in der Krieges- und Domainen-Cammer, den 7ten December 1764."

1766 versuchten die preußischen Behörden wiederum lückenlose Auskunft über den Hopfenanbau am Niederrhein zu erhalten, dabei stellte man eine nicht genauer definierte Belohnung in Aussicht: „Auch wird man nicht ermangeln, demjenigen, der sich hierin vorzüglich hervorthun wird, eine Praemie davor auszuwürcken." 1769 wird man deutlicher und verlangt kategorisch die Einsendung der ausgefüllten Tabellen: „... und selbige nach Verlauf von 14 Tagen bey der Krieges- und Domainen-Cammer ohnfehlbahr zu übergeben, in entstehung dessen, der oder diejenige, so sich hierunter etwas zu Schulden kommen lassen wird, in Zwey Reichsthaler unabbitlicher Strafe genommen werden soll, welches also zur Warnung dienet." Viel genützt haben die Fördermaßnahmen wahrscheinlich nicht, denn 1782 wurden im preußischen Emmerich nur 70 Pfund inländischer, aber 6 Zentner und 90 Pfund ausländischer Hopfen verbraucht. Dabei flossen 79 Reichsthaler und 14 Silbergroschen außer Landes.

Schließlich wurden in einem „Publicandum", das auch in niederländischer Sprache erschien, ganz konkrete Prämien für den Anbau von Hopfen gewährt: „Auf Seiner Königl. Majestät von Preußen etc, etc, Unseres allergnädigsten Herrn Befehl, hat das Hochpreisl.-General-Ober-Finantz-Krieges- und Domainen Direktorium sub dato Berlin den 7ten Julio: für die Jahre 1789/90 und 1790/91 nachstehende Praemie ausgesetzt (...) 12. Denjenigen Vier Land-Leuten, so den Anfang machen den Hopfen Bau im grossen zu treiben, und damit wenigstens Zwey Morgen Magdeburgsche Maas werden angepflantzt haben, jedem 40 Rthlr. 13. Demjenigen, der eine sichere und zweckmässige Auskunft geben wird, ob und welchergestalt zur Conservation der Forsten und Ersparung der Kosten der Hopfen ausser den hohen Zaünen um die Gartens, so Hackelwerck genannt werden, ohne Stangen gebauet werden kann 30 Rthlr. ..."
Wenn die Förderung des Hopfenanbaus am preußischen Niederrhein auch am nachdrücklichsten war, so folgte man doch auch in den anderen niederrheinischen Gebieten kameralistischen Gesichtpunkten. Im kurkölnischen Rheinberg ließ der Kurfürst einen Hopfengarten an der Burg anlegen, um die teuren Hopfenimporte zu vermeiden. Und in Düsseldorf vergab Jan Wellem schon 1696 Gelände im alten Jägerhof an den Gärtner Heinrich Parent, um die Hälfte mit Hopfen zu bepflanzen. Später folgten auch Bemühungen, den Hopfenanbau durch theoretische Hilfen zu entwickeln: 1772 erschien in Düsseldorf ein Buch von Christian Reichardt mit dem Titel „Allerbeste Art, den Hopfen anzulegen". Insgesamt war die Propagierung des verstärkten Hopfenanbaus nicht von dauerhaftem Erfolg. Das lag nicht zuletzt daran, daß der gegen Ende des 17. Jahrhunderts am Niederrhein aufkommende Tabakanbau mit Schwerpunkten in Duisburg, Wesel und Emmerich wesentlich mehr Ertrag brachte als der Hopfen.
Dennoch war der Niederrhein bis ins 19. Jahrhundert Schwerpunkt des rheinischen Hopfenanbaus. Hopfen wurde in relativ kleinen Mengen auch gegessen. Schon im 16. Jahrhundert bereitete man in Emmerich am Gründonnerstag eine „Siebenkräuter-Suppe" zur Erinnerung an die sieben letzten Worte Jesu am Kreuze. Die Suppe bestand aus Hopfen, braunem Kohl, Spinat, tauber Nessel, Geschel, Kümmel und Scharbock. Die kulinarischen Qualitäten des Hopfens verrät ein Rezept aus dem „Niederrheinischen Kochbuch" von 1777, einer Sammlung von Gerichten für wohlhabendere Kreise: „Hopfen als Gemüß. Im Frühjahr, wann der Hopfen anfanget zu schießen, so werden die jungen Keimen welche über-

flüßig sind, abgeschnitten, und zum Markt gebracht, wann sie recht gut sein sollen, so müssen sie nicht über einen Finger lang seyn, diese werden in Bündelein gebunden, in Salz und Wasser abgeschält, und das Wasser rein ablauffen lassen, dann aufgelöst, in eine Schüssel mit den Köpfen einwärts rangiert, Butter und Essig, worinn ein paar Eyer-Dotter geklopft worden, warm übergossen, Muskatennus oder Blum aufgestreuet, und alle auf die Tafel gegeben. Man last sie auch in der Seye erkalten, und gibt sie mit Baumöhl, Essig und Pfeffer auf.“

Preußische Binnenkolonisation: die Pfälzer am Niederrhein

Nach den Vorstellungen des Kameralismus bedeuteten viele Einwohner viel Arbeitskraft. Diese Überzeugung war der Auslöser für die preußische Binnenkolonisation des 18. Jahrhunderts. Nachdem man in den protestantischen Gebieten des Niederrheins schon positive Erfahrungen mit der Aufnahme von Glaubensflüchtlingen gemacht hatte, wurde nun die systematisch geplante Einwanderung forciert. 1741 wurden protestantische Glaubensflüchtlinge aus der Pfalz auf Geheiß des preußischen Königs in der Gocher Heide angesiedelt, wo sie Pfalzdorf und Louisendorf gründeten. Diese pfälzischen Siedlungen am Niederrhein wurden streng nach den städtebaulichen Idealen der Aufklärung mit schnurgeraden Straßen gebaut. Im gleichen Jahr kamen auch in der 1586 auf klevischem Gebiet errichteten Festung Schenkenschanz pfälzische Protestanten an, die eigentlich nach Amerika auswandern wollten. Da sie den Preis für die Schiffspassage nicht aufbringen konnten, beschlossen sie zu bleiben. Die preußischen Behörden wiesen ihnen mit Einverständnis des Gocher Magistrats Brachland zur Besiedlung zu. Den ersten pfälzischen Siedlern folgten weitere Einwanderungswellen.
Als Protestanten und mit den einheimischen Bräuchen nicht vertraute Zuwanderer brachten die Pfälzer eigene Sitten mit an den Niederrhein. So war ihnen der niederrheinische Karneval völlig fremd, und sie lehnten ihn bis zum Ersten Weltkrieg völlig ab. Ein distanziertes Verhältnis zur Fastnacht haben sie noch heute. Auch der gewaltige Bierkonsum der Niederrheiner irritierte sie. Statt wie am Niederrhein üblich, nach der Sonntagsmesse erst mal ins Wirtshaus zu gehen, trafen sie sich nach dem Gottesdienst am Kirchenportal, um Neuigkeiten auszutauschen. Dort wurden auch die amtlichen Bekanntmachungen verlesen. Ihr bevor-

zugtes Getränk war auch nicht das niederrheinische Bier, sondern Wein – wenn sie ihn sich leisten konnten. Ihre zunächst ablehnende Haltung dem Bier gegenüber hatten wohl auch die Kinder mitbekommen, wie einem alten Kinderreim der niederrheinischen Pfälzer zu entnehmen ist: „Ein, zwei, drei, vier / auf dem Klavier / steht ein Glas Bier / wer daraus trinkt / der stinkt." (Imig) Kräftig getrunken und getanzt wurde wohl nach den Hochzeiten. Allerdings wurde es erst interessant, „wenn de Paschtor hemm is gang". Diesen pfälzischen Dialekt sprechen die alten Pfälzer am Niederrhein noch heute. Das lag wohl daran, daß die Pfälzer meist unter sich blieben und auch ganz überwiegend untereinander heirateten. Wie man hört, haben sie aber mittlerweile ihre Scheu vor dem niederrheinischen Bier verloren.

„Sauff-Gelage und Zechen von Bier": Preußen gegen niederrheinische Lebenslust

Auch den Preußen war der Karneval und überhaupt die niederrheinische Freude an ausgelassenen Feiern fremd. Gemäß der kameralistischen Wirtschaftsdoktrin sollte der Mensch gottesfürchtig und arbeitssam sein. Und so versuchten die preußischen Behörden immer wieder – und auch immer wieder ergebnislos –, die niederrheinische Lebenslust mit allerlei Edikten und Vorschriften einzudämmen. Das Würfel- und Kartenspiel in niederrheinischen Kneipen um Bierrunden hatte eine alte Tradition. Es wurde von der Obrigkeit nicht gern gesehen, war aber nicht zu verhindern. Gegen das „Chartenpiel" um Geld wurden in einem „erneuerten und geschärften Edikt" 1787 von König Friedrich Wilhelm II. drakonische Strafen angedroht: „ So müssen Wir doch mit höchstem Mißfallen wahrnehmen, daß gedachten heilsamen Verordnungen nicht überall gehörig nachgelebet werde; vielmehr (...) in den Bierschenken, ingleichen bey Privatpersonen ungescheut gespielt werden. (...) Gast- und Caffeewirthe, Wein- und Bierverkäufer (...) , welche verbotne Spiele bey sich dulden, – sollen Dreyhundert Rthlr. Straffe entrichten, oder wenn sie solche zu erledigen nicht vermöchten, mit Dreymonatlichem Festungsarreste bestraft werden."
Selbst wenn man nicht um Geld Karten spielte, mußte man in kameralistischer Manier Karten aus den preußischen Karten-Magazinen verwenden, keinesfalls aber ausländische, so ein Rundschreiben des königlich-

preußischen Landes-Administrations-Collegiums Geldern vom 9. August 1773: „Da versichert werden wil, daß nicht an allen Oerthern dieses Herzogtums Vorräthe von gestempelten Provincial Charten befindlich mithin zu besorgen daß, auch frembde Charten gegen die so wieder hohlentlich und noch unterm 16t. Julii a.p. zuletzt ergangene Verordnung gebrauchet werden; So wird denen Regierern hiedurch anbefohlen, (...) die Gast-Wirthe und Winckelierer willig zu machen, daß selbige aus den hier in Geldern befindlichen Provincial-Charten-Magazin (...) sich versehen mögen, damit jederzeit ein hinlänglicher Charten-Vorrath in dem Orthe vorhanden ..."

Gegen ausgelassenes Trinken zu Karneval im Herzogtum Geldern wandte sich ein Rundschreiben des preußischen Königs Friedrich Wilhelm II. vom 23. April 1791 an „sämtliche Magistraete, Policey Beamte und Regierern des Hertzogtums Geldern":

„Von Gottes Gnaden Friedrich Wilhelm König von Preuszen etc. etc. Unseren Gnädigen Grusz zuvor liebe Getreue. etc. etc. Es sind zwar wegen Abschaffung der von einigen Mühlen Besitzern und Mühlen-Pächtern in unserm Hertzogtum Geldern an die Einwohner und deren Kinder, besonders in der Fastnachts-Zeit gegebenen Sauff-Gelagen und Zechen von Bier und Brandewein so wohl, als (...) schon vorlängst die gemessenste und geschärfteste Verordnungen erlassen worden. Da wir aber misfälligst vernommen, dasz demohnerachtet diese schädlichen Gewohnheiten (...) noch immer im Schwange gehen; Wir aber nicht gemeinet sind dergleichen Unwesen länger nachzusehen; Als haben wir jene Verordnungen hiedurch erneuern wollen und befehlen demnach, 1. Dasz hinfüro die Müller bey Zehn Gold-Gulden Strafe weder in ihren Häusern, auf den Mühlen oder in den Herbergen weder zur Fastel-Abends Zeit noch sonsten vorher oder nachher, es möge unter was für Praetext oder Nahmen es auch seye, dergleichen Sauff-Gelage und Zechen anstellen, noch dazu Geld und Victualien hergeben, oder die unter verdeckten Namen des Endes geschehene Verzehrungen bezahlen sollen. 2. Wird allen Wirten und Eingesessenen bey vorgedachter Strafe verboten, besagte Gelage etc. in ihren Häusern zu halten, noch davon das geringste zu profitieren (...) Wornach sich ein jeder zu achten hat, und damit auch Niemand sich hierunter mit der Unwissenheit möge entschuldigen können, so soll diese Verordnung an gewöhnlichen Orten publicirt und affligirt werden; Wobey denen Magistraeten, Policey Beamten und Regierern anbefohlen wird, auf deren Befolgung mit allem Ernst und Nachdruck zu halten, und die verwürckte

Strafen ohne Ansehen der Person, beizutreiben, wofern sie sich selbst nicht straffällig machen, und gewärtigen wollen, dasz unser Fiscus wider sie excitiret werden wird."

Da ging es im Herzogtum Berg schon gnädiger zu: Der Düsseldorfer Magistrat verbot in einer zu Karneval 1788 erlassenen Verordnung selbstverständlich nicht das Biertrinken, nur das öffentliche Fluchen, Gotteslästern und „Streutigkeiten" wurden nach bester niederrheinischer Sitte mit Bierstrafe geahndet: „Der Geheim Rat verordnet, daß bei der jährlich zur Fastnachtszeit zu geschenen pflegender Zusammenkunft meriger Nachbarn alle Ruhe beibehalten werden, ausdrücklich vorbehalten ist, daß sich jeder Nachbar vor Fluchen Schwören, und Gott zu lästern zu hüten, fort alle besunderen Streutigkeiten zu meuden hat, und zwar mit diesem Nachtruck, daß, wo einer dergleichen Unruhe verursachen würde, solle deshaln jedesmalen von Nachbarmeistern vom ¼ Ahm gutes Bier gestraft zu werden wissig sein ..." (Zimmermann)

Und die 1787 im kurkölnischen Oedt gegründete Gesellschaft „Stillvergnügt", deren Vereinszweck das gesellige Biertrinken war, vermerkt in ihrer Chronik mit einem der ersten Einträge: „Ein würzig Tränklein, so unser Kellermeister Wienandus Frantzes gebraut hatte, hat allen Männlein und Weiblein lieblich geschmeckt, so alle hernach voll gewest seind." (Lipp) Selbst mit leergetrunkenen Bierfässern wurden gelegentlich noch Scherze getrieben. Ein Zuchthäusler in Werden hatte kurz vor seinem Tode um 1750 die Information hinterlassen, in der Nähe des Uerdinger Obertores sei ein Schatz in einem Bierfaß vergraben und löste damit eine fieberhafte Schatzsuche aus. Nach langem Suchen grub man das Faß aus und öffnete es erwartungsvoll im Brauereihof Schmitz. Doch statt eines Schatzes fand man eine grauenvoll stinkende Masse, deren entsetzlicher Geruch auch noch nach Wochen trotz Sauberscheuern mit Seife und Sand die Luft in der Wirtschaft Schmitz verpestete.

Ungerührt von gelegentlichen Bevormundungsversuchen der Obrigkeit sprach man dem Bier weiter zu, und die Sorge um das tägliche Bier war den Niederrheinern wichtiger als die Erfolge kameralistischer Wirtschaftspoltik. Man hatte auch noch im 18. Jahrhundert allen Grund, sich über die Haltbarkeit des Bieres Gedanken zu machen, und so fehlte es nicht an guten Ratschlägen: „... Diese Bier dauren am besten, die guten und viel Hopfen, der wohl gesotten hat, nicht zu sehr, auch nicht zu wenig, dann Maaß ist zu allen Dingen gut, man pflegt ihn gemeiniglich drey Stunden sieden zu lassen. Es ist auch viel daran gelegen, wann man ein Bier in gute Fässer thut, wann es gute Luft und gute Keller hat, die fein tief und kühle seyn. Item die Bier, so in gepichten Fässern liegen, dauren allzeit länger, als die in schlechten, ungepichten Fässern liegen, allein daß sie leicht in den Kopf steigen, denen Leuten, die ein hitzig und schwach Haupt haben.“

Trotzdem kam es häufig vor, daß Bier sauer wurde. Auch für diesen Fall wußte man (zweifelhaften) Rat: „Man nimmt auf einen Eymer Bier ein Pfund Kreyden und zwey Händ voll Potaschensalz, vermischet es, klein gestossen unter einander, macht es in einem Pfännlein wohl heiß, gießt dann daraus eine Maas schön rein Brunnenwasser, rühret es wohl unter einander, dann gießet man es in das sauere Bier, rühret es mit einem Stecken in dem Fasse wohl unter einander, so wird es wieder süß.“ (Der vollkommene Bierbrauer) Bier brachte weiterhin den Städten hervorragende Steuereinnahmen. Im Rechnungsjahr 1776/77 betrug zum Beispiel in Uerdingen die eingenommene Bierakzise 84 Reichstaler, die Salzakzise 28 Reichstaler und die Branntweinakzise 12 Reichstaler.

Gutes Bier zur Erquickung der Arbeiter: die „gute Policey“ der Aufklärung

Die Wirtschaftspolitik des Kameralismus war ein Teilaspekt der in Nordwesteuropa im Gefolge des Humanismus und der Renaissance aufgekommenen Philosophie der Aufklärung. Der Philosoph Immanuel Kant bezeichnete die Aufklärung als den „Ausgang des Menschen aus seiner selbstverschuldeten Unmündigkeit“. Dem Idealbild der Aufklärung entsprach der gebildete und mündige Mensch, der sich nicht vorschreiben läßt, was er zu glauben hat, sondern selbstbestimmt sein Leben in Freiheit und Wohlstand gestaltet. Nach den Vorstellungen der Aufklärung waren dazu Wissen, „Selbstdenken“, Vernunft, demokratische Teilhabe an Gestaltung und Praxis des Staatswesens (und damit wurde die Legitimitätsfrage monarchischer Herrschaft gestellt), Gleichheit vor dem Gesetz und „Industriosität“, also rationale, zielgerichtete Arbeitsamkeit, erforderlich. Allerdings waren die Voraussetzungen zur Verwirklichung dieser hehren Vorstellungen in Deutschland denkbar ungünstig. Der Analphabetismus war weit verbreitet, absolutistische Herrschaft und religiöse Indoktrination ließen keinen Raum für die Entwicklung eines aufklärerischen Menschenbildes.

Friedrich Wilhelm I. von Preußen übernahm zwar gern die rationalen wirtschaftlich-technokratischen Theorien der Aufklärung, stand ihrer Philosophie aber fremd gegenüber. Sein Sohn Friedrich verinnerlichte im Kreis aufklärerischer Intellektueller und Künstler die Aufklärung und verwirklichte nach seiner Thronbesteigung 1740 als Friedrich II. – „der Große" – viele ihrer Forderungen. Er schaffte die Folter weitgehend ab, Glaubens- und Gewissensfreiheit wurden auch den Juden zuteil, er garantierte die Freiheit der Wissenschaft, und seinen preußischen Untertanen räumte er das Recht auf Unterricht in Schulen eigener Konfession ein.
Doch die Aufklärung endete für ihn an den Grenzen seines absolutistischen Herrschaftsanspruchs und das hieß für ihn, das Gottesgnadentum seiner Königswürde war unantastbar, als Herrscher stand er über dem Gesetz. Die immer wieder brav kolportierte Geschichte vom Müller, der vor dem Berliner Kammergericht gegen den König sein Recht bekam, ist frei erfunden. Tatsächlich kam es vor, daß Friedrich der Große die Richter zur Strafe für gefällte, mißliebige Urteile in Festungshaft schickte. Auch die hierarchisch in Ständen gegliederte Gesellschaft mit eng begrenzten Aufstiegsmöglichkeiten war für ihn unverletzlich. Kennzeichnend für diese Haltung Friedrichs II. ist seine Einstellung zur nötigen Schulbildung der einfachen Leute auf dem Lande: „... darum müssen sich die Schulmeister Mühe geben, daß die Leute Attachement (Anhänglichkeit) zur Religion behalten und sie so weit bringen, daß sie nicht stehlen und morden (...) sonsten ist es auf dem platten Lande genug, wenn sie ein bisgen Lesen und Schreiben lernen; wissen sie aber zu viel, so laufen sie in die Städte und wollen Secretairs oder so was werden ..." (Fertig)
Düsseldorf erhielt als Hauptstadt des Herzogtums Jülich-Berg unter der Herrschaft des aufgeklärten Kurfürsten Karl Theodor eine juristische Fakultät und eine anatomische Lehranstalt. Aus der noch unter Jan Wellem gegründeten Bildergalerie wurde eine private „Zeichenakademie", die 1777 als „Kurfürstliche Maler-, Bildhauer- und Baukunstakademie" anerkannt wurde. Im Hause der Gebrüder Jacobi verkehrten Diderot, Alexander und Wilhelm von Humboldt, Herder, Lavater und Wieland. Düsseldorf war die Stadt der Kunst und Kultur.
Im Umkreis der Duisburger Universität gründeten sich 1759 die aufklärerische „Gelehrte Gesellschaft" und die „Literarische Gesellschaft". Entsprechend der aufklärerischen Forderung nach Wissen und Bildung entstanden „Lesegesellschaften", in denen auch über die politischen Verhältnisse debattiert wurden, so 1791 in Uerdingen und 1794 in Düssel-

dorf. Das war freilich nicht ohne Risiko, denn politisches „Räsonieren“ sah die Obrigkeit bei aller Aufklärung gar nicht gern. Genau aus diesem Sicherheitsaspekt hatten die frühen Aufklärer sich im Geheimbund der Illuminaten zusammengefunden. Aufklärerische Ideen pflegten die Freimauerer, die sich auch am Niederrhein in Logen zusammenschlossen. 1744 gab es in Wesel die erste Freimaurer-Loge des Niederrheins, 1767 folgte die Loge „Der Frieden vom Niederrhein“ Düsseldorf, 1771 „Die Eifrigen am Niederrhein“ Kleve, 1775 „Zur Hoffnung“ ebenfalls in Kleve, 1775 „Zum goldenen Schwerdt“ Wesel, 1786 „Zu den zwei Zahlen“ Duisburg, 1788 „Zur Vollkommenen Gleichheit“ Krefeld. Es fällt auf, daß in den kurkölnischen Gebieten des Niederrheins die Aufklärung kaum Fuß fassen konnte.

Zusammenfassend kann man sagen, daß der Name „aufgeklärter Absolutismus“ für die Herrschaftsverhältnisse des 18. Jahrhunderts unglücklich gewählt ist, da die Idee der Aufklärung in direktem Gegensatz zum Absolutismus stand. Die technokratischen Aspekte der Aufklärung, darunter der Kameralismus, übernahmen die Regierungen gern, nicht aber die Elemente der politischen Teilhabe. Die volle Komplexität der Aufklärung blieb den Intellektuellen vorbehalten, die sie erst viel später gegen heftige Widerstände auch politisch fruchtbar machen konnten.

Den „Untertanen“ brachte die Aufklärung zunächst nur marginale Vorteile. Die Fürsorge, die eine „Gute Policey“ im Interesse des Allgemeinwohls durchzusetzen suchte, bemühte sich auch um die Bierqualität und einen akzeptablen Bierpreis. Vorstellungen vom Sinn einer guten Verwaltung beschrieb Philipp Peter Guden 1768 so: Die bessere Policey „ist es, welche einen Ort angenehm macht. Sie sorgt für richtige Gewichte, wohlfeile Preise, gute Waaren, wohlschmeckende Victualien, Reinlichkeit und Zierde der Oerter. Sie wendet eine vorzügliche Sorge darauf, daß an dem Orte gutes Bier und Brod zu haben sey, woran die Arbeiter sich bey ihrem Fleiße erquicken können.“ (Münch)

Brauern, die ihr Bier nicht zu dem festgesetzten Preis abgeben wollten, drohte zum Beispiel 1765 in Düsseldorf Strafe: „Er (der Brauer) solle auf beschehene und wahr befundene Anzeige willkürlich bestraft und den Anzeigenden, dessen Namen verschwiegen bleiben wird, jedesmal ein halber Goldgülden aus der Straf verabreichet werden.“ (Lutterbeck)

Betrachteten die Administratoren der Territorialherren ihr Amt bis zur Aufklärung überwiegend als Pfründe, so identifizierte sich zumindest das preußische Beamtentum zu großen Teilen mit den Idealen der Auf-

klärung, nach denen das Allgemeinwohl vor Eigennutz gehe. Dies begründete den guten Ruf von der Unbestechlichkeit des preußischen Beamten.
Aufklärerisch waren auch ethische Vorstellungen wie die Idee des „ehrlichen Erwerbs“, nach der die Geschäftstätigkeit nicht dem Anhäufen von Reichtümern, sondern dem eigenen Wohlstand in Verantwortung für die gesamte soziale Gemeinschaft diene. Das war bedeutsam, da es im 18. Jahrhundert zu bemerkenswerten Umstrukturierungen kam: Das veraltete Zunftwesen engte jede innovative wirtschaftliche Tätigkeit ein, der dadurch entstandene Kapitalmangel der Meister erschwerte den Einkauf von Rohstoffen. Wohlhabende Kaufleute schossen den Meistern die Rohstoffe vor und übernahmen dafür den Vertrieb der Fertigwaren.
Das so entstandene „Verlagssystem“ brachte die Handwerker in Abhängigkeit. Allmählich wurden die jetzt praktisch zu Heimarbeitern gewordenen Handwerker in Manufakturen zusammengefaßt, den Vorläufern der Fabriken. Trotzdem kam es kaum zu sozialen Konflikten in den neuen Betrieben, da die vom Geist der Aufklärung geprägten Kaufleute die materielle und kulturelle Entwicklung ihrer Arbeiter sicherstellten. Das alte Zunftwesen der Brauer war gegen Ende des 18. Jahrhunderts in Auflösung begriffen; so begrenzten die Brauerzünfte den Beitritt neuer Meister durch Erhöhung der zu entrichtenden Beitrittsgelder. Ab 1791 nahm die Düsseldorfer Brauerzunft gegen Geld Meister an, die nicht einmal zunftmäßig ihren Beruf erlernt hatten und die vorgeschriebene Gesellenjahre mit Geld abgelöst hatten.
Nur allmählich flossen Ideen der Aufklärer in den Alltag ein. Das Idealbild des mündigen Menschen verlangte nicht nur dessen geistige Autonomie, sondern setzte auch zivilisatorische Standards. In seinem Traktat „Über den Umgang mit Menschen“ entwickelte Freiherr Adolph von Knigge 1788 neue Formen bürgerlicher Geselligkeit, die gegenseitige Achtung unabhängig von Standesgrenzen einforderten.
Freiherr von Knigge, der sich gern „der freie Herr Knigge“ nannte, schrieb damit ein stilbildendes Werk, das oft als bloßes „Benimmbuch“ mißverstanden worden ist. Sein Ziel war es, Lebensklugheit mit der ethischen Grundhaltung des Aufklärers zu verbinden. Knigge, der selbst Freimaurer und Mitglied des Illuminatenordens war, beschrieb unter anderem den möglichst konfliktfreien Umgang mit betrügerischen Wirten und Trunkenbolden. Takt- und auch das Peinlichkeitsgefühl setzten vielen rohen Sitten des Mittelalters und der Frühneuzeit ein Ende.

Das galt auch für die bis dahin übliche Erledigung der Notdurft in aller Öffentlichkeit. Es kamen „Abtrittanbieter" auf, die mit Eimern und sehr weiten Ledermänteln auf Kundschaft warteten, oft vor Kneipen. Höflichkeitsregeln forderten, als peinlich empfundene Handlungen zu ignorieren: „Gehet man bey einer Person vorbey, welche sich erleichtert, so stellet man sich, als ob man solches nicht gewahr würde, und also ist es auch wider die Höflichkeit, selbige zu begrüßen." (Palla)
In den bergischen und preußischen Gebieten des Niederrheins war gegen Ende des 18. Jahrhunderts der Wohlstand etwas angestiegen. Das äußerte sich auch in einer gewissen Verfeinerung der Küche breiterer Schichten. Die traditionelle Biersuppe nur aus Dünnbier und Mehl wurde 1777 in einem Rezept des „Niederrheinischen Kochbuchs" schon mit für die Zeit erstaunlichen Zutaten angereichert: „Zu einer Maaß Bier werden 4 Eyer gerechnet, wann das Bier kocht so werden die Eyer mit ein wenig Mehl darein gerühret, etwas Zucker, und Citronschalen etwas Butter darzu gethan; dann wird beym Anrichten würflicht geschnitten Weißbrod in die Schüssel gelegt, und die Suppe darüber angerichtet." Selbst das Geflügel wurde mit Bier verwöhnt, allerdings aus selbstsüchtigen Motiven: „Man hat auch aus Erfahrung, daß man die Hüner, und sonderlich die Capaunen, sehr bald gut und fett mästen kann, wann man entweder ihre Speise und Aetzung in Bier einweichet, oder ihnen Bier anstatt des Wassers zu trinken giebt."
Die positive Entwicklung der Aufklärungszeit beschrieb der Schriftsteller und Gelehrte Georg Forster in einem Reisebericht 1792/93: „Das finstere, traurige Köln haben wir recht gern verlassen. Wie wenig stimmt das Innere dieser weitläufigen, aber halb entvölkerten Stadt mit dem vielversprechenden Anblick von der Flußseite überein! (...) Welch ein himmelweiter Unterschied zwischen Köln und diesem netten, reinlichen, wohlhabenden Düsseldorf! Eine wohlgebaute Stadt, schöne massive Häuser, gerade und helle Straßen, tätige, wohlgekleidete Einwohner, wie erheitert das nicht dem Reisenden das Herz! Vor zwei Jahren ließ der Kurfürst der Festungswerke demolieren und erlaubte seinen Untertanen, auf dem Platze zu bauen. Jetzt steht schon eine ganz neue Stadt von mehreren langen, nach der Schnur gezogenen Straßen da; man wetteifert miteinander, wer sein Haus am schönsten, am bequemsten bauen soll; die angelegten Kapitalien belaufen sich auf sehr beträchtliche Summen, und in wenigen Jahren wird Düsseldorf noch einmal so groß als es war und um vieles prächtiger sein."

Der Räuberhauptmann und sein Bier

Im geistlichen Kurfürstentum Köln, zu denen die niederrheinischen Landstriche um Neuss, Neersen, Kempen und Uerdingen gehörten, war von den Idealen der Aufklärung nichts zu spüren. In Neuss und Rheinberg kam es in den siebziger und achtziger Jahren zu öffentlichen Tumulten wegen der Cliquenwirtschaft der städtischen Magistrate und wegen unsauberer Bürgermeisterwahlen. Auch wurden in Kurköln die Juden nicht in die Zünfte aufgenommen, und damit blieb ihnen der Zugang zu fast allen Berufen verschlossen. Lediglich als Maler, Brillenschleifer, Petschaftstecher, als Juwelenhändler und Pfandleiher durften sie arbeiten. Der Zinsfuß war auf sechs bis zwölf Prozent festgelegt, so daß man angesichts heutiger Bankzinsen wohl kaum von Wucher sprechen konnte. Grund- und Hausbesitz war ihnen bis auf ganz wenige Ausnahmen verwehrt, und wer sich keinen Schutz- oder Geleitbrief kaufen konnte, irrte heimatlos über die Landstraßen. Die meisten Juden waren arm, und so blieb ihnen nichts anderes übrig, als in Gesellschaft von desertierten Soldaten, Vagabunden und Gauklern mit Betteln und Diebstahl ihr kärgliches Leben zu fristen.

Nicht selten schlossen sie sich den Räuberbanden an, in denen sie nicht geächtet waren. Da ausnahmslos alle Juden schreiben und lesen konnten, waren sie den meist analphabetischen Bandenmitgliedern nützlich. Der recht hohe Anteil von Juden in den Räuberbanden erklärte sich durch die Judendiskriminierung; das von den Räubern gesprochene „Rotwelsch" enthielt viele jiddische Begriffe. Legendär waren die „Bockreiter", die den Raum um Erkelenz und die benachbarten Niederlande unsicher machten. Die bekannteste und berüchtigtste Bande am Niederrhein war die Neusser Bande mit ihrem Hauptmann Matthias Weber, genannt der „Fetzer". Die Herkunft des Namens Fetzer liegt im Dunkeln; vielleicht hatte er im weitesten Sinne etwas mit der Gastronomie zu tun, denn der rotwelsche Name für Wirt war „Schocherfetzer". Die Neusser Bande war aus der Vereinigung der Mersener Bande mit der Krefelder Bande unter ihrem Anführer Fetzer hervorgegangen. Im preußischen Krefeld war ihnen der Boden zu heiß geworden, nachdem der dortige Polizeichef wegen zu großer Lauheit abgesetzt worden war.

Der Fetzer war hochintelligent und geistesgegenwärtig. Geradezu genial waren seine kühnen Ausbrüche selbst bei strengster Bewachung. Er hätte sich ein großes Vermögen zusammenrauben können, wenn er seine Beute

Zeitgenössisches Flugblatt über den Gefangenentransport des „Fetzer" (aus dem Buch „Räuberbanden"/Mercator-Verlag)

nicht immer wieder in Kneipen und Bordellen durchgebracht hätte. Er verkehrte mit seiner Bande in den „geringeren Wirtshäusern" von Neuss, wie die Spelunken im damaligen Amtsdeutsch genannt wurden. Haupttreffpunkt der Bande war das Wirtshaus „Im Schwan" auf der Neusser Furth. Hier heckte man neue Raubzüge aus, verhandelte mit Hehlern über den Preis der „Sore" – des Diebesguts – und veranstaltete wüste Trinkgelage.

Ein Vikar aus dem benachbarten Kaarst schützte nicht nur die Bande mit falschen Alibis, er beteiligte sich auch an deren Hehlereien und Orgien. Weitere Treffpunkte der Bande waren die Neusser „geringeren Wirtschaften" „Beim Bären Drikes", „In der Taube" und „Kobus in der langen Hecke". Bandenmitglieder, die sich untereinander noch nicht kannten, gaben sich durch ein mit Daumen und Zeigefinger gebildetes „C" zu erkennen – das Zeichen für „Cheesen" (Kamerad). Der Fetzer scheute neben seinen großen Raubzügen auch nicht vor kleinen Trickdiebereien zurück. In einem Wirtshaus trank der Fetzer „Schurnbrant" (Bier), stellte sich nach einiger Zeit betrunken, torkelte durch die Wirtsstube gegen eine Tür, die nachgab. Einer seiner Kumpane blies das Licht aus und der Fetzer stahl sich aus dem angrenzenden Zimmer.

Das kurkölnische Neuss war wegen einer völlig unfähigen Polizei ein Paradies für Gauner aller Art. Der Polizeikommissar Schawberg aus der benachbarten bergischen Hauptstadt Düsseldorf beschwerte sich in einem Schreiben an die Regierung des Kurfürstentums Köln über das Gaunernest Neuss:
„Meine Pflichten erlauben nicht länger, den Bericht wegen der Unsicherheit, so hiesige Stadt und Nachbarschaft wegen der in der nächst hierbei gelegenen Stadt Neuß sich stets hin aufhaltenden Gesindel, Vagabunden, Bettler, Dieben oder der Dieberei verdächtigten Personen ausgesetzt ist, auszustellen (...) Ich visitierte des Endes die geringern Wirtshäuser in und vor der Stadt und treffe sie an, wenn sie da logieren. (...) Diebe, Räuber oder der Dieberei Verdächtige, die wissentlich gestohlene Sachen zum Verkauf haben, finden sich zu Neuss ein, bringen sie dort zum Verkauf an, und zwar frei, halten sich mit diesen Sachen dort auf, weil sie wissen, daß keine Häuser visitiert werden (...). Die aus Kerkern und dem Zuchthause sich ausbrechenden Missetäter flüchten nach Neuss, kehren in die allenthalben bekannte geringe Häuser ein ..."
Und Schawberg benennt auch die geringen Wirtschaften, darunter „Im Schwanen, im Prinz Oranien, in den drei Lilien". Die kurkölnische Regierung verlangte am 19. August 1794 in einem „Befehlsschreiben an den Stadtrat zu Neuss ernstlich" eine Besserung der Zustände: „... Es ist wahrhaft schändlich, wenn in einem einheimischen Orte die allergemeinsten Polizei-Anstalten so vernachlässigt und außer Acht gelassen werden, daß dasselbe zur Freistätte des auswärtigen Gesindels diene, ja diesen und anderen bösen Leuten, um der Einziehung, Inquisition und verdienten Strafe auszuweichen, fast absichtlicher Vorschub geleistet und daher die ganze umliegende Gegend unsicher gemacht werde ..."
Nach der Besetzung des Rheinlandes durch französische Revolutionstruppen konnten sich die Räuberbanden zunächst noch behaupten. Aber im Zuge der 1798 durchgeführte Verwaltungsneuordnung wurde auch das Polizeiwesen reformiert. Regelmäßige Streifen und Razzien in den geringeren Wirtshäusern erschwerten den Räubern das Leben, und so zogen sie sich auf das unbesetzte rechte Rheinufer zurück. 1802 wurde der Fetzer gefangengenommen und 1803 in Köln im Alter von nur 25 Jahren guillotiniert. Wegen der erstaunlichen Fähigkeiten wollte man den Schädel des Fetzers dem berühmten Phrenologen Gall zur Untersuchung schicken, aber vor der Präparation wurde er – stilgerecht – gestohlen. Mit dem Ende des Fetzers war die Zeit der großen niederrheinischen

Räuberbanden vorbei. Nur kleine Räubertrupps überfielen noch Reisende und Nachschubtransporte der französischen Besatzungsarmee. Bei einer Inspektionsreise an den Niederrhein 1806 gab Napoleon den Befehl, Sonderkommandos zur Zerschlagung des „Brigantenunwesens" einzurichten. Die Polizei am französischen Niederrhein arbeitete für die damalige Zeit recht effizient, so daß sich erst nach dem Ende der Franzosenherrschaft am nördlichen Niederrhein wieder kleinere Banden bildeten, darunter die „Brauhausbande". Sie plante in einem ehemaligen Brauhaus ihre Raubzüge, fand aber 1832 durch die Verhaftung des Bandenchefs Cronenberg ihr Ende.

IV. Die Franzosen am Niederrhein

Bier, Soldaten, Assignaten

Die Französische Revolution von 1789 spaltete auch in Deutschland die Gemüter. Während die der Aufklärung nahestehenden Intellektuellen die Revolution begrüßten und die Möglichkeit zur Durchsetzung allgemeiner Menschenrechte sahen, verdammten Adel und Geistlichkeit die Ereignisse in Frankreich, da sie ihre Privilegien in Gefahr sahen. Die absolutistischen Monarchien Preußen und Österreich beschlossen 1791 auf Druck des entmachteten französischen Adels und der geistlichen Fürsten des Rheinlands die „Pillnitzer Konvention", die vorsah, die Herrschaftsansprüche der französischen Monarchie zu schützen und dafür sogar Truppen bereitzustellen. Damit waren die Voraussetzungen für die späteren Koalitionskriege gegen Frankreich gelegt. 1792 stießen Stoßtrupps der französischen Revolutionsarmee nach einem gescheiterten Angriff österreichischer Verbände bis an die niederrheinischen Städte Krefeld, Geldern und Moers vor. 1794 besetzten dann die Franzosen dauerhaft den linken Niederrhein, dabei beschossen sie Düsseldorf und zerstörten das Schloß, von dem heute nur noch der Schloßturm übriggeblieben ist. Preußen blieb nichts anderes übrig, als im Sonderfrieden von Basel 1795 dem Verbleib der französischen Truppen am linken Rheinufer zuzustimmen.

Satirische Darstellung der Teuerung zur Zeit der Franzosenherrschaft 1796. Der Kriegsgott Mars hockt auf dem Bürger, der ein Schild mit den Lebensmittelpreisen trägt. Zu den wichtigen Lebensmitteln wird hier auch das Bier gerechnet.

Die deutschen Aufklärer, die die französischen Kriegshandlungen mit dem Argument gerechtfertigt hatten, dauerhafte Friedensregelungen seien nur zwischen demokratischen Staaten möglich, sahen sich in ihren Hoffnungen auf Reformen zunächst enttäuscht. Die französischen Truppen begannen gleich mit umfangreichen Requirierungen, und selbst Plünderungen waren zu befürchten. Letzteres versuchte der Magistrat der Stadt Goch durch Bierspenden für die französischen Soldaten zu verhindern. In einer Verordnung vom 27. November 1794 an die Wirte und Brauer der Stadt wurde verlangt: „Denen sämtlichen Brauern und Wirthen hiesiger Stadt wird hiermit aufgegeben, sofort und ohne den geringsten Anstand Bier zu brauen und brauen zu lassen, damit das Militair und die Marke-

tender, welche wegen des Mangels und der Verweigerung des Biers Klage erheben und unruhig zu werden anfangen, wovon die traurigsten Folgen zu befürchten sind, damit versehen werden können. Auch soll ohne ausdrückliche Erlaubnis des Commandanten kein Bier aus hiesiger Stadt anderswohin verfahren werden. Die Brauer und Wirthe haben sich hiernach bey eigener Verantwortung und zur Vorbeugung der ihnen gewiß hart treffen könnenden Resentiments genau zu richten und ohne Zeitverlust das Verlangte zu bewerkstelligen, auch daß solche Ordre ihnen zugekommen, dieses durch ihre Nahmens Unterschrift hierunter zu attestiren."
Daß mit den Soldaten nicht zu spaßen war, wenn es ums Bier ging, erzählt ein alter niederrheinischer Schwank aus der Franzosenzeit, der sich angeblich in Walbeck zugetragen haben soll: Französische Soldaten waren gewaltsam in den Bierkeller eines Bauern eingedrungen und hatten sich vollaufen lassen. Als sie hinauswankten, ließ der letzte Soldat den Zapfhahn offen stehen. Der erboste Bauer warf ihn daraufhin in das ausgelaufene Bier und der Soldat ertrank. Die anderen Soldaten sahen das und ertränkten den Bauern gleichfalls im Bier.
Die Einführung von „Assignaten" – also Papiergeld – wurde von der niederrheinischen Bevölkerung mit Unmut aufgenommen, da den Assignaten kein entsprechender Realwert gegenüberstand. Die Reaktionen auf diese zweifelhafte Geldbeschaffungsmethode der Franzosen war absehbar: Die Waren wurden zurückgehalten, und so entstand eine Schattenwirtschaft im Verborgenen. Der Zeitzeuge Joan Peter Delhoven aus Dormagen schrieb am 6. November 1794 in seine Chronik: „Seit dem Hiersein der Franzosen ist kein Bier noch Brandwein zu haben. Jetz fangen die Wirthe wieder an zu brauen, und wollen in der Stille den Nachbarn gegen baares Geld etwas abgeben. Die Soldaten haben nichts als Assignaten, welche man nur zu 2 Drittheile Verlust ausgeben kann; als 30 Pf Papier gelten nur 10 in Geld; doch nicht öfentlich." Am 3. Dezember folgte der Eintrag: „Wegen den Asignaten, welche jeder zu nehmen verbunden ist, liegt Handel und jedes Gewerb still. In Wirthshäusern trinken vertraute Nachbarn in abgelegenen Zimmern Bier und Brandwein, Kafe verkauft man in verstohlener Weis..."
Die französischen Revolutionstruppen führten einige neue Sitten ein, denen die Niederrheiner reserviert gegenüberstanden, so das Errichten von „Freiheitsbäumen". Doch überwanden sie ihre Abneigung, wenn dabei gefeiert wurden. Dazu Delhoven am 24. Dezember 1794: „Vorgestern wurde (...) der Freyheitsbaum errichtet, wozu alle Schefen und Vorstehern des

Amts eingeladen wurden. Es wird daselbst grosse Tafel gehalten, wozu 50 Hämmel und mehrere Kühe gemetzelt worden sind, Bier und Wein sind gleichfals angeschaft.“ Doch nach den Feiern kehrte wieder der trostlose Alltag ein; am 7. Januar 1795 klagte Delhoven: „Hier giebt und nimmt keiner mehr Assignaten, weil weder Bier noch sonstige Waaren öfentlich verkauft wird.“ Und auch die Soldaten fallen noch „hart zur Last“, denn „sie essen nichts als Weissbrod; Bier und Brandwein darf gar nicht fehlen.“ Am 10. Juni 1795 stellten die Franzosen die Requirierungen ein, und die Assignaten wurden zu einem realistischen Kurs gehandelt. Die Kramläden boten wieder ihre Waren an, und in den Wirtshäusern wurde öffentlich Bier ausgeschenkt. Die allgemeine Freude darüber war groß und Delhoven vermerkt dazu emphatisch: „Wir leben einig und verbrüdert mit den Soldaten.“ Und selbst die Jungen feierten beim Bier: „Heut kegelten die Knaben von 12 ad 16 Jahren (...) um 24 Maass Bier.“

Die Reformen am französischen Niederrhein – Bierkontrollen durch die Behörden

Die unter dem Motto „Freiheit, Gleichheit, Brüderlichkeit“ vorgedrungene Revolution begeisterte die Niederrheiner nicht. Das lag vor allem an den rücksichtslos eingetriebenen Kontributionen, den schon erwähnten Assignaten und der religionsfeindlichen Grundhaltung mit Enteignung des kirchlichen Besitzes. Die Lage besserte sich, als Anfang 1797 das in Frankreich regierende Direktorium dem Oberbefehlshaber der an Mittelrhein und Niederrhein stehenden französischen Truppen, General Hoche, auch die zivile Gewalt am Rhein übertrug. Hoche setzte zunächst wieder Mitglieder der ehemaligen Magistrate und Regierungen in ihre alten Funktionen ein, da sie mit den rheinischen Verhältnissen gut vertraut waren. Die eingeführte Pressefreiheit führte zur Gründung politisch-philosophischer Journale von teils bemerkenswertem Niveau, darunter in Krefeld und Kleve. Gegen Ende 1797 wurde das Rheinland nach französischen Vorbild in Departements, Arondissements und Kantone eingeteilt; der Niederrhein war nun Teil des Roerdepartements. Damit endete die jahrhundertealte territoriale Zerrissenheit des Niederrheins. Das galt auch für die besonders absurde Aufteilung der kleinen Gemeinde Wegberg unter den Herzogtümern Jülich und Geldern: Die Grenze verlief mitten durch den Ort, und so hatte Wegberg zwei Verwaltungen und zwei Bürgermeister.

Nach dem Frieden von Lunéville 1801 wurde der linke Niederrhein Bestandteil Frankreichs. Die rechtsrheinischen Gebiete des Niederrheins gerieten erst später unter französischen Einfluß. Zahlreiche Reformen zukunftsweisenden Charakters wurden am Niederrhein verwirklicht. Die Gleichheit aller vor dem Gesetz wurde mit dem „Code civil" eingeführt, ein Gesetzbuch, das selbst noch das „Bürgerliche Gesetzbuch" beeinflußte. Die Gerichte wurden mit Geschworenen besetzt, und die Verhandlungen waren öffentlich, selbst ein Apellationsgerichtshof wurde gegründet. Die Effizienz der Polizei machte dem Unwesen der niederrheinischen Räuberbanden ein Ende. Die niederrheinische Bevölkerung akzeptierte auch die eingeführte Zivilehe, da die freiwillige kirchliche Trauung weiterbestand. Juden und Protestanten wurde die volle Gleichberechtigung zuteil.
Das bis dahin recht abenteuerliche Gesundheitswesen wurde von Grund auf reformiert: Den Quacksalbern ging es an den Kragen, da die Ärzte sich ausnahmslos Prüfungen durch eine Fachjury zu stellen hatten. Schutzimpfungen gegen die Pocken wurden Pflicht. Städte wurden rechtlich dem „platten Land" gleichgestellt, so daß auch die ländlichen Bereiche von den neuen Freiheiten profitierten. Der Wegfall der Zollgrenzen, intensivierter Straßenbau, ein neues einheitliches Münzsystem, eine feste Währung und die Einrichtung von Handelsgerichten und Handelskammern führte zu einer wirtschaftlichen Prosperität, die allgemein eine optimistische Grundstimmung erzeugte.
Delhoven resümierte 1801 euphorisch: „Der Frühling rückt an; Lerchen und Buchfinken trillern ihre Lieder. Frieden lachet unseren Fluren und wir bleiben Republikaner. Es wird hier am Rhein soviel Geld verdient, dass unsere künftige Verfassung immer mehr Anhänger findet." Mit dieser positiven Stimmung beschreibt auch Heinrich Simon van Alpen 1802 in seinem Buch „Geschichte des fränkischen Rheinufers" die Flachsernte in Bracht: „Die Zeit, wo der Flachs gepflückt wird, ist darum mit Recht die froheste Zeit in dieser Gegend. Von allen Seiten der lachenden Gefilde hört man nichts als Jubel und Frohgesang, die ganze weite Flur erschallet von den Gesängen der Arbeiter. Der Bauer muß seine Leute behandeln, als wäre es das größte Fest des Jahres, wo das beste Essen und Trinken, Musik und Tanz auf die Arbeiter warten."
Die Gewerbefreiheit und die damit verbundene Aufhebung der Zünfte brachten den freien Zugang zum Braugewerbe und den Wegfall zünftischer Qualitätskontrollen bei der Bierproduktion (mit denen es ja wie schon beschrieben in den letzten Jahren vor der französischen Besetzung des

Niederrheins nicht weit her war). Die Bierqualität am Niederrhein blieb hoch: In der „Statistique du Departement de la Roer“ bezeichnete A. J. Dorsch das Bier, das in Erkelenz und Straelen gebraut wird, als sehr gut und sehr stark. Protektionistische Maßnahmen gegen aus anderen Städten eingeführtes Bier scheiterten auf Dauer an den neuen Handelsgesetzen. Die von Napoleon ab 1805 gegen England verhängte Kontinentalsperre verhinderte den Import englischer Tuche und brachte dem Niederrhein weiteren wirtschaftlichen Aufschwung, da der linke Niederrhein von einer textilen Monostruktur geprägt war. Allerdings fielen mit der Kontinentalsperre auch die Importe von begehrten „Kolonialwaren“ weg. Das waren vor allem der Rohrzucker und der Kaffee, doch man entwickelte mit dem Rübenzucker und dem „Muckefuck“ (von frz. „Mocca faux“ , falscher Kaffee) Ersatzmittel.
Die alten Zollgrenzen am linken Niederrhein waren fortgefallen, dafür bildete jetzt der Rhein selbst die neue Grenze. Das brachte dem rechten Niederrhein wirtschaftliche Probleme: Die nun weggefallenen linksrheinischen Absatzgebiete zwangen viele rechtsrheinische Unternehmer und Arbeiter, ihre wirtschaftliche Zukunft auf der anderen Rheinseite zu suchen. Dem linken Niederrhein brachte diese Wirtschaftswanderung zahlreiche Neugründungen von Manufakturen, unter anderem in Neuss, Rheydt, Viersen und Grevenbroich. Erst als auch der rechtsrheinische Raum nach dem Frieden von Tilsit 1807 unter französischen Einfluß geriet, besserte sich hier die wirtschaftliche Situation. Die Qualitätskontrollen des Biers wurden nun auch rechtsrheinisch von den Behörden durchgeführt. In Düsseldorf wurde der Verkauf von Bier erst erlaubt, wenn ein vom Polizeiamt eingesetzter „Probemeister“ die Qualität bestätigte. Je nach Qualität legte er auch den Verkaufspreis fest. Den unverändert hohen Bierkonsum am Niederrhein belegt auch, daß über ein Drittel der geernteten Gerste zum Bierbrauen verwendet wurde.

Propaganda gegen die Moderne

Zusammen mit der schon erfolgten Abschaffung des Adels, der Aufhebung aller Feudalrechte und der allgemeinen Rechtssicherheit war nun ein großer Teil der Hoffnungen der Aufklärer erfüllt. Die Wirtschaft blühte, und ab 1810 liefen die ersten Dampfmaschinen in niederrheinischen Manufakturen. Auch die in den christlichen Kirchen organisierten Nieder-

rheiner arrangierten sich mit den Franzosen, zumal das Konkordat von 1801/02 Schutz von Religion und Glauben zusicherte und kirchenfeindliche Tendenzen wie das Verbot regelmäßiger Gottesdienste und öffentlicher Prozessionen wieder abgeschafft waren. 1806 wurde der gewöhnungsbedürftige republikanische Kalender durch den christlichen ersetzt. Zwar ernannte die französische Regierung die Bischöfe, aber dem Papst stand ein Bestätigungsrecht zu. Die Geistlichen wurden vom Staat besoldet, mußten ihm dafür aber den Treueeid leisten. Selbst als die napoleonischen Annexionskriege die Rekrutierung junger Männer zum Militär und Erhöhung der Steuerlasten auch auf Bier Unwillen erregten, akzeptierte die Mehrheit der Niederrheiner ihre Existenz als „Neufranken".
Widerstand gegen die französische Herrschaft bildete sich zunächst außerhalb der rheinischen Departements; neben den europäischen Monarchen waren die Hauptträger Adel und Kirche, die Macht und Privilegien zu verlieren fürchteten oder schon verloren hatten. In ihren Augen waren die Ideen der Aufklärung für ihre Misere verantwortlich. Charakteristisch für die Sichtweise des Adels war das 1807 anonym veröffentlichte Pamphlet eines Landedelmanns zur gesellschaftlichen Stellung von Bauern und Bürgern: Die Bauern darf der Grundherr „in schlechten Zeiten nicht verhungern und ihre Hütten nicht ganz zusammenfallen lassen (...). Zwar darf es mit diesen Gnadenerweisungen nicht zu weit getrieben werden, weil sonst der Bauer noch viel fauler und nachlässiger werden würde, so daß die Mode einiger Grundherren, den um Vorschuß bittenden Bauer, noch vor angestellter Untersuchung, tüchtig aushauen zu lassen, nicht ganz zu verwerfen ist." Dem Bauer schadet Aufklärung nur: „Was würde ihm denn die Aufklärung helfen? Er würde anfangen zu raisonniren, und müßte dann nur doppelt gezüchtigt werden, bis ihm die Aufklärung wieder aus den Gliedern käme (...). Daher verhüten kluge Herrschaften auf alle Art, daß die Aufklärung in ihren Dörfern nicht einreiße; sie sehen den Schulmeistern durch die Finger, wenn sie die Kinder nichts lehren (...). Das Kreuz ist das wahre Symbolum des Bauern! und so lange ihm die verdammte Aufklärung nicht den Kopf verrückt, wird er es geduldig tragen, wie er muß, ohne für sich und seine Kinder etwas mehr als nothdürftig Kartoffeln zur Nahrung und etwas Zwillich zur Bekleidung zu verlangen." Und auch die Bürger haben nichts vom Adligen zu erwarten: „... außerdem bekümmert sich der Edelmann gar nicht um diese Leute, sie sind für ihn nicht vorhanden. ...Wenn sonach der bürgerliche sogenannte Gelehrte uns gepredigt, unsre Prozesse geführt, oder das Fieber und die Gicht

curirt hat, wenn er für uns Zeitungen (...) geschrieben, wenn der Künstler uns abgemahlt, der Baumeister unsre Schlösser gebaut, ... der Handwerker Kleider und Schuhe geliefert, und dafür seine Rechnungen eingereicht hat, so ist die Sache abgethan. Bezahlen wir ihn, so ist's Gnade; vergessen wir es, so darf er nur an seinen Ursprung gedenken und er wird finden, daß wir es im strengsten Sinne so eigentlich nicht schuldig sind." (Garber)

Widerstand leistete auch die politische Romantik, die sich in Opposition zur Aufklärung entwickelt hatte. Die Romantiker lehnten den humanistisch-aufklärerischen Rationalismus mit seinen Vorstellungen von der Planbarkeit des Rechts und der staatlichen Institutionen ab. Für sie entwickelten sich staatliche Rechtsverhältnisse sozusagen naturwüchsig aus sich selbst. Die Romantiker verherrlichten die Welt des Mittelalters und stellten sie der neuen Zeit als Vorbild gegenüber. 1799 schrieb Friedrich von Hardenberg, genannt Novalis, in einem „Fragment" mit dem Titel „Die Christenheit oder Europa": „Es waren schöne glänzende Zeiten, wo Europa ein christliches Land war, wo Eine Christenheit diesen menschlich gestalteten Welttheil bewohnte.(...) Mit Recht widersetzte sich das weise Oberhaupt der Kirche frechen Ausbildungen menschlicher Anlagen auf Kosten des heiligen Sinns und unzeitigen gefährlichen Entdeckungen im Gebiete des Wissens." Friedrich Schlegel, bis 1799 ein begeisterter Anhänger der Französischen Revolution, propagierte 1804 mit seinen Kölner Vorlesungen die Errichtung eines monarchischen Ständestaates mit zwei niedrigen Ständen (Bauern und Bürgern) und zwei höheren Ständen (Adel und Geistlichkeit). Aus diesem Geist erwuchsen nationalistische Strömungen, wie sie auch der Pommer Ernst Moritz Arndt in seiner Flugschrift „Der Rhein, Teutschlands Strom, aber nicht Teutschlands Grenze" vertrat. Die teils auch von echter Begeisterung getragenen Wünsche nach einem deutschen Nationalstaat gewannen Militanz. Das Freikorps des Majors Ferdinand von Schill griff 1809 napoleonische Truppen ohne Einverständnis des preußischen Königs in der Hoffnung an, einen Volksaufstand auszulösen. Er fiel und elf seiner „Schillschen Offiziere" wurden gefangengenommen und als Freischärler zum Tode verurteilt. Vor ihrer Hinrichtung am 16. September 1809 wurden sie in dem Weseler Gasthof „Zum wilden Mann" untergebracht.

Der verlorene Rußlandfeldzug von 1812 läutete das Ende der Franzosenzeit auch am Niederrhein ein. Er forderte unter den zwangsrekrutierten niederrheinischen Soldaten viele Opfer; zweihundertfünfzig Soldaten allein aus der Gegend um Neuss kehrten nicht mehr nach Hause zurück. Die traurigen Reste der französischen Armee zogen auf ihrem Rückzug auch durch niederrheinisches Gebiet. Delhoven notiert am 30. November 1813: „Den 30. kamen 7 Regimenter hier her; allein, einige waren 50, andere nur 6 Mann stark mit Ofizieren. Es ist unglaublich, wie die Armee zusammengeschmolzen ist. Man sollte glauben, es müste Friede werden." Zum ersten Kontakt mit den nachrückenden preußischen Truppen vermerkt Delhoven am 3. Dezember: „Man vernahm von Neuss: dass der ganze Betrag der ausgeschiften Preussen sich an 1500 Mann Fussvolk und 120 Pferde ohne Kanonen beliefe. Am Abend hörten wir einige Kanonenschüsse. Es kamen noch 250 Mann Fussvolk, welche sich oben und unten dem Dorfe lagerten. Ihnen wurde jedem ein Schoppen Bier und eine Butteramme gebracht." Am 14. Januar hatten die letzten französischen Truppen Dormagen verlassen. Die mit Preußen verbündeten russischen Truppen marschieren von Neuss nach Elsen, dazu Delhoven: „Wir wohnen einstweilen sehr gut allhier, weil wir keine Einquartierungen haben. Heut hielten sich die hiesige Rebellen still, doch ward in den Wirthshäusern Tag und Nacht gesofen." Interessant ist, daß Delhoven die Franzosengegner als Rebellen bezeichnete.

In Dinslaken folgten der abziehenden französischen Armee berittene Kosaken. An der städtischen „Wöllepumpe" hielten sie an; wie man glaubte, hatten sie mit der Stadt nichts Gutes im Sinn. Angeblich soll an dieser Pumpe eine schöne Dinslakenerin, von der man nicht mehr weiß, als daß sie Marie hieß, die wilden Kosaken von der Plünderung der Stadt abgelenkt haben. Es ist zu hoffen, daß dazu nur eine Bierspende erforderlich war. Jedenfalls zogen die wilden Kosaken ab; diese wunderbare Rettung feiern die Dinslakener seit einigen Jahren regelmäßig mit der Wahl einer „Pumpenmarie".

Den Abzug der Franzosen nahm man am Niederrhein ohne rechte Begeisterung auf; man fürchtete den Verlust der gewonnenen Freiheiten und des Wohlstands. Den neuen Zeiten sah man mit Bangen entgegen.

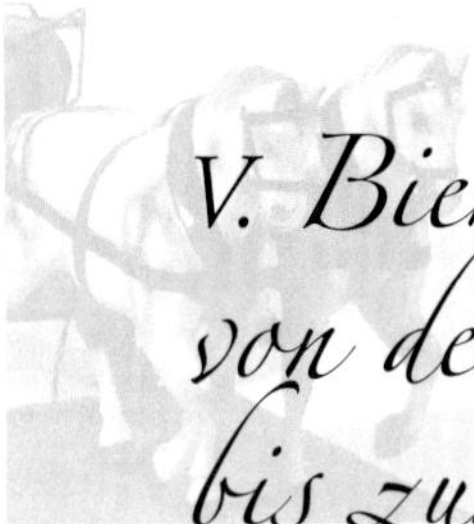

V. Bier und Kartoffelschnaps – von der Restaurationszeit bis zur Revolution von 1848/49

Das Ende des Wohlstands: „Krämer und Wirthe erhoffen einen baldigen besseren Geschäftsgang"

Nach der Wiener Kongreßakte vom 9. Juni 1815 fiel der Niederrhein an Preußen und wurde Bestandteil der Provinz Jülich-Kleve-Berg. Dagegen erstreckte sich das neugebildete preußische Großherzogtum Niederrhein mit der Hauptstadt Koblenz über ein Gebiet, das man heute – mit Ausnahme des Selfkants – keinesfalls zum Niederrhein rechnen würde. Schon 1822 wurden diese beiden Provinzen zur Rheinprovinz zusammengelegt, deren nordwestlicher Teil die heutige Region Niederrhein bildet. Die im Laufe der neuzeitlichen Geschichte häufig wechselnde Grenze zu den Niederlanden wurde 1819 im Frankfurter Territorialrezeß endgültig festgelegt, sie sollte „einen Kanonenschuß" östlich der Maas verlaufen.

Die Befürchtungen der Rheinländer, ihre in der Franzosenzeit gewonnenen Freiheiten unter preußischer Herrschaft zu verlieren, waren nur zu begründet. Zwar hatte es während der Franzosenzeit auch in Preußen Reformen gegeben, die in Abwehr von befürchteten Umsturzversuchen die krassesten Rückständigkeiten gegenüber den westlichen Staaten zu beseitigen suchten. Selbst der radikale Nationalist und Franzosenhasser Ernst Moritz Arndt kam nicht umhin, die positiven Anregungen der französischen Revolution noch 1814 zu konstatieren: „Ich würde sehr undankbar und zugleich ein Heuchler sein, wenn ich nicht offen gestände, daß wir dieser wilden und tollen Revolution unendlich viel verdanken, daß sie ein reiches Feuermeer des Geistes ausgegossen hat (...), daß sie Ideen in die Köpfe und Herzen gebracht hat, die zur Begründung der Zukunft die notwendigsten sind und die zu fassen vor zwanzig und dreißig Jahren die meisten Menschen noch zitterten."

Doch nach dem Sturz Napoleons scheiterte ein Großteil der Reformen am Starrsinn des keineswegs mehr aufgeklärten preußischen Königshauses. Schon 1818 wurden eine rigorose Pressezensur eingeführt und dem Adel wieder Privilegien zugeschanzt. Zähen Widerstand leisteten die Rhein-

länder gegen die von Preußen vorgesehene Wiedereinführung des „Allgemeinen preußischen Landrechts", denn das hätte die Begrenzung handelsrechtlicher Freiheiten, die Abschaffung öffentlicher Gerichtsverhandlungen, körperliche Züchtigung von Inhaftierten und die enge Bindung an Standesunterschiede bedeutet. Hier konnten sich die Rheinländer durchsetzen; lediglich in den niederrheinischen Kreisen Rees und Duisburg, die vor der Revolution schon preußisch waren, galt nun wieder das Allgemeine preußische Landrecht.
1819 wurde in Berlin der Rheinische Revisions- und Kassationshof und in Düsseldorf der Rheinische Appellationshof gegründet. Damit hatte man die modernen Rechtsauffassungen des „Code civil" in das neue „Rheinische Recht" hinübergerettet. In Berlin sprach man verärgert vom „Dünkel des rheinischen Sonderlebens". Gleichwohl waren die meisten Freiheiten unter preußischer Herrschaft wieder dahin. Es entstanden im geheimen Vereine, die sich für demokratische Verhältnisse einsetzten. Dazu gehörte der „Deutschkatholische Bund", dessen Agitatoren „Reiseprediger" genannt wurden. Ein solcher Reiseprediger war der in Neersen geborene Johann Baptist Engelmann, der bis 1833 katholischer Pfarrer in Neuss war. 1846 wurde er wegen seiner „democratischen Ansichten" und Agitation exkommuniziert.
Durch die Eingliederung nach Preußen wurde der wirtschaftliche Aufschwung des linken Niederrheins jäh beendet. Der Import von Waren wurde durch die preußischen Niedrigzollgrenzen erleichtert, während die Ausfuhr durch die hohen Schutzzölle Großbritanniens, Frankreichs und der Niederlande behindert wurde. Die Manufakturen wälzten die Verluste auf ihre Beschäftigten und Heimarbeiter ab. Die trostlose Lage verschärfte sich noch durch die Hungersnot 1816/17 infolge einer ungewöhnlichen Mißernte. Die Ursache lag in einer weltweiten Klimakatastrophe mit enormen Regenfällen und Temperaturstürzen; schon im Frühjahr 1816 standen die Felder am Niederrhein bis zu einem Meter unter Wasser. Der Dormagener Chronist Delhoven berichtet über die furchtbare Hungersnot dieser Zeit: „Es ist nicht möglich, dass die armen Leute am essen bleiben, da auch die Gemüsse fast alle missrathen sind, und viel Kappus und Erdäpfel vom Rhein und Grundwasser ganz verdorben sind…" 1817 beschreibt er die Auswirkungen der Hungersnot: „In Düsseldorf werden ganze Körbe mit Krähefuss, Disteln und dergleichen Kräuter, so in den Hecken wachsen, auf den Markt gebracht, und anstatt Spinat zu Muss gegessen (…) Es sterben viele Leuthe; man kann zwar nicht sagen vor

Hunger, aber schlechte Kost und halb satt bringt sie beym geringsten Anstoss von Krankheit ins Grab." Vor allem für die „kleinen Leute" war die wirtschaftliche Prosperität vorbei, und mancher Gewerbetreibende erwog seinen Betrieb zu schließen. Ein Protokoll des Heinsberger Stadtrats vom 13. April 1821 zeigt die schlechte allgemeinwirtschaftliche Lage auf: „Die Stadträte halten es für unmöglich, bei dem schlechten Geschäftsgang der Gewerbetreibenden der Vorschrift gemäß, die Gewerbesteuer zu verteilen. Doch die Krämer und Wirthe erhoffen einen baldigen besseren Geschäftsgang, wie ihn die Stadt zur Zeit der blühenden Fabriken erlebt hatte, und deshalb nur würden sie ihre Geschäfte in dem Rahmen weiterführen."

Nur noch die relativ wohlhabenden „Meistbeerbten" (Grundeigentümer) konnten sich den Biergenuß leisten; Delhoven beschreibt 1818 die Exekution einer Bierstrafe mit Hilfe der Staatsgewalt: „Heut wurden die Kühe eingetrieben. Alle Beerbte, welche nicht bei der Ablesung an den Benden waren, musten eine Teute (Kanne) Bier mit 18 Stüber als Strafe bezahlen. Der Johan Lorbach liess sagen, er könne nicht gehen; sogleich wurde der Sohn der Wittib (Witwe) Meuser beordert, ihn mit seinem Ochsen dahin zu fahren. Lorbach flüchtete sich und wurde hinter dem Kamin auf dem Speicher im Hecksel gefunden, und durch den Gendarmen-Wachtmeister und durch den Unterofizier Jacob Cremer von der Militz ins Wirtshaus bey Adolf Schmitz geführt, wo er eine Kuhweide als Straf mit 4 Rthr bezahlen muste. Es ward bis 11 Uhr daselbst gezecht."

Die für die Zeit relativ gut verdienenden Arbeiter der Krefelder Seidenindustrie erhielten 1815 einen Wochenlohn von etwa 2,5 bis 3 Talern. Davon verschlang allein der Einkauf des Grundnahrungsmittels Brot für seine Familie 50 – 60 Prozent. Die Teuerung infolge der Hungersnot von 1816/17 erlaubte jedoch nur noch den Kauf von billigen Kartoffeln. Miete konnte nicht mehr gezahlt werden, und so griff der allgemeine Nachfragemangel auf die gesamte Wirtschaft über. Durch die Umstrukturierung der Wirtschaft vom Kleingewerbe zu größeren Manufakturen und Fabriken reduzierte sich die Zahl der Selbständigen. Die Zahl der Fabrikarbeiter stieg von 1816 bis 1846 um 293 Prozent, die der Handwerksgesellen aber nur um 212 Prozent. In diesen Zahlen sind die Berg- und Hüttenarbeiter nicht erfaßt. Ein Überangebot an Arbeitskräften drückte den Lohn, und die Arbeitszeiten wurden angehoben. Lag die tägliche Arbeitszeit um 1800 noch bei 10 bis 12 Stunden, stieg sie bis 1860 kontinuierlich auf bis zu 16 Stunden an. Samstags wurde voll gearbeitet

und Urlaub gab es nicht. Vereinzelt wurde auch die wirtschaftliche Not der Arbeiter durch das perfide „Truck-System" vergrößert: Sie erhielten ihren Lohn nur teilweise oder gar nicht in Bargeld, sondern in überteuerten Waren und Getränken aus Läden und Wirtschaften ihres Arbeitgebers.
Mit der Restaurationszeit wandelte sich die Einstellung zur Armut. Statt christlicher Caritas und humanistisch-aufgeklärter Armenfürsorge sah man nun in der Armut ein selbstverschuldetes Übel. Für den preußischen Philosophen Hegel waren Arme notwenig arbeitsscheu, obwohl offensichtlich war, daß auch die Arbeiter, die bis zu 16 Stunden täglich arbeiteten, ihre Familien kaum ernähren konnten. In Anlehnung an die korporativ organisierten Absicherungen (wie etwa die „Sterbeladen") der „Meistbegüterten", also der steuerzahlenden Grundeigentümer, gab es Versuche, die Zwangsmitgliedschaft in einer staatlichen „Armenlade" einzuführen. Die preußische Regierung lehnte jedoch ab, weil sie dies für eine Armensteuer hielt.
Die Regierung in Düsseldorf folgte dieser Argumentation und empfahl stattdessen die Gründung von Sparkassen zur finanziellen Vorsorge für Krankheit und Alter. Die ersten Sparkassen mit angegliedertem Pfandhäusern wurden 1824 in Kleve und Düsseldorf gegründet, 1827 folgte Wesel und 1828 Neuss. Die Spareinlagen waren auf höchstens zweihundert Taler begrenzt, höhere Einlagen wurden nicht verzinst. Das preußische „Sparkassenreglement" 1838 gab dem Sparen Vorrang vor der Kreditgewährung: „... wonach der Hauptzweck der Sparkassen die Förderung des Sparsinns bei der ärmeren Bevölkerung sein (...) soll." (Wysocki) Das konnten allerdings nur die wenigsten, und so war die Zahl der Sparer aus der „arbeitenden Bevölkerung" und die Höhe ihrer Einlagen zunächst gering. Die Sparkasse Crefeld gibt in ihrer Sparerstatistik vom 31.12.1841 folgenden Überblick: 30 Seidenweber mit einer Spareinlage von durchschnittlich 66 Talern pro Person, 7 Tagelöhner mit durchschnittlich 56,6 Talern, 13 Dienstboten mit rund je 49 Talern, 9 unselbständige Handwerker mit rund je 17,5 Talern und 21 sonstige Sparer mit eigenem Hausstand mit rund je 11 Talern. Rücklagen für Notzeiten waren also absolute Ausnahmen.

Die „Branntweinpest“: statt Bier billiger Kartoffelschnaps. Die ersten „Mäßigkeitsvereine“

Der durch die Mißernte von 1816/17 hervorgerufene Getreidemangel verteuerte das Bier, und der Branntwein wurde mit Kartoffeln statt Getreide produziert. Die höchste Konzentration an Kartoffelschnaps-Destillerien in den deutschen Staaten gab es in den östlichen Provinzen Preußens und am Niederrhein. Hinzu kamen das wirtschaftliche Elend der Fabrikarbeiter und Tagelöhner. Arbeiter, die sich das Bier nicht mehr leisten konnten, stiegen auf den billigen Kartoffelschnaps um – mit weitreichenden Folgen. Wirtschaftliche Armut und hoffnungslose Lebensverhältnisse trieben sie in den Alkoholismus. Der Kartoffelschnaps wurde geradezu ein Symbol für den Elendsalkoholismus des 19. Jahrhunderts. Die unmenschlichen Arbeitsbedingungen in der Frühphase der Industrialisierung und die trostlose Armut der Arbeiter trug zur Ausbreitung der „Branntweinpest“ bei, und die Arbeitgeber unterstützten zunächst diese Entwicklung mit „Schnapsspenden“ für die Arbeiter. Sie versprachen sich davon eine „Ruhigstellung“ zur Abwehr von Aufruhr. Krupp in Essen versorgte seine Arbeiter noch bis 1866 mit Schnapsspenden.
Die Ursachen der Branntweinpest beschrieb 1836 ein Medizinalbeamter so: „Da (...) die ärmere Volksklasse, die Arbeiter der niederen Klasse, Tagelöhner, Fabrikarbeiter (...) das braune Bier nicht bezahlen können, so ist der Genuß des Brandweins für diese, zumal bei ihrer groben und schwerverdaulichen Kost, und bei ihrer schlechten Bekleidung als ein reizendes und erwärmendes Mittel, beinahe ein Bedürfnis.“ (Roberts)
Und noch 1847 konstatierte Graf Dohna: „Der Wochenlohn ist zum größten Teile am Sonntage verzehrt worden, und es bleibt dem Arbeiter nicht übrig, als in den Wochentagen sich mit der ärmlichen Kost zu begnügen; das Speisehaus wird zu kostbar, es bleibt nur noch ein Mittel, den Hunger zu vertreiben: der Branntwein.“ (Jantke/Hilgers)
Der preußische Großgrundbesitzer und einflußreich konservative Publizist von der Marwitz urteilte weniger verständnisvoll in seiner Denkschrift „Von der Schrankenlosigkeit“ von 1836 und traf damit eher den neuen Geist der preußischen Obrigkeit. Er machte die überflüssige Schulbildung für das Übel der Armut verantwortlich und beklagte, daß die Kinder statt auf dem Felde zu arbeiten sich in der Schule unnötiges Wissen aneignen. Marwitz: „Wie ist dem abzuhelfen? Nicht anders, als daß die Religion wieder zur alleinigen Grundlage des Schulunterrichts gemacht werde.“

Und die Ursachen für den Elendsalkoholismus sah Marwitz in den durch die Massenfabrikation verbilligten Preisen des Kartoffelschnapses: „Diese Wohlfeilheit hat den Begehr so erweckt, daß wenigstens zehnmal soviel gesoffen wird als vor 25 Jahren. Die vielen Schenken dienen zur immerwährenden Lockspeise."

Der Branntweinpest suchte man in der ersten Hälfte des 19. Jahrhunderts mit völlig ungeeigneten Mitteln beizukommen: dem mit religiöser Inbrunst vorgetragenen Appell und einer primitiven Traktätchen-Literatur. Einer der Mäßigkeitsapostel war von Seld, dessen Ansprache in einer „Schule für Mäßigkeit" ein Zeitgenosse schilderte: „‚Ich habe euch ersuchen lassen, zu kommen, weil ich ein herzliches Wort über die Schädlichkeit des Branntweins zu euch sprechen möchte.' Auf diese Antwort brach ein wüster Lärm los, alles trank, lärmte, fluchte, drohte (...), selbst die Weiber spien vor ihm aus. Da dachte er an Flucht, doch er schämte sich derselben, vielleicht würden sie noch den Flüchtling von hinten zu Boden schlagen. Als er so schwankte und zitterte, fiel sein Auge auf eine Bibel; er schlug sie auf. Sein Blick fiel auf die Worte: ‚Der Herr ist mein Hirte, mir wird nichts mangeln'. Da ward er wieder stark; mit fröhlicher Zuversicht ging er in die Schulstube, stieg auf das Katheder, sprach ein Gebet, begann seine Anrede und – die Leute hörten zu. Aber schon nach wenigen Minuten wurden sie wieder unruhig (...) und aus dem Lärm wurde ein Toben und Brüllen (...). Da übermannte ihn ein unaussprechlicher Jammer über diese Unglücklichen, die Thränen rannen ihm über das Gesicht, und er rief: ‚Mein Gott, mein Gott, erbarme dich des Volkes!' Und nun hatte seine Stimme eine Kraft, wie er sie weder vor- noch nachher jemals besessen. Er fand Worte, wie er sie noch nie gesprochen, er war sich selbst ein Fremder. Die Leute wurden still, einer nach dem anderen nahm seine Mütze vom Kopfe und seine Pfeife aus dem Munde. Es ward eine heilige Stille, und Seld sprach: ‚Leute, spürt ihr nicht, daß der Herr mitten unter uns ist?...' Er konnte mit einem Dankgebet schließen und sagen: ‚Wer nun von euch dem Branntwein absagen und in einen Enthaltsamkeitsverein treten will, der komme herüber in die andere Stube, da will ich seinen Namen aufschreiben.'" (Bode)

Selbst schlimme historische Ereignisse wurden der Trunksucht angekreidet: „Deutschland verkam mehr und mehr dem Trunke und anderen Lastern. Die Folge war (...) der dreißigjährige Krieg, der mit all seinem Elend nicht über unser Land hätte kommen können, wenn die Deutschen ein gesundes, mäßiges, sittliches Volk gewesen wären." (Bode)

Da man die soziale Bedeutung der Gastwirtschaften richtig einschätzte, versuchte man gar nicht erst, den Leuten Kneipenbesuche auszureden. So propagierten die „Nüchternheitslehrer" die Einführung einer Platzmiete in den Wirtschaften, um dort nichts trinken zu müssen. Von solchen Ideen waren weder Wirte noch Zecher angetan und so blieb alles beim alten.
Die Enthaltsamkeitsvereine in der ersten Hälfte des 19. Jahrhunderts waren völlig erfolglos, da sie die sozialen Ursachen der Trunksucht nicht erkannten und selbst den Bierkonsum untersagten. So scheiterten sie an ihren maßlosen Forderungen und gerieten in Vergessenheit; denn gerade dem Bier kam in der zweiten Hälfte des 19. Jahrhunderts eine zentrale und erfolgreiche Rolle in der Bekämpfung der Branntweinpest zu.

Schmuggler, Schiffer, Fischer und der unvermeidliche Bierdurst

Eine Möglichkeit, die Armut zu lindern, bot der Schmuggel über die grüne Grenze zu den Niederlanden oder über den Rhein. Bei der geringen Zahl der eingesetzten Zollbeamten war es äußerst unwahrscheinlich, erwischt zu werden. Geschmuggelt wurden ganz überwiegend die in Preußen teuren „Kolonialwaren" wie Kaffee und Zucker. Der erfolgreiche „Schleichhandel" galt der niederrheinischen Bevölkerung als Heldentat, und starb ein Schmuggler, so kam es nicht selten vor, daß er am Grabe von seinen Schmuggelkumpanen einen Kranz mit der Schleifenaufschrift „Vom Schmugglerverein" bekam. In den Kneipen prahlte man beim Bier offen mit wildesten Schmuggelabenteuern und machte sich über die Zollgendarmen lustig. Diese rächten sich mit willkürlichen nächtlichen Hauskontrollen.
Um unter den Verdacht des Schmuggelns zu geraten, reichte nächtliche Abwesenheit aus. Wurde man gar mehrmals während der Nachtzeit nicht zu Hause angetroffen, mußte man mit Bestrafung rechnen, so wurde ein Händler aus Breyell zu 177 Tagen Gefängnis verurteilt, obwohl ihm nichts nachgewiesen werden konnte. Bei bloßem Verdacht des Schleichhandels wurden die Pässe eingezogen und schikanöse Kontrolle zu jeder Tages- und Nachtzeit angeordnet. Wegen ihres brutalen und rücksichtslosen Vorgehens waren die Zöllner verhaßt, und es kam nicht selten vor, daß sie angepöbelt oder gar verprügelt wurden. Als die Übergriffe zunahmen, mußte die Düsseldorfer Bezirksregierung 1844 anordnen, daß die Zoll-

beamten nur noch zu zweit auf Streife gingen. Die fachliche Qualifikation der Zöllner war allerdings gering, es genügte die Teilnahme an den „Befreiungskriegen" gegen Napoleon. Selbst die Regierung in Düsseldorf klagte über sie, sie hätten „nur ein schwach ausgeprägtes Ehrgefühl und Pflichtverständnis und seien oft dem Trunke ergeben". (Jarren)
Viele Zöllner ließen sich mit reichlichen Bierspenden oder Geld bestechen. Besonders beliebt war der Schmuggel bei den Rheinschiffern, den die preußische Regierung durch verschiedene Maßnahmen zu unterbinden suchte: Sie erklärte den Rhein im Februar 1820 zur Zollstraße, beamtete Schiffsbegleiter wurden eingestellt, Schiffsfahrten zur Nachtzeit wurden verboten, und alle Transitwaren mußten deklariert werden. Doch eindämmen ließ sich der Schmuggel nicht Die Zollbeamten trafen sich mit den Rheinschiffern beim Bier in den Kneipen und kungelten die Bestechungsgelder für falsch deklarierte Waren aus. 1820/21 hatten sich fast alle Beamten des Zoll-Hauptamtsbezirks Duisburg bestechen lassen. Ein einzelner Rheinschiffer hatte sich die Bestechung von dreizehn Zöllnern 500 Reichstaler kosten lassen – eine in der damaligen Zeit enorm hohe Summe. 1849/50 durften verurteilte Schmuggler nach Verbüßung ihrer Strafe nur noch auf richterliche Anordnung von der Polizei beaufsichtigt werden, und ein 1851 zwischen Preußen und den Niederlanden abgeschlossenes Zollkartell mit gegenseitiger Amtshilfe schränkte den Schmuggel etwas ein, beseitigt ist er bis auf den heutigen Tag nicht.
Natürlich lebten nicht alle Rheinschiffer und -fischer vom Schmuggel. Der Rhein war Hauptverkehrsweg und zumindest rheinabwärts schnellste Transportmöglichkeit. Den Fischern bot er wegen seines Fischreichtums ein gutes und sicheres Einkommen. Ob es die ständige Nähe zum Wasser bewirkte, ist unklar, eines jedenfalls war den Rheinfischern und -schiffern gemeinsam: der geradezu legendäre Bierdurst. Dazu gehörten auch die Treidelknechte, die mit Pferden die Lastkähne über eigens angelegte „Treidelpfade" stromaufwärts zogen. An den Raststationen – meist mit angeschlossener Kneipe – wurden ausgiebige Pausen eingelegt. Eine solch alte Raststation mit dem Namen „Piwipp" befand sich bei Zons, die dazugehörige Wirtschaft existiert noch heute. Bis 1825 betrieben etwa sechzig „Beurtschiffer" (Beurt = Bürde, Last) regelmäßigen Warentransport auf dem Niederrhein. Eine der festen Strecken führte von Uerdingen über die Stationen Neuss und Düsseldorf zum Stapelplatz Köln. Die Pausen der Treidelknechte wurden manchmal extrem ausgedehnt und zu heftigen Zechgelagen mißbraucht. Da konnte es vorkommen, daß die

Treidelpferde schon längst wieder zu ihrem heimatlichen Stall gefunden hatten, bevor die Treidelknechte mit mehrerenTagen Verspätung nachkamen. Den gewaltigen Bierdurst begründeten sie damit, daß ihre vom Anschreien der Pferde trockenen Kehlen regelmäßig befeuchtet werden müßten.

Die Rheinflößer standen den Treidelknechten an Trinkfestigkeit nicht nach. Welche Biervorräte die Rheinflößer zum eigenen Verbrauch mitführten, beschrieb 1833 das „Pfennig-Magazin zu Verbreitung gemeinnütziger Kenntnisse": „Man denke sich eine schwimmende Holzinsel von 1000 Schritten Länge, von 80 – 90 Fuß Breite, worauf 10 – 13 geräumige Hütten einer Zahl von 400 – 500 Arbeitern Wohnung geben, wo 4 – 6 Ochsen immer eingestallt sind, um diesen Menschen frisches Fleisch zu schaffen (...) und 5 – 6000 Ohmen Bier (...) ihre Kehle anfeuchten sollen ..." Die Hausbrauerei und Schenkwirtschaft „Zum Anker" in Uerdingen paßte sich der Kundschaft an und braute ein besonders kräftiges Bier: das „Flößerbier". Das tranken die Schiffer und Flößer nicht nur im Lokal, sondern schleppten es gleich faßweise als lebensnotwendigen Proviant auf ihre Schiffe und Flöße.

Auch die Rheinfischer hatten eine innige Beziehung zum Bier. Die Salmfischer aus der Klever Gegend sangen nach erfolgreichem Fang: „Nou lott os noch ens drenke / on senge van dä Könningssalm./ Nou lott os noch ens drenke / on senge van dä Salm. (Nun laßt uns noch mal trinken / und singen von dem Königssalm ...)" (Meyers: Niederrhein)

In Grieth lebte fast die Hälfte der Bevölkerung vom Rhein – entweder als Fischer oder als Schiffer. 1833 gründeten sie die „Schiffers Gesellschaft Grieth" und legten in 20 „Regulas" die Grundlagen ihrer Gemeinschaft fest.

Verstöße gegen die „Regulas" wurden mit Bierstrafen geahndet: „Alle Gildenbrüdern, es sey Vorgesetzten oder Gemeinen, müssen sich Fluchen, schwören, böse verwünschungen, Gottes-Lästerungen, und überhaupt alle Ehrrührende Reden enthalten auf Strafe von ein viertel Tonne Bier oder nach Ausspruch der Vorgesetzten (...) Keiner soll dem andern ein Schlach geben oder mit harten Worten angreifen, noch weniger ein Messer ausziehen bey Strafe von einer halben Tonne Bier. So einer ein Gewehr, es sey Messer oder Degen oder andere geretschaften auszieht und ein anderer damit blutwundet, derselbe soll sofort zur Strafe eine Tonne Bier geben oder seiner Königlichen Majestät von Preussen berichtet werden." (Meyers: Niederrhein)

Später arbeiteten die meisten Rheinfischer für Fischereibetriebe. Auf der Fangstelle Husen bei Rees fischte eine Mannschaft im Alter zwischen 14 und 70 Jahren. Ihr Quartier hieß „Villa Schmölleproll", die praktischerweise über einen intensiv benutzten Trampelpfad mit der Wirtschaft Köpp verbunden war. An einer anderen Fangstelle weckte der Baas um vier Uhr morgens seine Fischerburschen mit einem dem Kuckucksruf nachempfundenen „Supp-Säck – Supp-Säck", ein wahrscheinlich wohlbegründeter Weckruf.

Das nahrhafte Bier und die seltsame Kombination Brauerei/Essigfabrik

Obwohl das Bier nach dem Abzug der Franzosen auf Grund der verbreiteten Armut an Boden verlor, blieb es doch in der allgemeinen Einschätzung ein wertvolles Nahrungsmittel. Das „Bilder-Conversations-Lexikon für das deutsche Volk" von 1837 schreibt dazu: „Bier ist ein aus Gerste, Weizen und anderen Getreidearten bereitetes, im Allgemeinen gesundes Getränk, welches gewissermaßen die Eigenschaften des Wassers, des Weines und der Speisen vereinigt, indem es den Durst löscht, stärkt und zugleich nährt." Die „Monatlichen Nachweisungen der Durchschnitts-Preise der Lebensmittel im Regierungsbezirk Düsseldorf" erfaßten von 1830 bis 1863 die Vergleichspreise in den niederrheinischen Städten und Kreisen Düsseldorf, Krefeld, Neuss, Duisburg, Emmerich, Rees, Wesel, Kleve, Geldern, Goch, Kempen und Rheinberg. Wie selbstverständlich findet sich unter den Grundnahrungsmitteln wie Hülsenfrüchte, Getreide und Fleisch auch Bier. Im hier beispielhaft herausgegriffenen Jahr 1830 war das Bier in Wesel und Rheinberg pro Quart mit 1 Silbergroschen am billigsten und in Düsseldorf mit 1 Silbergroschen und 11 Pfennigen am teuersten.

1819 wurde in Preußen die Braumalzsteuer einheitlich geregelt; sie betrug pro Zentner Malzschrot 20 Silbergroschen. Damit wurden auch die Bierpreise statistischen Vergleichen zugänglich und für den Konsumenten überschaubarer. Das „Königlich preußische statistische Bureau" ermittelte für das Jahr 1849 die Zahl der Brauereien und deren Angestellten in Preußen. Es wird nicht verwundern, daß der Niederrhein mit der Zahl seiner Brauereien einen einsamen Spitzenplatz erreichte. In den zwölf damaligen Kreisen, die wir der heutigen Region Niederrhein zurechnen,

gab es 1074 hauptgewerbliche Brauereien mit insgesamt 1303 festangestellten Arbeitern. Diese Zahlen belegen, wie klein die Brauereien damals waren. Die größte Zahl gewerblicher Brauereien gab es mit 58 in Düsseldorf und mit 55 in Krefeld.
Wenn auch die niederrheinische Hopfenproduktion allein nicht die große Nachfrage der niederrheinischen Brauer befriedigen konnte, war sie doch mit Abstand die bedeutendste in der preußischen Rheinprovinz; Schwerpunkt des Hopfenanbaus war die Gegend um Mönchengladbach. Immer noch war eine große Zahl von Brauereien mit Bäckereien verbunden. Es gab aber auch die Kombination Brauerei – Essigfabrik. Diese auf den ersten Blick befremdlich erscheinende Produktionsverbindung fand ihren Grund in der Tatsache, daß aus dem Braumalz auch der sogenannte Malzweinessig hergestellt wurde. Im 19. Jahrhundert mälzten die meisten Brauer noch selbst, und so nahmen einige die Essigproduktion als zweites Standbein noch mit – was nichts über den Geschmack des damaligen Biers sagen muß. In Breyell zum Beispiel produzierten die alteingesessenen Brauer Boetzkes, Gisbertz, Hoffmans und Ploenes zwischen 1800 und 1900 neben Bier auch Essig.
Obwohl sich in den dreißiger Jahren des 19. Jahrhunderts das neue untergärige Bier in Deutschland von Bayern her auszubreiten begann, spielte es zunächst eine untergeordnete Rolle. Das Bilder-Conversations-Lexikon von 1837 ignoriert in einer Beschreibung des Brauvorgangs das untergärige Bier: „... Ist die Würze bis zu 10 –12° R (Reaumur = 12,5 – 15° Celsius) abgekühlt so kommt sie in den Gärbottich, – und wird ungefähr mit dem hundertsten Theile Hefe versetzt, welche von ähnlichem Biere herrühren und Oberhefe sein muß ...“

Das bunte niederrheinische Kneipenleben und der Bierausschank beim Kaufmann

Die Wirtshäuser waren nach wie vor gut besucht, wenn auch viele sich aus Geldmangel kein Bier mehr leisten konnten und auf Schnaps umgestiegen waren. So kostete am Niederrhein 1844 in den Gaststätten im Durchschnitt ein Quart Bier zwei Silbergroschen, ein großes Glas Branntwein acht Pfennig; für ein „Brödchen“ mit Käse bezahlte man soviel wie für eine Tasse Kaffee (kein Muckefuck!): einen Silbergroschen. Die Ausstattung der ländlichen Wirtschaften war einfach, wie das Inventar-

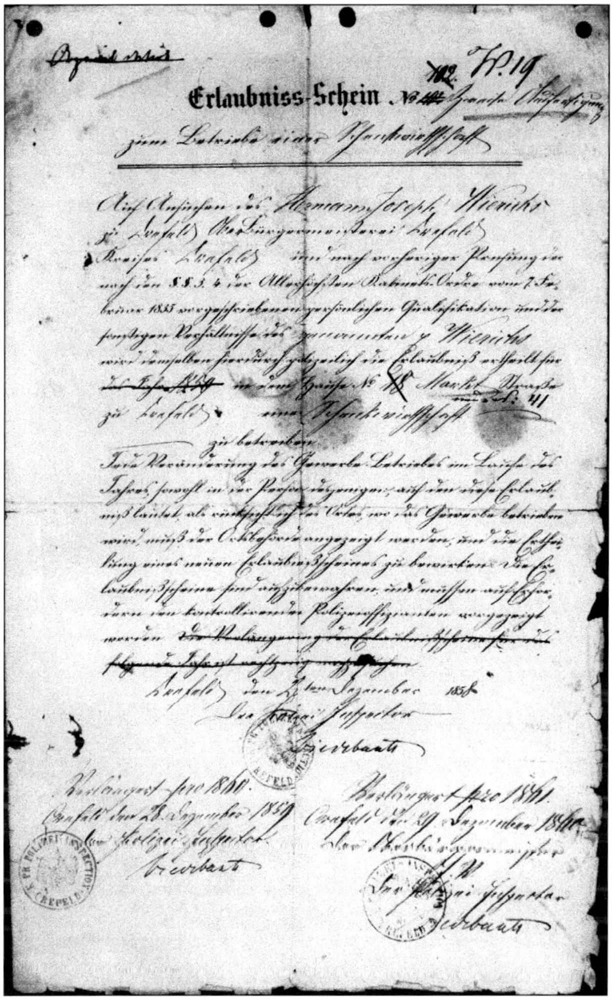
Erlaubniss-Schein

„Erlaubniss-Schein zum Betriebe einer Schenkwirthschaft“ von 1858 des Gründers der Rhenania-Brauerei, Herrmann-Joseph Wirichs

verzeichnis der Wirtschaft „Zum alten Zoll“ in Anrath von 1857 verriet: 18 Stühle aus Holz, 4 Tische, 5 Tafeltische und Bänke, 12 Stühle mit Strohmatten, 36 Henkelbiergläser und 24 Branntweingläser. Die meisten Wirtschaften waren nur mit Rübölfunzeln oder bestenfalls mit den moderneren Petroleumlampen beleuchtet, für die Wärme im Winter sorgten einfache Kanonenöfen. An den Wänden hingen gelegentlich Bilder von irgendwelchen gekrönten Häuptern. Manche Wirtschaften verfügten über eine „Jöddekammer“, ein gesicherter Raum, in denen jüdische Viehhändler ihre Geldkatzen aufbewahrten. Hier kochten die Wirte den Juden koscheres Essen in dafür reservierten Töpfen. Damit die

Reinheit der Töpfe gesichert war, schrieben die Wirte den Namen des letzten jüdischen Gastes mit Kreide auf den Boden des Topfinneren. Der Genuß von Bier verstieß gegen kein jüdisches Religionsgesetz.
Um überhaupt eine Wirtschaft eröffnen zu können, mußte erst einmal die Lage berücksichtigt werden; die räumliche Nähe zu einer Kirche brachte im allgemeinen schon die Absage der Behörden. Und Wirtschaften, die in Kirchennähe angesiedelt waren, mußten während der Messen ihren Betrieb einstellen. In Oedt wurden schon 1682 Zechgelage während der Gottesdienste mit hohen Geldstrafen belegt. Bestanden keine Einwendungen gegen den Standort der Wirtschaft, wurden an die persönlichen Verhältnisse des Wirtes strenge Maßstäbe angelegt. Der Ministerialerlaß vom 5. September 1835 zur Erlangung einer Gaststättenkonzession legte fest: „Erlaubnis kann nur ertheilt werden, wenn Persönlichkeit, Führung und Vermögensverhältnisse hinreichend sind und nichts Nachtheiliges bekannt ist. Hat der Nachsuchende sich im früheren Leben grober Verbrechen schuldig gemacht, so ist ihm die Erlaubnis immer zu versagen. Ganz besondere Vorsicht ist bei der Prüfung der Anträge unverheiratheter Frauenzimmer anzuwenden."
Typisch für die damalige Zeit war das im September 1840 eröffnete „Brauhaus Pasch" in Oedt, eine Wirtschaft mit Hausbrauerei. Das Brauwasser wurde aus dem eigenen Brunnen geschöpft, Malzschrot, Hefe und Hopfen gekauft. Das frisch gebraute Bier wurde in einem kühlen Keller mit gestampftem Lehmboden gelagert. Die gute Qualität des hier gebrauten Bieres brachte es mit sich, daß auch andere Oedter Wirte ihr Bier vom Brauhaus Pasch bezogen. Diese Art, seine Braukapazitäten voll auszunutzen und überschüssige Mengen anderen Wirten ohne eigene Brauerei zu verkaufen, war typisch für die kleinen Hausbrauereien. Wie in anderen Gemeinden auch war die Zahl der Hausbrauereien und Wirtschaften zu dieser Zeit groß. 1849 gab es in Oedt neun Brauereien mit neun Arbeitern, zwei Gasthöfe für die „gebildeten Stände", zwei „Krüge und Ausspannungen für das Frachtfuhrwerk und die zu Markte kommenden Landleute" sowie 17 Schenkwirtschaften.
In der Gladbacher Zeitung wurde die beeindruckende Kneipenszene am Alten Markt in Mönchengladbach um 1840 so beschrieben: „Links bei ‚Heierkes', eine sonntags (...) nach dem Kirchgang beliebte letzte ‚Dröppkes-Station' (...), gegenüber bei Gendriesch ‚em Schwan', wo allerhand fahrendes Volk sein Lager aufschlug, wo Bären und Dromedare oft zu Hause waren und auf dessen Hof sogar mehrere Male ein Zirkus

seine hohen Künste zeigte, (…) Das zweite Haus neben Gendriesch war die Wirtschaft und Bäckerei ‚Müesch' (Moers), wo es neben einem Schnäpschen nur Braunbier gab. Hier tagte auch ein Gesangverein (…), ein, höchstens zwei Schoppen Braunbier (…) war die Atzung bei diesem Vergnügen (…) Etwas weiter von ‚Krapohls Hött' wohnte wieder ein Bäcker und Wirt, dann an der Ecke gegenüber noch ein Bäcker und Wirt, dann kam die alte Wirtschaft im ‚ältesten Hause' der Stadt (…), daneben an der Ecke des Gäßchens Bäckerei und Wirtschaft bei Lauten, einige Häuser weiter ‚Manufakturladen und Wirtschaft' bei Karl Noever, an der Ecke Bäckerei und Wirtschaft bei Meier ‚am Gatzken', daneben Laden und Wirtschaft von Frentzen (…), gegenüber der Hallkull Wirtschaft bei Büssem, dann (…) Bäckerei und Schenkwirtschaft bei Kauertz, hierauf Bäckerei und Wirtschaft bei Schmitter, daneben Konditorei und Wirtschaft bei Bähren, auf der anderen Seite (…) die Wirtschaft, zum schwarzen Pferd', dicht daneben Wirtschaft bei von Hüpgen (…) und wieder dicht daneben Wirtschaft Heinen". (Löhr: Mönchengladbach 2)

Das lebendige Wirtshausleben am Niederrhein war der Obrigkeit nie ganz geheuer und – auf Dauer erfolglose – Reglementierungsversuche nahmen kein Ende. Immer wieder wurden neue Erlasse zur Festsetzung der „Polizeistunde" bekanntgemacht und die Einhaltung teilweise genau kontrolliert. Nach der Polizeistundenverordnung von 1816 wurde per Trommelschlag um 22 Uhr das Ende des fröhlichen Zechens bekanntgemacht und auch kontrolliert: „Kein Wirt darf seine Türe schließen, bevor der wachhabende Unteroffizier die Untersuchung in dem Wirthszimmer vorgenommen hat." (Schulte).

Die Kneipengäste machten sich geradezu einen Spaß daraus, die Sperrstunde zu umgehen; daher sahen sich die Behörden genötigt, die Einhaltung der Polizeistunde per Strafandrohung durchzusetzen. Am 17. Januar 1822 erließ das Bürgermeisteramt Kempen einen entsprechenden Beschluß: „In der Absicht, daß zu Unordnung und Zinkereien Veranlassung gebende Zechen in den Wirthshausern über die bestimmte Polizeistunde hinaus zu hemmen. Beschluß! Art. 1 Das Zechen in Wirthshäusern nach der bestimmten Polizeistunde um 10 Uhr während den sechs Wintermonaten und um 11 Uhr während den sechs Sommermonaten Abends wird hierdurch mit Bezug auf die desfallsige Bekanntmachung vom 14. Januar 1819 strenge untersagt. Art. 2 Diejenigen, welche nach der Polizeistunde von den, den Aufsicht führenden Polizeiagenten und Offizianten in einem Wirthshause betroffen werden, sollen (…) mit einer

Geldbuße von eillf bis fünfzehn Franken einschläglich bestraft werden, und zwar jeder einzelne Contravenient (=Zuwiderhandelnde). Gegenwärtiger Beschluß soll mittels öffentlichen Ausruf zur allgemeinen Kenntnis gebracht werden."

Die Freude an ausgedehnten Kneipenbesuchen war den Leuten aber nicht auszutreiben, und man traf sich dort unter allerlei Vorwänden. 1823 wird dem Landrat des Kreises Gladbach berichtet, daß sich auch in den ländlichen Gebieten Gesellschaften in den Wirtschaften gegründet haben, „welche an bestimmten Wochentage bei irgendeinem Schankwirthe versammelt eigene Statuten entworfen und sogar die Nicht-Theilnahme mit irgendeiner Geldstrafe belegt haben, als wenn es für den Landmann ein Vergehen seyn könnte, die Schankwirthschaft nicht fleißiger besucht zu haben." (Schulte).

Gerade die Wirte waren vor Trunksucht nicht gefeit, und so ereigneten sich allerlei Dorfdramen, so wie 1815 ein Ereignis mit relativ glimpflichem Ausgang in Dormagen, von dem der Chronist Delhoven berichtet: „Er (Arnold Nussbaum) war Wirth und pachtete die Delver Mühle und konnte recht gut leben. Allein, er ergab sich dem Trunck und ward Säufer (...) er (...) misshandelte Frau und Kinder, und drohete mehreremahle selbige todzuschiessen. Eines Abends (...) war er wieder im Wirthshaus, wüthete wild umher und drohete wieder, zu Haus alles todzuschiessen. Man benachrichtigte die Frau davon, und der Eydam (Schwiegersohn) that den Pulver von der Pfanne. Es währte nicht lange, da stütmte Nussbaum herein, (...) ergrif die Flinte und drückte auf seine Frau ab. Das Gewehr gienge nicht los. Da ergrif er den Eydam und biss ihm einen Finger ab. Nussbaum wurde verurteilt zu 5 Jahr Arrest ..."

Die sogenannten „geringeren Wirtschaften", in denen allerhand dubioses Volk zechte, waren oft Ausgangspunkt von Krawallen; hier waren regelmäßige behördliche Kontrollen durchaus angebracht. Diese geringeren Wirtschaften waren auch Ausgangspunkt für das letzte Judenpogrom am Niederrhein seit dem 14. Jahrhundert, und sie sollten erst in der Nazizeit wieder aufleben. Vorausgegangen war die Ermordung eines fünfjährigen Jungen nach sexuellem Mißbrauch 1834 in Neuenhoven. Der zuständige Amtssekretär schrieb zu den Folgen dieses Verbrechens an der Neusser Landrat: „ .. . Eine bedeutende Menge des Pöbels der Umgebung (...) hatte sich versammelt, und in dem Wahn, die Juden hätten das hierselbst gefundene getötete Kind ermordet, die Häuser der hier wohnenden (Juden) (...) bedeutend zerstört, ihre Mobilien zertrümmert ..."

Die Unruhen breiteten sich aus. In Bedburdyck stürmte der Mob die Synagoge, zerschlug die Einrichtung und verbrannte die Thorarollen. Nachdem das Militär einschritt, verlagerten sich die Krawalle nach Neuss. Der Neusser Landrat, der die von Kartoffelschnaps betrunkenen Randalierer als „raub- und plündersüchtiges Gesindel" charakterisierte, ließ die Polizeistunde der einschlägigen Wirtschaften um eine Stunde vorverlegen. Noch am gleichen Abend rückte Militär in Neuss ein und beendete die Tumulte. Aber noch am folgenden Tag wurden aus diesen Wirtschaften Spottlieder auf die Juden gesungen. Erst als die Kneipen „visitiert" und die Rädelsführer verhaftet waren, kehrte wieder Ruhe ein.
Diese Vorkommnisse blieben glücklicherweise seltene Ausnahmen, üblich war, daß man sich in den Wirtschaften gut amüsierte, gelegentlich auch über die Polizeistunde hinaus. Der Schriftsteller Christian Grabbe lebte auf Einladung Immermanns von 1834 bis 1836 in Düsseldorf und lernte die niederrheinische Lebensfreude intensiv kennen. Als er nach einer durchzechten Nacht von seiner Hauswirtin noch am späten Vormittag im Bett angetroffen wurde, machte sie ihm Vorwürfe: „Dat soll nun 'ne Lebenswandel von einem gebildeten Herrn sein, mittags um zwölf noch im Bett liegen, wo die Sonn' schon fünf Stunden auf is." Grabbe gab zurück: „Frau Andries, vergessen Sie nicht: Die Sonne ist gestern abend schon um acht Uhr schlafen gegangen, ich aber erst um vier Uhr in der Nacht." (Vom Endt)
Ein gern in Kneipen diskutiertes Thema waren die Bierpreise und vor allem die Bierqualität. Damit die Wirte ihre Preise nicht allzu willkürlich festlegten, verordnete der Düsseldorfer Regierungspräsident 1837 den Aushang von Preiszetteln: „1. In den Gasthöfen, Wirths- und Kaffeehäusern ist in den öffentlichen Gaststuben ein von dem Wirthe verfaßter, und von der betreffenden Ortspolizeibehörde visirter Preiszettel über Essen, Getränke, Logis und überhaupt die von den Wirthen zu verabreichenden Gegenstände anzuschlagen (...) 3. Den Gastwirthen wird von Polizeiwegen zur Pflicht gemacht, von den die visirten Taxen übersteigenden Rechnungen für die Bewirthung von Reisenden, Abschrift an die Orts-Polizeibehörde zur Einsicht einzureichen." (Fischer u.a.) Wenn man auch seinem eigenen Wirt vertraute, andere hielt man zu allen möglichen Schlechtigkeiten fähig, so zum Beispiel das Bier mit Wasser zu verlängern. Der Düsseldorfer Heinrich Heine erzählte eine phantasievolle Geschichte von der wunderbaren Biervermehrung: „Jene Frau (eine Zauberin) nannte man die Meisterin oder auch die Göchin, weil sie aus Goch an der

holländischen Grenze gebürtig war, wo auch ihr verstorbener Gatte, der das verrufene Gewerbe eines Scharfrichters getrieben, sein Domizil gehabt (...) Ihre besten Kunden waren Bierwirte, denen sie Totenfinger verkaufte, die sie noch aus der Hinterlassenschaft ihres Mannes zu besitzen vorgab. Das sind die Finger eines gehenkten Diebes, und sie dienen dazu, das Bier im Fasse wohlschmeckend zu machen und zu vermehren. Wenn man nämlich die Finger eines Gehenkten, zumal eines unschuldig Gehenkten ins Faß hinab hängen läßt, so wird das Bier dadurch nicht bloß wohlschmeckender, sondern man kann aus besagtem Faß doppelt, ja vierfach soviel zapfen wie aus einem gewöhnlichen Fasse gleicher Größe. Aufgeklärte Bierwirte pflegen ein rationelleres Mittel anzuwenden, um das Bier zu vermehren, aber es verliert an Stärke". (Potthoff/Kossenhaschen)

Die Mehrzahl der Wirte war schon in eigenem Interesse ehrlich, denn der routinierte Biertrinker erkannte Manipulationen sofort. Kein verdünntes, sondern ein besonders kräftiges Bier braute ab 1838 der Gründer der Düsseldorfer Schumacher-Brauerei, Mathias Schumacher, neben seinem normalen Obergärigen: das „Latzen-Bier". In seiner Hausbrauerei „Im Sonnenaufgang" (dieser Name sollte nicht die Polizeistundenverordnung verhöhnen) lagerte er es in Fässern auf Lattengestellen im Keller. Saß der Wirt noch spät mit guten Gästen zusammen, holte er ein Fäßchen des kräftigen Biers „von der Latt". So entstand der Name „Latzenbier", das noch heute bei Schumacher neben dem normalen Altbier ausgeschenkt wird.

In den Wirtschaften herrschte damals ein quirliges Leben. Schlangenbändiger und Akrobaten traten auf, reisende Krämer verhökerten Heilsalben, Schnürsenkel und Gebetbücher. Da mochten die Wirte nicht nachstehen und verkauften, was sie besonders günstig erworben hatten: Der Heinsberger Wirt Huppertz annoncierte 1847 den Verkauf von „bestem rothen und weißen Aachener Kappes" in seiner Kneipe. Die Verkäufe in Wirtschaften waren gerechtfertigt, weil andererseits in den „Winkeln", kleinen Läden mit einem ganz unspezifischen Warenangebot, Bier vom Faß zum Einkaufsschwatz angeboten wurde.

Überhaupt verfügten die kleinen ländlichen Kramläden über eine skurrile Warenpalette: In einer Werbeanzeige breitet der Heinsberger Ladenbesitzer Eugen Verpoorten seine Warenfülle an, darunter „Neue Häringe, das Stück zwei Silbergroschen, Chokolade, Rüböl, Jamaikarum, Neußer Seife, feine schwarze französische Dinte in Krügelchen oder maßweise, irdene Pfeifen, Columbia-Zigarren, Fastengebete". Der Buchbinder Wahlen in Heinsberg bot Texte mit „Geheimmitteln" zum Wiederherstellen von sauer gewordenem Bier, zur Fabrikation eines „guten Kartoffelbieres", zur Produktion von Essig aus schlecht gewordenem Bier, aber auch Heiligenbilder, „Weissagungen", „aechte Ohrenmagnate gegen Kopfschmerzen und Ohrenreißen" und „aechte Galvano-elektrische Rheumatismusmusketen" an. Da konnte der Heinsberger Konditor Schmitz mit seinen „Cholera-Kamellen" nicht mithalten.

Brauereifuhrwerk als Kinderspielzeug um 1930

Versoffene Totengräber und St. Martin als Schutzpatron der Trinker

Zu Familienfesten am Niederrhein wurde immer schon dem Bier reichlich zugesprochen. Kam aber noch Branntwein hinzu, gerieten die Feiern oft außer Kontrolle. Das Landratsamt Krefeld beklagte 1814 die ausufernden Zechgelage beim „Totenmahl": „Am Begräbnißtage gehen Verwandte, Freunde und Nachbarn mit zur Grabstätte und Kirche, und nach dieser Zeremonie kehren sie sämtlich wieder zurück ins Sterbehaus, woselbst mit Branndweintrinken der Anfang gemacht wird. Des Mittags setzen sie sich zur Tafel, und laßen sich's wohl seyn. Das Saufen wird bis in die Nacht, und so lange fortgesetzt, bis die Köpfe alle erhitzt, und von Bier- und Brandwein Vollendts benebelt sind." Das entsprach aber durchaus dem niederrheinischen Spruch: „Spaß mot sin op et Begräfnes, anders geet niemand met." (Gahlings/Matenaar).

Doch nicht nur die Angehörigen der Verstorbenen, auch die Totengräber und Leichenträger sprachen dem Alkohol auf Kosten der Trauernden heftig zu. Eine Denkschrift aus Heinsberg aus dem Jahre 1863 beklagte, „... daß die Totengräber und Träger oft sich sogar lange vor dem Leichenzuge im Sterbehause einfinden und zechen, somit es nicht selten vorkömmt, daß diese Leute den Sarg in nicht nüchternem Zustand tragen oder begleiten, auch sich nach dem Begräbnisse wieder im Sterbehause einfinden, dort entweder das Trinken gewöhnlich fortsetzen oder auf Kosten der Hinterbliebenen in einem ausgewiesenen Wirthshause einkehren und daselbst weiterzechen.“ Auch die Anschaffung eines Leichenwagens empfahl die Denkschrift, da der bisher übliche Leichentransport per Leiterwagen durch selten nüchterne Leichenträger „ . . . durch die starke Erschütterung der Leichen öfter nicht nur allein bei den schlecht zubereiteten Särgen übler Geruch verbreitet, sondern auch die Gefahr vorhanden, bei an Typhus verstorbenen Patienten Ansteckung zu erzeugen, zumal da noch vier in Trauerkleidern gehüllte Frauen während der Fahrt auf dem Sarge sitzen.“ (Funken: Unsitten)
Anläßlich der Taufe hatten die Taufpaten den Gästen Bier zu spendieren. Dabei soll es oft so turbulent zugegangen sein, daß gelegentlich gar der Täufling abhanden kam. Das rief wieder die Behörden auf den Plan, und in einer amtlichen Bekanntmachung vom 9. Mai 1827 verlangte der Kempener Bürgermeister unter Strafandrohung das Ende dieser exzessiven Besäufnisse: „Der höchst verabscheuungswürdige, von hochlöblicher Regierung mittelst Verfügung vom 8. vergangen Monats gerügte Mißbrauch, daß bei Unterbringung der Kinder zum Empfange der heiligen Taufe, sowohl vor als nach der Taufhandlung zum Nachtheile des Säuglings und der Wöchnerinn, mehrere Stunden in den Wirthshäusern, Zechen in berauschenden Getränken bis zur Übersätigung und Völlerei Statt finden, herrscht leider! Auch auf dem Lande noch. Diese der Religion, der gesunden Vernunft und der Gesundheits-Polizei gleich entgegenstrebende Unsitte darf nicht länger geduldet werden und es wird daher (...) dieser Mißbrauch unter einer unnachsichtlich eintretenden Strafe von 11 – 15 Franken oder einer verhältnismäßigen Arreststrafe von 4 – 5 Tagen, von jetzt an ernstlich untersagt.“
Diese Drohung scheint die Trinkgelage zu Taufen, Hochzeiten und Leichenfeiern aber nicht eingedämmt zu haben, denn schon zwei Jahre später, am 5. Mai 1829, mußte der Düsseldorfer Regierungspräsident in einem Rundschreiben an die Landräte wieder die gleichen Verstöße

monieren: „Schon bei der Vormaligen Regierung zu Cleve sind die bei Leichen, und Kindtaufen in dortiger Gegend stattfindenden groben Mißbräuche zur Sprache gekommen – durch die Berichte mehrerer Kreis-Phisiken von neuem bei uns in Anregung gebracht worden. Wir finden uns hierdurch veranlaßt, zur Beseitigung dieser in vielfacher Beziehung schädlicher Gewohnheiten folgendes zur Beachtung zu vermerken. Die großen Ausschweifungen bei diesen Kindtaufen und Hochzeiten, welche in Wirthshäusern begangen werden, kann leicht durch angemessene polizeiliche Anordnungen und strenge Aufsicht entgegengewirkt werden. Dem Lokal fehlt es hierzu an gesetzlichen Mitteln nicht, und es wird nur davon abhängen, daß auf diese Strenge gehalten und alle vorkommenden Exzesse unnachsichtlich zur Bestrafung gebracht werden. ...“

Auch bei Hochzeiten wurde ausgiebig Bier getrunken, es kam aber nicht selten vor, daß Hochzeiten wegen feuchtfröhlicher Vorfreude verhindert wurden: Die Brautleute in Kempen trafen sich vor der standesamtlichen Trauung in der im Rathaus untergebrachten Ratsschenke, weil der Wirt häufig als Trauzeuge einsprang. Es ist glaubhaft überliefert, daß man hier hin und wieder so heftig zechte, daß der eigentliche Grund der Anwesenheit in Vergessenheit geriet und man wieder nach Hause zog, ohne den Standesbeamten bemüht zu haben.

Der Zusammenhang zwischen niederrheinischen Bräuchen und intensivem Bierkonsum ist eng. Bis zum Ende des 19. Jahrhunderts pflegte man in Wegberg den Aschermittwochsbrauch des „Heringsschürgens“. Das Datum am ersten Tag der Fastenzeit störte dabei nicht, da sowohl Biertrinken als auch Fischessen in der Fastenzeit erlaubt waren. In einer Wirtschaft knüpfte man einen Hering an eine durch den Gastraum gespannte Schnur. Ein Teilnehmer saß in einer Schubkarre und wurde nun möglichst schnell unter dem Hering durchgeschoben, dabei mußte er versuchen, den baumelnden Hering nur mit dem Mund zu schnappen. Schaffte er es, durfte er den Hering essen, wenn nicht, versuchte es der Nächste. Bier trinken durfte man dagegen ohne jede Geschicklichkeitsprüfung. Seit einigen Jahren lebt der alte Brauch des „Heringsschürgens“ im Wegberger Stadtteil Harbeck wieder auf, allerdings mit einigen neuen Varianten: Jetzt scheint es keine Belohnung mehr zu sein, den Hering essen zu dürfen, denn er ist mit durstigmachendem scharfen Senf beschmiert. Essen muß den Hering der jeweils nächste Hochzeitsanwärter.

Am ländlichen Niederrhein gab es auch einen rohen Brauch, das „Gänsereiten“. In Wegberg wurden an den Fastnachtstagen Tische im Freien

aufgestellt, Bier getrunken und eine Gans lebend an einen Baum oder Pfosten gehängt. Junge Männer ritten an der Gans vorbei und versuchten ihr mit einem Knüppel den Kopf abzuschlagen. Wem dies gelang, durfte die Gans behalten.
Daß diese brutale Unsitte die allgemeine Fröhlichkeit der Feiernden nicht beeinträchtigte, machte Delhoven anläßlich einer „Hagelfeier“ deutlich: „... Nun wurde auf der Straße unter der Kirche die Gans aufgehangen und die Junggesellen zogen solcher reitend den Kopf ab. Die Nacht wurde bis an den Morgen getanzt. Die Jungen hatten freie Musik und eine Ahm Bier.“ Auch im ländlichen Randbezirk von Neuss trafen Bauernsöhne in der Bauernkneipe „D'r drüje Pötz“ beim Bier zum „Gänseschlagen“. Ähnlich veranstaltete man in der Nievenheimer Gegend das „Hahneköppen“. Erfreulicherweise wurde diese widerliche Tierquälerei am 20. Februar 1816 von der Krefelder Polizeidirektion verboten. Ein Gesuch aus Wegberg, während der Fastnachtstage 1825 „nach altem Brauch die Gans reiten zu dürfen“, wurde trotz der Zusicherung, die Gans vorher zu töten, abgelehnt. So blieb es beim Biertrinken. In Nievenheim feiert man noch heute die „Hahne-Kirmes“, und das „Hahneköppen“ findet nur noch an Holzattrappen statt.
Eine alte Tradition hat am Niederrhein das St.-Martins-Fest. St. Martin galt als Schutzpatron der Trinker und so sagte man: „Wer nich vull sick supen kann, de is ken rechte Martensmann.“ (Bauer) Wie schon dieses Patronat vermuten läßt, war St. Martin ursprünglich keineswegs ein Kinderfest und Martinsumzüge mit bunten Fackeln gibt es erst seit 1867. Vor dieser Zeit wurden lediglich Martinsfeuer abgebrannt und „Heischegänge“ unternommen. Dabei war es üblich, daß die jungen Burschen sich gegenseitig das Brennmaterial für die Martinsfeuer stahlen. Auch die auf die Fenster zum Auskühlen gestellten Buchweizen-Pfannkuchen waren vor dem legalen Diebstahl nicht sicher. Zum Schutz vor Diebstahl mischten Gewitzte Rizinusöl in einige Lock-Pfannkuchen, so daß nicht alle am anschließenden Martinsfeuer teilnehmen konnten. Heischegänge in die Wirtschaften um Bier waren normal; aber schließlich arteten Heischegänge und durch Brauchtum legitimierte Diebstähle zu regelrechten Plünderungen aus. Mit den ersten Martinsumzügen glaubte man, die zu Unsitten ausgeuferten Martinsbräuche kanalisieren zu können.

„Dat Geloog es uut, wenn et Bier uut es!“ Karneval und Schützenfeste am Niederrhein

Dem rheinischen Karneval standen die Preußen ratlos gegenüber. Das bunte Treiben und der auf den Kopf gestellte Alltag war für sie die pure Anarchie. Träger der niederrheinischen Fastnacht waren seit dem Mittelalter Gilden, Schützen und Nachbarschaften. Soweit sie noch existierten, hielten sie ihre Karnevalsbräuche bis ins 20. Jahrhundert bei. Im ländlichen Winternam bei Nieukerk begann die Session direkt nach Weihnachten. Man traf sich jede Woche beim „Noaberwi'ert“ (Nachbarswirt) zum „Tapp“ (Zapfen). Der Nachbarswirt hatte dafür einen Anker Bier bereitzustellen. Karnevalsdienstag zog man dann gemeinsam zum Nachbarswirt der nächsten Session.
Ein ähnlicher Brauch herrschte in Hartefeld bei Geldern, wo man sich nach Weihnachten einmal wöchentlich ebenfalls beim Nachbarswirt traf. Die Treffen nannte man ganz unzweideutig „Tu-Bier-goahn“. Um 22 Uhr klopfte der Noaberwi'ert auf den Tisch und verkündete: „Dat Geloog es uut, wenn et Bier uut es.“ Ein solides Sitzfleisch und ein gutes Trinktraining brauchte man, um den Karnevalsdienstag in Hartefeld unbeschadet zu überstehen. An diesem Tag versammelte man sich morgens um 10 Uhr beim Nachbarswirt, trank und aß den ganzen Tag bis 3 Uhr nachts und zog dann gemeinsam zum Nachbarswirt der nächsten Session. In Hartefeld sagte man dazu „dem Brand wegbrenge“. Diese Bezeichnung hatte sich noch aus alten Tagen erhalten, als tatsächlich Fastnachtsdienstag das Herdfeuer zum Noaberwi'ert der nächsten Session gebracht wurde, gleichsam ein olympisches Feuer des Trinksports.
Auch die schon bekannte Narrenakademie in Dülken machte wieder von sich reden, als sie 1828 Goethe zum „Ritter des jungen Lichts 1. Größe“ geschlagen und zum „Doctor humoris causa“ der berittenen Mondakademie ernannt hatte. Goethe wußte diese Würde wohl nicht zu schätzen, denn er ignorierte die ihm gestellten Prüfungsfragen von der Qualität „Wieviele Pinsel gehören zu einem Publikum?“ und legte den Vorgang unter „rheinische Absurditäten“ ab. Im Düsseldorfer Rosenmontagszug von 1825 wurde ein Schild „Dülken und Düsseldorf“ mitgeführt, zu dem der Augenzeuge G. Spickhoff vermerkte „. . . welche wichtigen Punkte der Erde zur Fastnachtszeit in naher Verwandtschaft stehen.“ Im Zug laufen auch der „Dülkener Windmühlenträger als Hofnarr“ und weitere Dülkener Gäste mit.

Spickhoff berichtet weiter: „Alle Gasthöfe und Privathäuser waren so überfüllt, daß selbst der eigens zu diesem Zwecke festgestellte älteste Einwohner mit Recht behaupten konnte, eine solche Menschenmenge noch nie beisammengesehen zu haben." (Zimmermann) Und ein Berliner Oberschulrat, der über Karneval den Niederrhein besuchte, notierte: „Während des Karnevals hat fast niemand gearbeitet, aber alle haben gegessen und getrunken. Und zwar soviel als möglich, und oft noch mehr. Im gleichen Maße, wie sich die Taschen leeren, füllen sich die Leihäuser. Und so kommen die Wochen, wo Schmalhans Küchenmeister ist."
Träger dieses „großen" Karnevals waren die sich nach dem Ende der Franzosenzeit in den größeren Städten des Niederrheins gründenden Karnevalsgesellschaften. Aber auch in mancher Kleinstadt wollte man nicht zurückstehen; so wurde 1832 in Erkelenz die Karnevalsgesellschaft „Disharmonie" gegründet. In großen Sälen fanden prachtvolle Karnevalsbälle statt, für die auf Plakaten und Zeitungsannoncen geworben wurde. Doch auch die kleine Kneipe an der Ecke machte mit Stammgästen und Laufpublikum zu Karneval hervorragende Umsätze. Die Massenaufläufe, den Bierkonsum und das Maskentragen sahen die Preußen als Gefährdung der öffentlichen Ruhe und Ordnung an. Wer älter als vierzehn Jahre war und zu Karneval eine Maske tragen wollte, mußte eine polizeiliche Genehmigung beantragen und bei Kontrolle eine gültige „Maskenkarte" vorweisen können. Gegen den niederrheinischen Bierdurst war nichts zu machen, das hatten die Preußen schon begriffen. Denn nicht nur die Aktiven bei Karneval und Schützenfesten tranken heftig, auch die passiven Beobachter fühlten sich dazu animiert. Sich gelegentlich vollaufen zu lassen, war am Niederrhein nicht ehrenrührig, wie 1829 eine vertrauliche Auskunft des Sonsbecker Bürgermeisters Evertz über einen Müller an das Domänenrentamt in Kleve zeigt: Der Müller sei ein „braver und fleißiger Mann, der sich alle Mühe gibt, sich und die seinen auf ehrliche Weise zu ernähren und nur den Fehler hat, daß er bei besonderen Gelegenheiten als Kirmes, Fastnacht … ein Glas zu viel trinkt". (Sommer)
Gerade zu den niederrheinischen Schützenfesten war der Bierkonsum enorm, und darin unterschieden sich die christlichen Schützenbruderschaften nicht von den weltlichen Schützengilden. Die katholischen Schützenbruderschaften hatten die traditionelle Aufgabe, kirchliche Feiern begleitend zu schützen, und man erwartete einen dementsprechenden Lebenswandel von ihnen. Die katholischen Schützenbruderschaften galten nach amtskirchlichem Verständnis als „geistliche Korporationen",

und so sahen es die Bischöfe ungern, wenn die nach Bistümern organisierten Schützenbruderschaften eigene Umzüge veranstalteten; diese dienten ja nur dem Vergnügen und hatten nach Ansicht des Klerus keinen liturgischen Sinn. 1769 verbot der Kölner Erzbischof Maximilian Friedrich den Schützenbruderschaften seine Bistums Umzüge mit Trommeln, Fahnen und Gewehren. In Fortführung dieser Tradition untersagte das Kölner Generalvikariat 1825 „...Prozessionsbegleitungen mit klingendem Spiele, sowie in höchst lächerlichem Anzuge und mit ungeziemenden Geberden".
Die kirchlichen Bevormundungen wurden aber weitgehend ignoriert, Ausgelassenheit und Bierkonsum bestimmten die Feste der Bruderschaften. Konflikte zwischen Schützen und Amtskirche konnten da nicht ausbleiben. So sollte die Holzweiler St.-Sebastianus-Schützenbruderschaft auf Geheiß des Generalvikariats ihr Schützensilber zur Renovierung des örtlichen Gotteshauses aushändigen. Der Brudermeister übergab dem Kirchenvorstand zwar das wertvolle Schützensilber, aber die Schützen protestierten auch bei weltlichen Behörden. Schließlich forderte der Bürgermeister auf Geheiß des Landrats von der Kirche die Rückgabe des Schützensilbers: „...muß ich Sie mit Bezug auf den mir gewordenen Auftrag seitens des Königlichen Herrn Landraths hiermit auffordern, der Schützengesellschaft das derselben zugehörige Eigentum sofort auszuliefern, um fernere Klagen seitens der Schützengesellschaft sowie einer möglichen gerichtlichen Belangung vorzubeugen ..." Aber erst ein Jahr später erhielt der Brudermeister Wilhelm Blaesen das Silber zurück.
Als Blaesen 1831 starb, wollten die Schützen ihm zu Ehren den Trauerzug durch den ganzen Ort führen, die offensichtlich nachtragende Kirche aber nur den kürzesten Weg zum Friedhof zulassen, und so kam es zu einer Konfrontation, über die der Ortspfarrer Freibeuter sich beim Landrat beschwerte: „Als ich nun denselben (die Leiche Blaesens) abhohlte, war auch wieder die Schützengesellschaft zugegen und zog vorauf. Da sie aber beabsichtigten, längst am Markt herum auch noch einen weiten Umweg zu machen, (...) so befahl ich dem Küster, den gewöhnlichen Weg einzugehen, wie ich dieses zu bestimmen habe. Was aber geschah? Statt mir die Leiche nachzutragen wurde diese der Trommel nachgebracht, und ich sah mich mit dem Kreuze und dem abhohlenden Kirchenpersonale auf einmal allein."
Die Holzweiler St.-Sebastianus-Schützenbruderschaft ließ sich nicht bevormunden und der Vorstand berichtete 1832: 1829 „und den beiden

folgenden Jahren haben wir auch in aller Ordnung nach dem Königs-Vogel geschossen und das sonst uns dabei gütigst bewilligte Vergnügen richtig ausgeübt". (Blaesen)

Die Feste der weltlichen Schützengilden am Niederrhein wurden von der preußischen Obrigkeit in der Restaurationszeit mißtrauisch beobachtet. Vor allem mißfiel den Behörden das Waffentragen der Schützen, man befürchtete, die „niederen Stände" könnten umstürzlerische Gedanken mit Waffengewalt in die Tat umsetzen. In den Befreiungskriegen hatte die „Landwehr", eine Bürgermiliz, an der Seite des regulären Militärs gegen Napoleon gekämpft. Dafür war ihnen die „Volksbewaffnung" versprochen worden, eine Forderung der Demokraten nach Teilhabe an der Macht und Brechung des Adelsprivilegs bei der Besetzung der Offiziersstellen. Nach dem Sieg über Napoleon wurde dieses Versprechen gebrochen. Schon 1815 sprach die preußische Regierung ein Verbot des Waffenbesitzes für Bedienstete, Gesellen, Gesinde und „Untergebene" aus. Damit war den sogenannten „niederen Klassen" eine Teilnahme an den Schützenfesten nicht mehr möglich.

Ein zweiter Kritikpunkt der Preußen war der enorme Alkoholkonsum zu den Schützenfesten. Am Niederrhein stand den aktiven Schützen seit alters her Freibier zu, es kam aber häufig vor, daß auch „Unbefugte" dieses Freibier tranken, was zu heftigen Tumulten führte. Das Jägerkorps des Neusser Bürger-Schützenvereins führte gar die Sitte ein, daß jeder einzelne Zug des Korps ein mit Bier gefülltes Büffelhorn bei den Umzügen als Wegzehrung mitführte. War das Horn leergetrunken, wurde es an der nächsten am Marschweg liegenden Kneipe wieder aufgefüllt. Natürlich litt die Disziplin der Schützen unter dem heftigen Biergenuß.

Die „Allgemeine Rheinische Volkszeitung" berichtete über ein mißlungenes Abreiten der angetretenen Schützenformationen durch den Obersten Hesemann in Neuss: „. . . Beide Corps standen zur Parade fix und fertig auf dem Markte. Der Herr Oberst ließ etwas lange auf sich warten. Die Sonne brannte heiß, wodurch die Jägerkehlen ab und zu einer Anfeuchtung bedürftig waren. Dem Standpunkte der Jäger gegenüber (. . .) hatte damals Herr P. Rennefeld eine Wirthschaft. Ein Jäger nach dem anderen schlüpfte in die Wirthschaft. Der Major (. . .) und sein Adjutant standen mit ihren Pferden auf dem Hofe (...) Die beiden letzteren hatten gerade ein frisches Glas an den Mund gesetzt, da intonirte die Regimentsmusik ‚Der Hesemann dä kömmt' usw. Wie von der Tarantel gestochen, stürmte alles auf die Straße und kam eben noch zur rechten

Zeit, wie der Oberst an der Stelle vorbei ritt, wo die Jäger eigentlich stehen sollten und mußten, aber nicht standen." Eine gut angefeuchtete Kehle war auch verantwortlich für die äußerst kurze Ansprache eines neugewählten Majors des Neusser Grenadierkorps: „Grenadiere! Sie haben mir als Major gewählt. Ich zerdanke mich für die Wahl und bringe sämmtliches Grenadiercorps ein lebendiges dreifaches Hoch!" Solche Pannen waren nicht selten, aber der größte Teil der Schützen nahm nicht alles bierernst, und manche waren gar zu freundlicher Ironie aufgelegt wie der Verfasser des Plakattextes zur Krönung des Schützenkönigs von Mönchengladbach 1853: „Wer aber wird dem Könige die Krone aufsetzen? Wessen Hand ist würdig genug, das Königliche Haupt zu berühren? Eitle Frage! Wer hat den großen Napoleon gekrönt? – Er selbst! So auch unser König ergreift mit mächtiger Hand die ihm auf Sammetkissen überreichte Krone, drückt sie Höchst eigenhändig sich in die Stirne." (Löhr: Mönchengladbach 2)

Die „Deutsche Revolution": demokratische Clubs in den Hinterzimmern der Wirtschaften

Diese fröhliche Art, relativ unbeschwert zu feiern, war nicht allen Niederrheinern vergönnt. Unter den Tagelöhnern und Arbeitern herrschte bitterste Armut, und das Trinken von Kartoffelschnaps als Nahrungsersatz und Narkotikum war weit verbreitet. Bier konnten sie sich nicht leisten. Durchschnittlich arbeitete man 14 Stunden pro Tag, ohne seine Familie ernähren zu können. Selbst die Kinder mußten Geld verdienen. Den Fabrikanten hatte die Tuch- und Seidenweberei Wohlstand gebracht, aber die Lohnweber profitierten davon nicht. Ihre Entlohnung war kärglich, und selbst für kleinste Fehler gab es Abzüge. Die Weber lebten in kleinen „Zweifensterhäuser" mit etwa dreißig Quadratmetern Wohnfläche, der Webstuhl stand im größten Zimmer, das gleichzeitig Wohnraum war. Die schlechtbezahlte Arbeit war eintönig und so sangen die Weber im monotonen Rhythmus ihrer Arbeit: „Es ritten drei Reiter wohl über den Rhein / tritt auf / bei einer Frau Wirtin da kehrten sie ein. / Tritt auf und tritt nieder, / schieß durch und schlag wider, / tritt auf." (Meyers: Niederrhein)

Als ihnen wieder die Löhne gekürzt werden sollten, kam es 1828 zum Aufstand der Weber in Krefeld. Organisiert und abgesprochen wurden die Aktionen in den Wirtschaften, da den Webern andere Räumlichkeiten nicht zur Verfügung standen. So schrieb der Düsseldorfer Regierungspräsident am 6. November 1928 an den preußischen Innenminister über die Ausschreitungen: „ An diesem Tage (es waren zwei katholische Feiertage hintereinander vorangegangen, an welchen nicht gearbeitet wird, vielmehr die Arbeiter die Wirtshäuser frequentierten) versammelten sich abends mehrere Haufen, zogen erst singend, dann lärmend durch die Straßen, gehorsamten der Polizei nicht und begannen zuletzt damit, in den Häusern mehrerer Fabrikinhaber (...) die Fenster einzuwerfen (...) und zerstörten die Möbel der untern Räume. (...) bei dem Umstande, daß sich die Exzedenten (Ausschreitenden) in den vor der Stadt gelegenen Wirtshäusern neuerdings sammelten und mehrten, (...) ersuche ich die königliche Regierung (...) um Beorderung eines Trupps Kavallerie zur Unterstützung der Polizei ..." (Haasis)

Die Rolle der Bierwirtschaften als Orte „konspirativer Insubordination" der „niederen Klassen" war der Obrigkeit ein Dorn im Auge; immer wieder gab es erfolglose Versuche der Reglementierung. Der Weberaufstand verlief niederrheinisch moderat, und bis auf einige zerbrochene Fensterscheiben und demoliertes Mobiliar bei den Fabrikherren gab es keine größeren Schäden.

Die Mißernte von 1847 brachte eine Teuerung; so stieg der Preis für einen Scheffel Roggen von 40 Silbergroschen auf 87, und Kartoffeln kosteten statt 13 plötzlich 30 Silbergroschen. Es kam zu „Teuerungskrawallen", und hungrige Menschen überfielen Märkte und Lebensmittelläden. Der preußischen Regierung fiel in dieser prekären Lage nichts besseres ein, als das Militär „zur Beruhigung" einzusetzen.

Aber auch der Mittelstand, damals das Besitz- und Bildungsbürgertum, war unzufrieden mit den politischen Rückschritten, die Preußen im Zuge der Restaurationspolitik eingeführt hatte. Zwar lebten die Bürger in Wohlstand, aber politische Mitwirkungsrechte blieben ihnen versagt. Der rheinische Kaufmann David Hansemann artikulierte die Unzufriedenheit: „Der nächste Landtag (der in Düsseldorf tagende Rheinische Provinziallandtag) wird eine ehrfurchtsvolle, aber klare unzweideutige Sprache führen und sagen müssen, daß der faktische Zustand der Gewalt nicht vermöge, gewisse Rechte grundsätzlich aufzuheben, und daß die Rheinländer sich nie befriedigt fühlen würden, wenn nicht die Repräsentativverfassung und das Staatsbürgertum wahrhaft zur Ausführung kommen und nicht folgende Rechte dem Volk fest zugesichert werden: Pressefreiheit, Glaubensfreiheit, Petitionsrecht, das Recht, sich unbewaffnet zu versammeln und über Petitionen an die Behörden und Stände zu beraten,

Unabhängigkeit und Öffentlichkeit der Justiz, Geschworenengericht über alle politischen Vergehen und Verbrechen, jährliche Steuerbewilligung, das Aufhören aller Kabinettsordres und Ordonnanzen in allen Gegenständen, welche das Eigentum, die Benutzung desselben und die Personenrechte betreffen." (Petri/Droege)

Hansemann und andere liberale Industrielle wie der Krefelder Hermann von Beckerath und der Dülkener Gustav Mevissen forderte im wesentlichen die Rechte, die die Rheinländer zu Zeiten der französischen Besetzung schon genossen. 1840 versuchte Hansemann in einer Denkschrift an Friedrich Wilhelm IV., die Forderungen nach bürgerlichen Freiheiten und politischer Mitwirkung deutlich zu machen, deren Verwirklichung dem Staat nützten: „Die bürgerliche Freiheit in einem gewissen Sinne sei allen Staatsangehörigen gemein." Nach Hansemanns Ansicht stünden den Besitzlosen nur geringere Bürgerrechte zu, da das Streben nach Besitz dem Staate diene und Bestandteil der „Sittlichkeit" staatlichen Lebens sei: „Vom Gesichtspunkte des staatlichen Lebens ist Sittlichkeit nichts anderes als Fleiß, Ordnungssinn, Sparsamkeit oder vernünftige Neigung zur Vermehrung des Besitztums." (Fenske)

Den hungrigen Arbeitern bedeutete allerdings „Freßfreiheit" mehr als „Preßfreiheit", sie verlangten neben demokratischen Rechten auch gerechten Arbeitslohn und für die Tagelöhner regelmäßige Arbeit. Der Neusser Bürgermeister Adam Breuer schrieb am 17. März 1848: „Die Zeit drängt sehr, und außerordentliche Mittel zur Beschaffung von Verdienst und Arbeit an die, zum großen Theile brotlose niedere Volks-Klasse dürfen fast keinen Aufschub erleiden." In der Revolution 1848/49 standen Arbeiter und Bürger im Kampf um mehr Bürgerrechte und Abschaffung der Vorrechte des Adels zusammen, aber die Gemeinsamkeit endete, als das Bürgertum seine Vorstellungen weitgehend durchsetzen konnte. Wie schon beim Krefelder Weberaufstand zeigte sich, daß gerade die Bierwirtschaften als Versammlungs- und Beratungsorte der Unterprivilegierten eine bedeutende Rolle spielten.

Im deutschen Bundesparlament in Frankfurt tagten die Abgeordneten der Nationalversammlung und trugen gar dem preußischen König Friedrich Wilhelm IV. die deutsche Kaiserkrone an. Die Erfolglosigkeit und Verzettelung der Abgeordneten karikierten der Düsseldorfer Zeichner Adolf Schrödter und der Schriftsteller Johann Detmold in ihrer Satire „Thaten und Meinungen des Herrn Piepmeyer, Abgeordneten zur constituirenden Nationalversammlung zu Frankfurt am Main".

Der Abgeordnete Piepmeyer sinnt über ein „deutsches Nationalgetränk", einer Mischung aus Bier, Wein und Schnaps, nach (1848).

Der Abgeordnete Piepmeyer als opportunistische und umtriebige Kunstfigur sieht als eine seiner wichtigsten Aufgaben die Schaffung eines deutschen Nationalgetränks, das „deutsche Stämme und Stände vereinigt": „Piepmeyer geht ernstlich an die Ausführung der Idee eine allgemeinen deutschen Nationalgetränkes. Die Aufgabe ist, ein Getränk herzustellen, das die richtige Mitte zwischen Wein, Bier u. Brantwein hält, und dadurch sowohl einerseits den Neigungen u. Richtungen der verschiedenen deutschen Stämme, als anderseits auch der Idee der deutschen Einheit entspricht. Die Aufgabe hat ihre Schwierigkeiten, aber ihre Lösung verheißt ewigen Ruhm bei Mit- und Nachwelt." Die auch heute noch zeitgemäß wirkende Figur des Abgeordneten Piepmeyer bezeichnete der Düsselorfer Maler und Schriftsteller Wilhelm von Schadow als „die einzige Errungenschaft, deren die Nation sich wahrhaft zu erfreuen hat".

Der Erfolg der französischen Februarrevolution 1848 – Sturz der Monarchie und der Gründung der 2. Republik – führte auch in Deutschland zu Forderungen nach mehr Demokratie und Freiheit. Von diesen Vorgängen ermutigt versammelten sich Handwerker, Arbeiter und Tagelöhner in den Wirtschaften, um bei Bier und Schnaps zu debattieren. In größeren Ortschaften wurden „Demokratische Clubs" gegründet, die ebenfalls in den Wirtschaften (in Viersen in der Gastwirtschaft Hahn und in Neuss in der

Ironisches Motto eines Bügelturniers in einer Zeitungsanzeige

penk" oder „Schwaad". Ungefähr 2 1/2 Meter vor
Rückwand steht der Bügel, der geschmiedete
senring von 25 cm Durchmesser. Er ist entweder an
em Dorn in einem Wurzelstock eingeschlagen oder

gebunden. Wie es heute Kegelclubs gibt, so benu
ten früher Bügelvereine die Bahnen. Da wurde
manche Vereins- und Dorfmeisterschaft um ein
Schinken oder ein Stück Federvieh geschlagen.

Revanche pour Waterloo!

Großes

internationales Preisbügeln

Mittwach den 27. August, Mittags punkt **4 Uhr** auf der Bahn der Wwe. Artz zu Grefrath.
Die Liste zum Einzeichnen liegt **bis 3 Uhr** desselben Tags im Locale offen.

Das Comité.

Wirtschaft Lucas) das weitere Vorgehen diskutierten. Die Unternehmer und die Honoratioren verlangten zwar gleichfalls demokratische Freiheiten, fürchteten aber gleichzeitig die zunehmende Radikalisierung der Arbeiterschaft.

Diese Sorgen waren nicht unbegründet: Schon am 20. März 1848 kam es während einer Arbeiterkundgebung in Krefeld zu Gewaltausbrüchen. Die Bürgerschaft reagierte darauf mit der Gründung von Bürgerwehren, in denen die Arbeiter zu Unrecht eine „Stütze von Thron und Altar" sahen. So kam es zwischen Bürgerwehren und Arbeiterschaft zu heftigen Auseinandersetzungen. In Viersen wurde dabei die Wirtschaft „Zum doppelten Stockfisch" zerstört. Im August 1848 besuchte der preußische König Friedrich Wilhelm IV. Düsseldorf, dabei kam es zu einem „anrüchigen" Eklat. Die Düsseldorfer Bürgerwehr, die von Besitz- und Bildungsbürgern befehligt wurde, war in der protokollarischen Frage des Empfangs zerstritten. Die Offiziere wollten Friedrich Wilhelm IV. mit militärischen Ehren begrüßen, die kleinbürgerlichen Mannschaften der Bürgerwehr aber nicht. So kam es schließlich dazu, daß der in seiner Kutsche sitzende König von Bürgerwehrmannschaften mit Roßäpfeln beworfen wurde.

Am 10. September kam es zur ersten politischen Massenkundgebung am Niederrhein in Neuss: Fast zehntausend Menschen aus Neuss, Gladbach, Düsseldorf, Krefeld, Duisburg und weiteren Orten demonstrierten auf den Rheinwiesen vor dem Hessentor. Die preußischen Behörden reagierten hart und verhafteten Rädelsführer und Intellektuelle, deren sie habhaft werden konnten. So wurde am 3. Oktober der Schriftsteller Ferdinand Freiligrath wegen seines Gedichtes „Die Toten an die Lebenden", angeblich eine Aufforderung zu Hochverrat, in Düsseldorf vor Gericht gestellt. Im November löste Friedrich Wilhelm IV. gesetzeswidrig die in der Frank-

furter Paulskirche tagende Nationalversammlung auf. Dieser Staatstreich empörte die demokratischen Bürger und Arbeiter: Die Neusser Bürgerwehr besetzte das Zeughaus und plante die Verteilung der dort magazinierten Waffen an das Volk. An der Spitze dieser Neusser Bewegung stand der Gastwirt Reiner Lucas. Am Abend des 21. November 1848 erschien Ferdinand Lassalle mit einem Tagelöhner in der Bierwirtschaft des Reiner Lucas und forderte in der völlig überfüllten Gaststube Unterstützung und Waffen für die Barrikadenkämpfe planenden Düsseldorfer Revolutionäre mit den Worten: „Düsseldorf vertraut dem Muth der Neußer". In den folgenden Tagen wurde Lassalle verhaftet, angeblich wegen seiner Rede in der Neusser Gaststätte.
Am 1. Mai sollte der Wirt Lucas den Düsseldorfer Demokraten schriftlich einige hundert Republikaner „zum Entsatz" versprochen haben. Aufgrund der sich zuspitzenden Lage ordnete die preußische Regierung die Mobilisierung von Landwehr- und Reserveverbänden an. Diese Maßnahme stieß am Niederrhein auf wenig Gegenliebe, zumal viele Offiziere von Landwehr und Reserve Demokraten und Liberale waren. Das „Comité des Kempener Landwehrvereins" erklärte daraufhin schriftlich: „In der heutigen Versammlung der Crefelder Landwehr und Reserve, beschickt durch Deputationen aus den Orten Kempen, Uerdingen, Süchteln, St. Hubert, St. Tönis, Grefrath, Hüls und Wachtendonk wurde einstimmig beschlossen, folgende Erklärung abzugeben: Crefeld, den 8. Mai 1849. Die Landwehr und Reserve tritt nicht auf die geschehene Aufforderung des Ministeriums Brandenburg – Manteuffel und Consorten ein, weil sie nach dem Gesetze von 1815 – 1816 keine Gefahr für das Vaterland zu erkennen vermag, vielmehr erst wissen will, gegen welchen Feind sie die Waffen ergreifen soll. Das Comité." Dieser Erklärung traten am Folgetag noch die Landwehrmänner und Reservisten aus Hinsbeck, Vorst, Breyell und Schmalbroich bei.
In Kempen forderten die Landwehrmänner den Bürgermeister Förster vergeblich zur Herausgabe von Waffen und Munition auf, schließlich brach man die Waffenkammer auf und zog auf Neuss zu. Doch schon in Krefeld erfuhr man von der Niederlage der Aufständischen und kehrte wieder um. 800 Landwehrmänner, die in Neuss erschienen waren, trafen sich jedoch nicht wie befohlen zum Schutz des Neusser Zeughauses, sondern in der Wirtschaft von Reiner Lucas. Der Wirt leitete die Versammlung mit dem Ergebnis, daß nur drei Mann der Einberufung durch die preußische Regierung nachkamen. Als das Militär die Mobilisierung mit Gewalt

durchsetzen wollte, waren die Landwehrmänner wieder in ihre Heimatorte abgerückt. Der Kommandant der Neusser Garnison beklagte sich schriftlich über diese Unbotmäßigkeit: „Es sind heute von den einberufenen Leuten (...) die in der Anlage namhaft gemachten Wehrleute nicht erschienen. Größtenteils haben sie sich hier durch ein Comité verführen lassen, welches offen die Widersetzlichkeit gegen die Regierung im Auge hat, und bis dahin gehen will, gewaltthätig aufzutreten." In niederrheinischen Gebieten, die schon vor der Franzosenzeit preußisch waren, fand die Revolution deutlich weniger Anhänger. Hier tröstete man sogar den preußischen König Friedrich Wilhelm IV. mit den Worten: „Friedrich Wilhelm weine nich, du hast ja Moers und Meiderich".

In der Nacht vom 9. zum 10. Mai brachen in Düsseldorf heftige Straßenkämpfe zwischen den Demokraten und dem preußischen Militär aus. Neusser Truppen wurden nach Düsseldorf verlegt. Die Neusser Aufständischen sahen eine günstige Gelegenheit, sich der Waffen im Zeughaus zu bemächtigen. Auf Flugblättern und in den Bierwirtschaften wurde zum Kampf für demokratische Freiheiten aufgerufen. Aus den umliegenden Städten wie Gladbach und Viersen setzten sich Trupps unter dem Motto „Zum Zeughaussturm nach Neuss" in Bewegung. Allein aus Viersen kamen zweihundert Männer. Die Aufständischen hatten sich zuvor in den Wirtschaften ordentlich Mut angetrunken; je näher sie aber Neuss kamen, desto mehr ließ die Wirkung von Bier und Schnaps nach und viele kehrten wieder um. Immerhin sollen am Abend des 10. Mai drei- bis fünftausend Bewaffnete vor Neuss eingetroffen sein.

Als sich aber herumsprach, daß mittlerweile preußische Ulanen in Neuss angekommen waren, verließ der größte Teil der Aufständischen Neuss, der Rest lieferte sich mit den Ulanen vereinzelte Scharmützel. Dreizehn Gladbacher wurden gefangengenommen und so brutal mißhandelt, daß einer von ihnen starb. Besonders gesucht wurde der Wirt Reiner Lucas, die Militärpatrouillen erhielten den Befehl: „Schießt den Kerl nieder, wenn ihr ihn nicht ergreifen könnt!" Er wurde ergriffen, aber vielen niederrheinischen Demokraten gelang die Flucht ins Ausland. Das Blatt war auch nicht mehr mit flammenden Reden zu wenden, wie der Heinsberger Literat und Revolutionär Jörissen sie vor achthundert bis tausend Menschen hielt.

Die Revolution war gescheitert und die errungenen Freiheiten wieder dahin. Das unter dem Druck der Revolution zustandegekommene Gesetz über die Wahlrechtsgleichheit wurde per Verordnung bereits am 30. Mai

1849 kassiert und durch das Dreiklassenwahlrecht ersetzt. Durch diesen Staatsstreich wurden in Preußen 82,6 Prozent der Bevölkerung zugunsten des Adels und des Besitzbürgertums von der Mitwirkung in Repräsentativkörperschaften ausgeschlossen. Das Dreiklassenwahlrecht wurde erst in der „Novemberrevolution“ 1918 zugleich mit der Einführung des Frauenwahlrechts abgeschafft. Buchhandlungen, die Neuerscheinungen anboten, wurden polizeilich überwacht. Es gab Buchhandlungen, die freiwillig die Neuerscheinungen auf staatsfeindlichen Inhalt hin kontrollierten und Buchhandlungen, die dies verweigerten. Der „Polizeiverein deutscher Staaten“ führte eine Liste der unkooperativen Buchhandlungen, am Niederrhein waren das immerhin zweiundzwanzig, darunter in Krefeld, Duisburg, Düsseldorf, Neuss, Moers, Wesel und Emmerich.

In der „Reaktionszeit“ wurden die von der Nationalversammlung deklarierten Menschenrechte mit dem „Bundesbeschluß über die Aufhebung der Grundrechte des deutschen Volkes“ vom 23. August 1851 beseitigt. 1854 wurden die letzten Reste der Pressefreiheit aufgehoben und alle Vereine behördlicher Kontrolle unterworfen. Die Arbeitervereine, die „politische, socialistische oder communistische Zwecke“ verfolgten, wurden verboten. Die Demokraten konnten sich nur im Verborgenen wehren, sie gründeten Gesangvereine als „Liedertafeln“ und „Liederkränze“, die sich in Privathäusern oder in den Hinterzimmern der Wirtschaften versammelten, um demokratisches Gedankengut auszutauschen. Verboten wurden auch die Bürgerwehren, die sich als Hort demokratischer „Umtriebe“ erwiesen hatten. Viele Bürgerwehren organisierten sich neu und entwickelten sich zu folkloristischen Vereinen. Ein Beispiel dafür ist die Neusser „Schützengilde“, die Freidenker aus Kreisen der älteren Scheibenschützen 1848 als „Schießverein mit gezogenen Büchsen“ gründeten. Sie beabsichtigten, als Bürgerwehr im Rahmen der Revolution politisch aktiv zu werden. Einer der drei Gründer war der Neusser Gastwirt Johann Merbecks. Nach dem Scheitern der Revolution blieb als Reminiszenz an die revolutionären Zeiten nur noch der breitkrempige „Hecker-Hut“, der nach dem badischen Revolutionär Friedrich Hecker benannt war. Ab 1850 nannte sich der Schieß-Verein Schützengilde. Paragraph 1 der Statuten lautete: „Der Zweck dieses Vereins ist der, der Uebung im Schießen mit gezogenen Büchsen, und zugleich der des geselligen Vergnügens.“ Damit war sichergestellt, daß der Vereinszweck des „geselligen Vergnügens“ beim Bier nicht hinter dem des Schießens zurückblieb.

Man zog sich wie schon in der Biedermeierzeit der Restaurationsepoche in die kleinbürgerliche Idylle zurück. Das galt aber nicht für die Arbeiter und Tagelöhner, denen die Not keine Zeit zur Idylle ließ und denen jetzt jede Möglichkeit politischer Aktivität und Mitwirkung, die ihr Los hätte ändern können, genommen war. Sie waren auf konspirative Arbeit im Untergrund zur Durchsetzung ihrer Interessen angewiesen, und dabei spielten die Wirtschaften wie schon in der gescheiterten Revolution eine bedeutende Rolle.

VI. Die „kulturgeschichtliche Mission“ des Bieres in der Bekämpfung der „Branntweinpest“

Das Elend der „niederen Stände“ und die Branntweinpest

Die langen Arbeitszeiten von im Durchschnitt 14 Stunden pro Tag verschafften den Arbeitern kein auskömmliches Leben. Ihr Alltag war von Not und Elend geprägt. Um 1850 mußten sie über 80 Prozent ihres Einkommens für Lebensmittel ausgeben; und das reichte gerade aus, nicht zu verhungern. Wie kärglich die Ernährung der „niederen Klassen“ noch in den 80er Jahren war, verrät der Ratgeber „Das häusliche Glück“ des Verbandes Arbeiterwohl in Mönchengladbach:
„Mittagsmahlzeit für 4 Erwachsene in sehr dürftigen Verhältnissen für Winter und Frühjahr: Samstag: ½ Pfd. Reis in Suppe 9 Pf., 5 Pfd. Kartoffeln 15 Pf., 1 Lit. Wurstbrühe 4 Pf.“ Die Sonntagsmahlzeit durfte da mit 44 Pfennig Gesamtkosten schon üppiger ausfallen: „3 Pfd. Sauerkraut 9 Pf., 5 Pfd. Kartoffeln 15 Pf., ¼ Pfd. Frischer Speck 20 Pf.“ Biertrinken konnte sich Arbeiter nur selten leisten, wohl fand aber Dünnbier in geringen Mengen weiterhin Verwendung in der Küche. Kaplan Liesen, der Leiter des Arbeiterinnen-Hospizes in Mönchengladbach, schrieb 1881

zwei Bierrezepte: „Brodsuppe mit Bier. Das Brod wird weich gekocht (...), dann rührt man es durch ein Sieb, fügt Zucker, Salz und Korinthen hinzu, welche man am besten in besonderen Töpfchen weich gekocht hat, zuletzt das Bier und läßt alles noch einmal aufkochen. – Wollte man Bier lange kochen lassen, würde es schaal werden und alle Kraft verlieren." „Biersuppe mit Milch. Man nimmt dazu nach Belieben 1/3 Milch, 1/3 Bier und 1/3 Wasser, oder halb Bier und halb Milch. Das Bier läßt man aufkochen und schäumt es ab, schüttet die mit Mehl angerührte Milch dazu unter stetigem Schlagen mit einem weißen Kochbesen, welches man fortsetzt, bis das Mehl durchgekocht hat und die Suppe abgesetzt ist. Beim Anrichten fügt man den Zucker hinzu. Und will man sie recht gut machen, einen Eidotter."

Die Frauen mußten meistens mitarbeiten, um die nötigsten Lebenshaltungskosten bestreiten zu können. Daß die jungen Frauen dabei keinerlei Hausarbeiten lernten, beklagte Landrat Bödiker aus männlicher Sicht: „Die Fabrikarbeiter-Frauen wissen durchweg nicht zu kochen und zu wirthschaften. Bis zu ihrem 14. Lebensjahr sind sie in der Schule, dann kommen sie in die Fabriken, heirathen mit 18 bis 22 Jahren und kennen vom Hauswesen nichts. Die Speisen werden schmacklos zubereitet, stärken den Mann nicht, er zankt, geht in's Wirthshaus; im Hause und in der Kleidung keine Ordnung." Allerdings vergaß der Herr Landrat, daß es eine allgemeine Schulpflicht noch nicht gab und viele Kinder aus dem Arbeitermilieu statt dessen in Fabriken schufteten, um die Familie mit ernähren zu können.

Die Kinderarbeit ist ein ganz besonders dunkles Kapitel jener Zeit. Schon 1839 hatte Preußen in einem „Regulativ über die Beschäftigung jugendlicher Arbeiter in den Fabriken" die Arbeit für Kinder unter neun Jahren verboten und die tägliche Höchstarbeitszeit für Kinder zwischen neun und sechzehn Jahren auf höchstens zehn Stunden begrenzt; 1835 hob ein Gesetz das Mindestalter für Fabrikarbeit auf zwölf Jahre an und setzte Fabrikinspektoren als Kontrollinstanz ein. Diese Neuerungen führte man jedoch weniger aus humanitären Erwägungen ein, vielmehr fürchtete man die zunehmende Wehruntauglichkeit durch die zerrüttete Gesundheit der Kinder.

Als die preußische Regierung die tägliche Arbeitszeit der Kinder unter 14 Jahren auf sechs Stunden herabsetzen wollte, intervenierte der Krefelder Seidenfabrikant von der Leyen mit einer Petition an die beiden preußischen Kammern gegen diese Absicht: „ Wir haben zuvörderst darzuthun,

dass die Absicht, das geistige und körperliche Wohl, den Jugend-Genuss der Kinder zu fördern, welche das fragliche Gesetz durch die Verminderung der Arbeits-Zeit von zehn auf sechs Stunden täglich zu erreichen glaubt (...) in der Ausführung durchaus verfehlt werden muß (...) Wir können die Kinder nur nach Verhältnis ihrer Leistungen lohnen, da die ohnehin fast erdrückende Concurrenz mit Lyon und der Schweiz, die wir auf allen ausländischen und überseeischen Märkten zu bestehen haben, eine Steigerung unserer Productionskosten geradezu unmöglich macht (...). Ferner sei es uns erlaubt, auch das noch zu reiflicher Erwägung gehorsamst anheim zu geben, ob es denn überhaupt wohl ein Glück und nicht vielmehr ein Unglück wäre, wenn man für die hier in Rede stehenden Kinder bis zu vierzehn Jahren die Stunden müssigen und aussichtlosen Herumstreichens auf den Strassen noch vermehren wollte? (...) Und weiter: Die Klassen der Gesellschaft sind doch nun einmal dazu bestimmt, in angestrengter Arbeit ihr Leben hinzubringen ...“ (Steitz) Die Petition und ein ähnlich lautendes „Gutachten“ des Kaiserswerther Bürgermeisters Nicodem blieb erfolglos.
Auch die Wohnverhältnisse der Arbeiter und Tagelöhner waren erbärmlich. Abschreckende Beispiele aus Mönchengladbach beschrieb der königliche Landrat Schmitz 1887 so: „... daß Wohn- bzw. Schlafräume nur eine lichte Höhe von 1,80 m, keine Dielung und direct ins Freie führende Thüren haben, von deren Schwellen schmale unbedeckte leiterartige Treppen herabführen. Die Unterhaltung dieser Wohnräume ist teilweise so mangelhaft, daß die Fenster sich nicht öffnen, Thüren sich nicht schließen lassen und daß durch die reparaturbedürftigen Decken und Dächer der freie Himmel sichtbar ist.“ Weil viele Arbeiterfamilien die Mietkosten kaum zahlen konnten, nahmen sie „Kost- und Quartiergänger“ auf, die oft nur ein Bett in einer Ecke der kleinen Arbeiterwohnungen hatten. Die in den Augen der Obrigkeit damit verbundenen „sittlichen Anfechtungen“ versuchte man durch allerlei Reglementierungen, die durch die Polizei überwacht wurden, zu verhindern.
Den Heimwebern, nach heutigem Sprachgebrauch Scheinselbständige, ging es auch nicht besser. Alphons Thun beschrieb 1879 Weberhäuschen am ländlichen Niederrhein: „... die älteren (Häuser) sind oft nur so hoch wie der Webstuhl, häufig nimmt dieser die ganze Breite der Stube ein, meist stehen mehrere Stühle in derselben; die Luft ist dumpf und während des Kochens drückend heiß (...). In Vorst, in Niederkrüchten und anderen Orten ist mitunter die Decke nur aus gestampftem Lehm (...). Auch

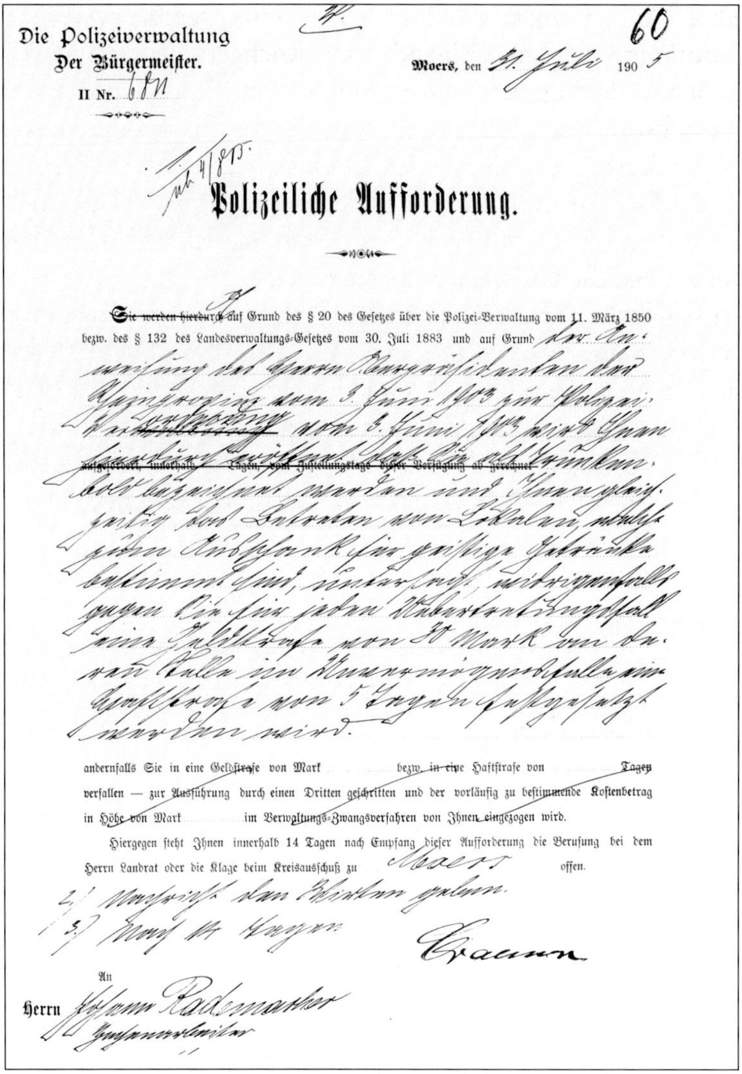

Die Polizeiverwaltung
Der Bürgermeister.
II Nr. 680

Moers, den 31. Juli 1905

60

Polizeiliche Aufforderung.

Sie werden hierdurch auf Grund des § 20 des Gesetzes über die Polizei-Verwaltung vom 11. März 1850 bezw. des § 132 des Landesverwaltungs-Gesetzes vom 30. Juli 1883 und auf Grund der Anweisung des Herrn Regierungspräsidenten der Regierung vom 3. Juni 1903 zur Polizei-Verordnung vom 3. Juni 1903 wird Ihnen hierdurch eröffnet, daß Sie als Trunkenbold bezeichnet werden und Ihnen gleichzeitig das Betreten von Lokalen, welche zum Ausschank für geistige Getränke bestimmt sind, untersagt, widrigenfalls gegen Sie für jeden Übertretungsfall eine Geldstrafe von 30 Mark an deren Stelle im Unvermögensfalle eine Haftstrafe von 5 Tagen festgesetzt werden wird.

andernfalls Sie in eine Geldstrafe von Mark bezw. in eine Haftstrafe von Tagen verfallen — zur Ausführung durch einen Dritten geschritten und der vorläufig zu bestimmende Kostenbetrag in Höhe von Mark im Verwaltungs-Zwangsverfahren von Ihnen eingezogen wird.

Hiergegen steht Ihnen innerhalb 14 Tagen nach Empfang dieser Aufforderung die Berufung bei dem Herrn Landrat oder die Klage beim Kreisausschuß zu Moers offen.

An
Herrn Johann Rademacher

Wer betrunken in der Öffentlichkeit auffiel, wurde von Amts wegen zum Trunkenbold erklärt. Damit wurde das Betreten von Wirtschaften polizeilich untersagt. Der Wortlaut des Dokuments von 1905: „. . . wird Ihnen hierdurch eröffnet, daß Sie als Trunkenbold bezeichnet werden und Ihnen gleichzeitig des Betreten von Lokalen, welche zum Ausschank für geistige Getränke bestimmt sind, untersagt, widrigenfalls gegen Sie für jeden Übertretungsfall eine Geldstrafe von 30 Mark an deren Stelle im Unvermögensfalle eine Haftstrafe von 5 Tagen festgesetzt werden wird.“

giebt es wahre Räuberhöhlen: nur fünf Schritt im Quadrat, zwei Webstühle, ein ordnungsloses Durcheinander von Kochgeräthen, Esswaaren, Schnapsflaschen, Weberkämmen, starrendem Schmutz (...) Am traurigsten sind die Zustände in Anrath, Hüls und Vorst.“ Und beim Krämer müssen sie anschreiben lassen, bis sie wieder Geld für eine neue Lieferung bekommen: „...Die Arbeiter müssen nach dem Liefertage all ihr Geld dem Krämer einhändigen, und wenn sie sich sonntags ein Gläschen Bier erlauben wollen, erst die Groschen dazu ausbitten.“
Den je nach Geldeinkünften schwankenden Lebensstandard der niederrheinischen Weber um 1850 erzählte der Weber Karl Weiß: „...Anders gestaltete sich das Bild, wenn das Geld im Hause zu Ende ging. Dann saß die Meisterin mürrisch auf dem Webstuhl. Frug der Baas gegen Mittag: ‚Frauchen, was essen wir heute?‘, so erwiderte sie unwirsch: ‚Was sollen wir denn essen als Erdäppels?‘ (...) So wie bei uns ging es in den anderen Weberfamilien. Hauptsache schien, daß reichlich Arbeit da war, und daß guter Lohn gezahlt wurde. So webte man aus der guten in die schlechte Jahreszeit und umgekehrt. Die Frauen waren froh, wenn sie sich sonntags putzen konnten; die Männer tranken ihr Schnäpschen und ein paar Glas Bier...“ (Wysocki) Bier war also höchstens ein Sonntagsvergnügen, Schnapskonsum die Regel.

Behördliche Maßnahmen gegen Trunkenbolde und die Kneipe als „Salon der Armen“

Der Alkoholismus wuchs sich zu einem öffentlichen Problem aus. Dabei geht aus den Akten hervor, daß nicht etwa das Bier, sondern der billige Kartoffelschnaps die persönliche und soziale Zerstörung der Alkoholkranken auslöste. In einem Bericht der Bürgermeisterei Oedt hieß es: „B. ist ein dem Schnapstrunke ergebener Mensch und gibt von seinem Verdienste an Frau und Kinder nicht das Geringste zu deren Unterhalt ab, wodurch die Familie in die ärmlichste Lage geraten ist und Jahr ums Jahr eine Last der hiesigen Armenverwaltung geworden.“ Fiel jemand wegen ständiger Trunkenheit auf, wurde er „von Amts wegen“ zum „Trunkenbold“ erklärt. Das war mit der Sanktion verbunden, bei Strafandrohung keine Wirtschaft mehr betreten zu dürfen. Auch die Wirte wurden informiert und durften den Trinkern keine Spirituosen mehr ausschenken. So mahnte der Bürgermeister von Schiefbahn die Wirte: „Die Maurer und

Handlanger Engelbert T., Martin G. und Wilhelm S. hierselbst, sind dem Trunke stark ergeben und vernachlässigen in Folge dessen die Pflichten gegen ihre Familien. Dieselben werden mit ihren Familien der Gemeinde mit der Zeit unzweifelhaft zur Last fallen, wenn ihnen auf dem eingeschlagenen Weg nicht Einhalt geboten wird. Dabei mitzuwirken ist vor allen Dingen Aufgabe der Herren Wirthe. Ich ersuche deshalb die hiesigen Gast- und Schenkwirthschaftsbesitzer, an die genannten Personen jeden Ausschank von Spirituosen zu unterlassen. Sollte ich in Erfahrung bringen, daß Wirthe den genannten direct oder durch andere Personen Spirituosen verabfolgt haben, so werde ich gegen die Betroffenen strenge vorgehen." (Kremers).

Da die Trinker aber meistens heimlich Schnaps konsumierten, war der mit Diskriminierung verbundene öffentliche Aushang nur bedingt erfolgreich. Diese Ansicht vertrat auch der Bürgermeister von Neersen in einer Stellungnahme an den zuständigen Landrat, indem er den Wirtshausverboten für Trunkenbolde nur eine begrenzte Wirkung beimaß. Er stellte fest, daß man sich bei „einiger Aufmerksamkeit" davon überzeugen könnte, „wie passionierte Schnapssäufer in der Regel durch ihre Kinder mehrmals im Tage in der Flaschen Quantitäten Branntwein von ½ bis ein Liter aus den Wirthschaften sich holen lassen, um sich an demselben bis zur Bewußtlosigkeit zu berauschen." Er schlug vor, die Branntweinsteuer zu erhöhen und gleichzeitig die Qualität des Branntweins scharf zu kontrollieren, um den billigen minderwertigen Schnaps vom Markt zu verdrängen.

Wenn alle Maßnahmen versagten, wurden die Trunkenbolde in Arbeitshäuser eingewiesen. Ein solcher Einweisungsbeschluß wurde wie folgt begründet: „Der hiesige Tagelöhner Gerhard L. hat schon seit langen Zeiten ein höchst ärgerliches Leben geführt, alle Versuche der Güte, ihn von seinem Umweg abzuleiten, sind erfolglos geblieben. Jetzt hat er sich wirklich von seiner Ehefrau getrennt, treibt sich arbeits- und verdienstlos in der Gemeinde herum und gibt sich nun dem ihn vollends vertierenden Trunke preis, (...) ein Gemüth scheint tief verdorben zu seyn, denn jetzt gibt er durch seine Redensarten gar zu verstehen, als beabsichtige er eine Selbstentleibung. Um daher noch größeres Unheil zu verhüten, hat die hiesige Armenverwaltung bei mir den Antrag gemacht, bei Euer Hochwohlgeboren das Saufverhältniß vorzutragen und zugleich unterthänigst zu ersuchen, hochgefälligst bei hochlöblicher Regierung die schleunigste Aufnahme dieses subjects in die Besserungsanstalt nach Brauweiler in

Antrag bringen zu wollen – auf diese Weise scheint der Armenverwaltung, wie auch mir selbst noch einige Hoffnung, für das zurückkommen des L. von seiner Unart vorhanden zu sein.“ (Kremers)

In Lintorf wurde 1851 ein „Heim für Verkommene“ gegründet, das nach der erfolgreichen Bekämpfung der Branntweinpest zur „Trinkerheilanstalt für Gebildete“ avancierte.

Das Problem des Massenalkoholismus war erkannt, doch die sozialen Ursachen registrierte man erst spät. Arbeiter und Tagelöhner sahen sich dem Druck harter Arbeit ausgesetzt und lebten in ständiger Sorge um Nahrung und Wohnung, ohne auf Besserung hoffen zu können. Weder war ihre Versorgung im Falle von Krankheit oder Alter war gesichert, noch besaßen sie das Recht der Koalitionsfreiheit, die ihnen erlaubt hätte, gemeinsam für die Besserung ihrer Lebensumstände öffentlich tätig zu werden.

Das preußische Dreiklassenwahlrecht zementierte ihre staatsbürgerliche Rolle unabhängig von ihrer Zahl als sozusagen geborene Minderheit. Es war die Absicht des Dreiklassenwahlrechts, die zahlenmäßig starken „niederen Klassen“ von der politischen Mitbestimmung fernzuhalten und damit eine Majorisierung der relativ wenigen Reichen durch die große Masse der Armen zu verhindern. In den Städten und Gemeinden war das Wahlrecht in Ortsstatuten festgelegt und das Mitwirkungsrecht der Armen noch geringer, da hier ganz überwiegend das Wahlrecht der „Meistbeerbten“ galt; das führte dazu, daß hier nur fünf Prozent der männlichen Erwachsenen überhaupt wählen durften, in Krefeld gar nur unter drei Prozent; ein Wahlrecht für Frauen gab es nicht. Später wurde auch in den Städten des Dreiklassenwahlrecht eingeführt, das den Armen weiterhin die politische Minderheitenrolle zuwies.

Die engen Wohnungen der Arbeiter, oft nur ein Zimmer mit Quartiergänger, erlaubten keine Einladungen an Freunde, und so blieb ihnen nichts anderes übrig, sich in den Kneipen mit Kollegen und Gleichgesinnten zu treffen. A. Levenstein bezeichnete die Wirtschaft als „Salon der Armen“ und Karl Kautsky präzisierte diesen Sachverhalt in seinem Artikel „Der Alkoholismus und seine Bekämpfung“: „Für den Proletarier bedeutet in Deutschland der Verzicht auf Alkohol den Verzicht auf jedes gesellige Beisammensein überhaupt; er hat keinen Salon zur Verfügung, er kann seine Freunde und Genossen nicht in der Stube empfangen. Will er mit ihnen zusammenkommen, will er mit ihnen Angelegenheiten besprechen, die sie gemeinsam berühren, dann muß er ins Wirtshaus.“

Portrait von Josef Diebels, dem Gründer der Privatbrauerei Diebels in Issum, die 1878 entstand.

Das „Gesetz gegen die gemeingefährlichen Bestrebungen der Socialdemocratie" von 1878, kurz als „Sozialistengesetze" bezeichnet, verbot alle sozialdemokratischen, sozialistischen und kommunistischen Vereine, Versammlungen und Druckschriften. Die Gesetze führten zu teils grotesken Bespitzelungen in Kneipen und am Arbeitsplatz. In Neuss fiel ein „Auswärtiger" auf, der den „Vorwärts" abonniert hatte und fortan vom kaiserlichen Postamt überwacht wurde. Agitatoren konnten sogar ausgebürgert werden. Lediglich gewählte sozialdemokratische Abgeordnete durften weiterhin ihre Sache im Reichstag vertreten und auch Wahlkampf betreiben. Die zwangsweise aufgelösten Ortsvereine der freien Gewerkschaften und der Sozialdemokratie tarnten sich als Sparclubs und Gesangvereine, ihre Druckschriften wurden aus dem Ausland eingeschmuggelt und in den Arbeiterkneipen heimlich verteilt. In den Wirtschaften fanden auch die als „geselliges Beisammensein" getarnten konspirativen Treffen der organisierten Arbeiter statt, da ihnen Zusammenkünfte unter freiem Himmel verboten waren. Hier bildete sich die Überzeugung, daß mangelnde Bildung und die durch den Alkoholismus bedingte Passivität jeden Fortschritt ihrer Interessen hemmten. Wenn auch die Selbstorganisation der Arbeiter zur Verbesserung ihrer Lebensumstände erschwert wurden, so trugen die Sozialistengesetze doch zur Stärkung der Solidarität bei.

Keine Repressalien erlitten die vor allem am ländlichen Niederrhein starken christlichen Gewerkschaften, die von Geistlichen geführt wurden. Sie fühlten sich der christlichen Soziallehre verpflichtet, ihre Mitglieder schöpften sie aus dem kleinbürgerlichen Milieu der Kleinbauern, Handwerker und Kleinhändler, die den preußisch gesinnten Honoratioren feindlich gegenüberstanden und in ihren Vorstellungen auf die voraufklärerischen Formen des paternalistischen Staates zurückgriffen. Später wurden sie unter dem Dach des 1890 gegründeten „Volksvereins für das katholische Deutschland" mit Sitz in Mönchengladbach zusammengefaßt, der laut Satzung den „Irrlehren der Socialdemocratie" die „Gedanken und Anregungen einer christlichen Socialreform" entgegensetzen wollte.
Während die niederrheinischen Kleinbürger ausgesprochen antisozialdemokratisch blieben, entwickelten sich die christlichen Gewerkschaften im ganzen Deutschen Reich allmählich in Richtung Sozialdemokratie, wie der Oberpräsident der Provinz Westfalen 1901 klagte: „Es zeigt sich mehr und mehr, daß auch die christlichen Arbeitervereinigungen in der Arbeiterbewegung eine Rolle spielen, die ebenso bedenklich ist wie die der sozialdemokratischen Vereinigungen. Nachweislich haben sie bereits bei mehreren Ausständen mit den Sozialdemokraten gemeinsame Sache gemacht." (Loth)
Sowohl den freien wie den christlichen Gewerkschaften und Arbeitervereinen kommt das Verdienst zu, den Elendsalkoholismus zusammen mit anderen Institutionen durch die Verbesserung der Lebensverhältnisse von Tagelöhnern und Arbeitern erfolgreich bekämpft zu haben.

Die neuen Mäßigkeitsvereine: „Kaffemucker" und „Nüchternheitslehrer"

Die neuen Mäßigkeitsvereine wie der „Deutsche Verein gegen den Mißbrauch geistiger Getränke" hatten zwar aus der maßlosen Forderung der alten erfolglosen Mäßigkeitsvereine nach völliger Alkoholabstinenz gelernt und erlaubten das moderate Trinken, verkannten aber nach wie vor die soziale Dimension der Branntweinpest. So galt jetzt nicht mehr der Alkohol selbst als der Verderber, sondern das Suchtverhalten der Menschen. Der Gründer des „Alkoholgegnerbundes" Bode schrieb dazu, daß die alten Mäßigkeitsapostel sehr wohl gewußt hatten, „daß nicht eigentlich der Branntwein der Feind sei, sondern die Berauschungssucht

Werbeanzeige des Volkskaffeehauses Mönchengladbach 1888

im Menschen, aber die Mehrzahl der Enthaltungsleute hat sich von jeher allzusehr gegen die Werkzeuge der Berauschung gewandt." Bode forderte: „Der Mensch soll Herr sein über den Stoff; er darf ihn gebrauchen, so lange der Gebrauch frommt; er darf ihn nicht gebrauchen, wo er Schaden stiftet." Im September 1881 trafen sich die niederrheinischen Geistlichen Engelbert aus Duisburg und Hirsch aus Lintorf mit dem liberalen Abgeordneten und Schriftsteller Lammers, um „ihn um die Vorbereitung eines großen Kampfes gegen den Trunk zu bitten" (Bode). Man erwog eine Gesetzesinitiative im Reichstag mit dem Ziel einer Verminderung der Schenkwirtschaften, der Uneinklagbarkeit von Zechschulden, Bestrafung öffentlicher Trunkenheit, Erhöhung der Branntweinsteuer bei gleichzeitiger Steuerermäßigung von Tee, Kaffee und, das war völlig neu, leichten Bieren. Der im Reichstag eingebrachte Gesetzentwurf wurde abgeschmettert, lediglich die ohnehin schon vorgesehene Erhöhung der Branntweinsteuer wurde 1887 Gesetz und entzog dem Branntwein weitere Verbraucher. Auch das in vielen niederrheinischen Städten gegen Wirte ausgesprochene Verbot, Branntwein und andere Spirituosen „auf Borg" zu verkaufen, reduzierte den Schnapskonsum.

1882 erschien im „Mäßigkeitsverlag" eine Schrift von Lammers, in der er vorschlug, den „Massen des Volkes für ihre tägliche Erquickung statt Schnaps Tee, Kaffee und Kakao vorzusetzen". Damit griff er eine Idee auf, die schon ab 1876 von Bürgern, meist Fabrikanten, in die Tat umgesetzt worden war: die Einrichtung von „Volkskaffeehäusern", um die Arbeiter mit billigen Speisen und alkoholfreien Getränken aus den Wirtschaften zu locken. Dieser Aktion lagen zwei Motive zu Grunde: Erstens wollte man die „arbeitende Bevölkerung" von den Wirtschaften mit den dort vermuteten „socialistischen Umtrieben" fernhalten, und zweitens war die

Trunkenheit im inzwischen relativ modernen Produktionsprozeß der Fabriken eine ständige Gefährdung von Mensch, Maschine und Produktionsergebnis. Die alten Schnapsspenden der Unternehmer waren längst abgeschafft; gefragt war jetzt der präzise und sachkundige Facharbeiter. Der Mönchengladbacher Unternehmer Brandts hatte gar ein „Schnapsreglement“ erlassen, das bei Trunkenheit am Arbeitsplatz die sofortige Kündigung androhte.

Diesen Initiativen folgte der Mönchengladbacher „Verein gegen den Mißbrauch geistiger Getränke“ mit der Eröffnung eines „Volkskaffeehauses“ am 8. August 1886. Hier wurden sehr billig einfache Speisen und alkoholfreie Getränke angeboten, zum Beispiel eine Tasse Kaffee mit Milch für 5 Pfennig, ein belegtes Brot oder Bratkartoffeln für 10 Pfennig. Wegen der sehr günstigen Preise war das Haus stets gut besucht, auch von den Arbeitern, die sonst durchaus an „socialistischen Umtrieben“ interessiert waren und sich auch nicht aus den geliebten Kneipen fernhielten. Die Betreiber der Volkskaffeehäuser waren für sie „Kaffee-Mucker“, deren Dienste man gern in Anspruch nahm, ohne deren politische Ansichten zu teilen.

Wegen des großen Erfolges wurde bereits 1888 auf der Lüpertzenderstraße ein neues größeres Volkskaffeehaus in Betrieb genommen. Die Öffnungszeiten von 6 bis 22 Uhr ermöglichten auch den „Schlafgängern“, die sich in einer fremden Wohnung nur die Miete eine Bettes leisten konnten, die Zeit zu überbrücken, bis sie ihre Schlafstatt aufsuchen durften. Das Mönchengladbacher Volkskaffeehaus erwirtschaftete Überschüsse, die in „Trinkbrunnen“ und dem Aufbau einer „Volks-Bücher- und Lesehalle“ investiert wurden. Nach Ansicht des Vorsitzenden der Mönchengladbacher Aktienbaugesellschaft und Mitgründers des Volkskaffeehauses Hermann Busch half die Bücherei „den Wirtshausbesuch und den Mißbrauch geistiger Getränke bekämpfen“. Es versteht sich, daß der Buchbestand von 2400 Bänden frei von sozialkritischen Themen war und ausschließlich Schriften über Geographie, Kriegsgeschichte, Tierleben und Titel aus der Antike und der deutschen Klassik vorhielt.

Von den Mäßigkeitsvereinen wurde auch eine völlig neue Institution gefördert: die Trinkhallen. Die Konzessionsvergabe war an strenge Regeln gebunden. Wer unter Verdacht der Hehlerei, der „Völlerei“ oder gar der „Unsittlichkeit“ stand, erhielt keine Konzession. Außerdem mußte in dem entsprechenden Stadtviertel ein „Bedürfnis“ nachgewiesen werden. Auch das Verkaufssortiment war genau vorgeschrieben: „kohlensaure Getränke“,

Kaffee, Tee, Schokolade, Bonbons, Konfekt, Kuchen, Obst in kleinen Mengen, belegte Schnittchen, „1 Zigarre oder 1 Zigarette zum sofortigen Genuß auf der Stelle“, doch erweiterten die Trinkhalleninhaber nach und nach mit stillschweigender Duldung der Obrigkeit ihr Warenangebot. So kamen Zeitschriften und Zeitungen, Blumen und Ansichtskarten hinzu. Alkohol zu verkaufen war zunächst streng verboten. Ab etwa 1930 durften zwar Bier und Schnaps in kleinen Gebinden angeboten werden, aber nicht „in der Nähe der Trinkhalle“ getrunken werden. Da niemand wußte, was „in der Nähe“ genau bedeuten sollte, kaufte man sein Bier, trat ein paar Schritte zurück, trank und tat damit dem Gesetz Genüge. Die Trinkhallen, von den Niederrheinern „Büdchen“ genannt, wurden sehr gut angenommen; 1910 gab es in Düsseldorf bereits 163 und in Duisburg 114 Büdchen.

Es bleibt festzustellen, daß die Wirkung der Mäßigkeitsvereine in der Bekämpfung des Elendsalkoholismus gering war, wenn auch die praktischen Hilfen gern angenommen wurden. Sie scheiterten an der politischen Bevormundung der Arbeiter und der Verkennung der sozialen Ursachen des Elendsalkoholismus. Im letzten Drittel des 19. und in den ersten Jahren des 20. Jahrhunderts bildeten sich zahlreiche Abstinenzler- und Mäßigkeitsvereine wie 1887 der Guttempler-Orden, 1892 der evangelische Blau-Kreuz-Verein, 1896 der katholische Kreuzbund und 1903 der Deutsche Arbeiter-Abstinenten-Bund. Sie konkurrierten miteinander und einzelne schickten gar „Nüchternheitslehrer“ übers Land, die aber mehr Heiterkeit als Abstinenz erzeugten. Diese Vereine waren überwiegend zu einer Zeit gegründet worden, als der Massenalkoholismus schon eingedämmt war und Trunksucht kein allgemeines Problem der „niederen Stände“ mehr war, sondern ein individuelles Problem in allen Bevölkerungsschichten. Der individuelle Alkoholismus wurde jetzt als behandlungsbedürftige Krankheit angesehen.

Der Medizinalrat Prof. Pelman forderte 1901 in einem Vortrag die Gründung von Trinkerheilstätten: „Der Verein deutscher Irrenärzte definiert die Gewohnheitstrinker, das heißt die an Trunksucht leidenden, als Personen, die sich dem Trunke in einem solchen Grade ergeben haben, daß sie ihre Selbstbeherrschung und die Fähigkeit, ihre Geschäfte selbst zu besorgen, mehr oder weniger verloren haben, ihre Pflichten vernachlässigen und sich und ihrer Umgebung gefährlich werden (...) Der Säufer wird sehr bald zum Lumpen, dem nichts mehr heilig ist, der Hab und Gut versäuft, seine Familie mißhandelt und darben läßt, wenn er nur seinem

unglückseligen Hange frönen kann, und es muß als ein Glück bezeichnet werden, wenn er möglichst bald an den Folgen seiner Unmäßigkeit zugrunde geht. Wenn aber die Trunksucht eine Krankheit ist, ergibt sich für uns daraus die Aufgabe, sie zu heilen."
Pelman stellte auch eine nach seinen Vermutungen besonders gefährdete Berufsgruppe heraus, deren Trunksucht sich nicht mit elenden Lebensumständen rechtfertigen ließ: „Das preußische statistische Amt hat in den zehn Jahren 1884 – 1894 aus der Sterbeliste diejenigen ausgesondert, wo der Verstorbene in Brauereien oder Brennereien, Wein- und Bierhandlungen, im Gast- und Schenkwirtschaftsgewerbe tätig war. Es waren dies 28995 Personen, und davon starben 2167 an Schlagfluß, 359 an Delirium tremens und 807 Personen an Selbstmord." Ob alle diese Todesursachen auf Alkoholgenuß zurückzuführen waren, bleibt offen. Die Rangfolge der berufsgruppenspezifischen Trunksucht sah in der Behandlungsstatistik der „Trinkerheilanstalt für Gebildete" in Lintorf etwas anders aus: Bis 1893 wurden hier 380 Patienten behandelt, darunter 150 Kaufleute, 62 Landwirte, 26 Juristen, 19 Wirte und Brauer, 15 Offiziere, 13 Theologen, 12 Mediziner, 10 Philologen, 7 Apotheker und 6 Architekten.

Bier und zunehmender Wohlstand besiegen die Branntweinpest

Da den Kindern der „niederen Klasse" eine ausreichende Schulbildung versagt blieb, sahen die Arbeitervereine und die sozialdemokratische Partei eine ihrer wesentlichen Aufgaben in der nachträglichen Wissensvermittlung nach dem Motto „Wissen ist Macht". Öffentliche Bibliotheken wurden eingerichtet, und schon im Jahre 1864 boten die Arbeitervereine in Preußen Fortbildungsprogramme an, die keineswegs ausschließlich berufsbezogen waren, darunter 436 Programme in Naturwissenschaften, 167 in Geschichte, 67 in Sozialökonomie, 52 in Literatur, 31 in Kunst und 12 in Philosophie. Viele der Bildungsveranstaltungen fanden mangels geeigneter Räumlichkeiten in den Wirtschaften statt. Die hier Lernenden oder Debattierenden wurden ermahnt, statt Schnaps Bier zu trinken. Auch die Sozialdemokratische Partei empfahl auf ihrem Parteitag 1906 allen Arbeitern und Genossen den Schnapsboykott. In der SPD-Parteipresse forderte der Arbeiter-Abstinenten-Bund plakativ: „Wer

Schnaps trinkt zahlt freiwillig Steuern, füllt Junkersäckel, ruiniert seinen Körper, zerstört seine Familie, verblödet seine Nachkommen, hilft Irrenhäuser füllen. Ein organisierter Arbeiter trinkt keinen Tropfen Schnaps!" In Unternehmerkreisen bezeichnete man das Bier als „sozialdemokratischen Saft".

Das Bier galt in weiten Kreisen als Heilmittel gegen den exzessiven Schnapskonsum, dazu hatte auch der allmähliche Bedeutungswandel des Bieres vom Lebens- zum Genußmittel beigetragen. Das gesellige Trinken von Bier wurde zunehmend dem narkotischen Trinken von Schnaps vorgezogen. Meyers Konversations-Lexikon von 1890 bemerkte unter dem Stichwort Bier: „Die berauschende Wirkung des Biers ist bei weitem geringer als die des Weins oder gar des Branntweins, und indem es letzterem mehr und mehr Terrain abgewinnt, vollzieht es eine hohe kulturgeschichtliche Mission." Dic Bedeutung der Kneipen für die Arbeitervereine kann gar nicht hoch genug veranschlagt werden; sperrte ein Wirt einem Arbeiterverein das Lokal, geriet der Verein in existenzielle Gefahr. So löste sich 1892 die Neusser Gruppe des Deutschen Metallarbeiter-Verbandes auf, nachdem ihr der Wirt „dem indirekten Druck nachgebend" seine Gaststätte als Vereinslokal entzogen hatte.

Die soziale Lage der Arbeiter besserte sich auch durch die für ihre Zeit vorbildliche Sozialgesetzgebung der Bismarckära. Daß diese hauptsächlich der Sozialdemokratie das Wasser abgraben sollte, konnte den Arbeitern gleichgültig sein. Die französischen Reparationszahlungen in Milliardenhöhe nach dem deutsch-französischen Krieg lösten einen Industrialisierungsschub aus, der vor allem dem östlichen Niederrhein viele Arbeitsplätze brachte. Die gewaltige Dynamik des Industrialisierungsprozesses zeigt das Beispiel Thyssen. August Thyssen nahm 1876 mit einer Belegschaft von 90 Arbeitern die Kohleförderung in der Zeche „Deutscher Kaiser" in Hamborn auf. Durch Einstieg in die Stahlproduktion in Bruckhausen und weitere Investitionen stieg die Arbeiterzahl im „Königreich Thyssen" auf 10500. Der Arbeitskräftebedarf stieg enorm und führte zu Anwerbungskampagnen bis nach Polen. Die Einwohnerzahl Hamborns stieg von 5269 im Jahre 1885 auf 103500 im Jahre 1911; der Ausländeranteil lag bei 22 Prozent. Die soziale Fürsorge Thyssens mit ihren vorbildlichen Arbeitersiedlungen übertraf die sozialen Leistungen vieler vergleichbarer Werke am Niederrhein. Niederrheinische Steinkohlezechen entstanden in Duisburg, Kamp-Lintfort, Moers-Kapellen, Neukirchen-Vluyn und in Tönisberg.

Viele große Unternehmen errichteten wie Thyssen Arbeiterhäuser. Die ersten Arbeiterhäuser am Niederrhein errichtete schon 1869 die „Gladbacher Actien-Bau-Gesellschaft“ mit dem Ziel, „... dem Arbeiter Wohnungen zu verschaffen, die seine guten Eigenschaften Fleiß, Sparsamkeit, Sittlichkeit und Familienleben fördern“ (Löhr: Mönchengladbach). Sie kosteten das dreifache Jahresgehalt eines Arbeiters. Landrat Schmitz lobte die „Insassen“ der Arbeiterhäuser wegen ihrer „Reinlichkeitsliebe“ und fügte hinzu: „... ueberhaupt sind in diesen Häusern nur die besseren, socialitischen Einflüsterungen unzugänglichen Arbeiter anzutreffen“. Wenn auch die sozialen Leistungen der Unternehmer von der Abwehr der erstarkenden Sozialdemokratie motiviert waren, trugen sie zweifellos dazu bei, das Arbeiterelend zu beseitigen.
Die modernen Produktionsprozesse mit ihren komplexen Arbeitsabläufen und komplizierten Maschinen verlangten nüchterne und hochqualifizierte Arbeiter, und so zogen die Fabrikanten in der Bekämpfung der „Branntweinseuche“ mit den Arbeitervereinen und Gewerkschaften an einem Strang. Das bedeutete aber nicht, daß sie die „Klassenunterschiede“ beseitigt sehen wollten, und das galt selbst bei der Planung von Wohnvierteln. Ein Gutachten zum Bebauungsplan der Stadt Hamborn forderte 1910 die „Absonderung derjenigen Wohngebiete, welche für die besser Situierten und für die in geistiger Arbeit tätigen Elemente der Bewohner, aus der Allgemeinheit des Planes“.
Die Arbeitskämpfe der Gewerkschaften brachten den Arbeitern einen höheren Lebensstandard und mehr Freizeit. Die durchschnittliche tägliche Arbeitszeit sank von 14 – 16 Stunden in den Jahren 1830 – 1860 auf 9,5 Stunden im Jahre 1909. Die Verdienste der Arbeiter waren Anfang des 19. Jahrhunderts bis zum Ersten Weltkrieg nicht gerade üppig, aber auskömmlich. Wenig verdienten die niederrheinischen Textilarbeiter: Das Jahreseinkommen lag in Viersen 1907 durchschnittlich bei 450 Reichsmark und stieg bis 1912 auf durchschnittlich 1040 Reichsmark, Frauen erzielten sogar nur ein Durchschnittseinkommen von 760 Reichsmark. Die Lebensmittel waren allerdings für die damaligen Verhältnisse recht teuer: ein Pfund Weizenmehl 25 Pfennig, ein Ei 14 Pfennig, ein Schweinekotelett 60 Pfennig, ein Pfund Roggenbrot 10 Pfennig und ein Glas Bier in der Wirtschaft ebenfalls 10 Pfennig. Für die Mieten gab man im Durchschnitt nur 10 Prozent (die Angestellten etwas mehr) seines Lohnes aus, aber damit überstiegen die Ausgaben der Arbeiterschaft für Mieten erstmalig seit 1905 die Ausgaben für Alkoholika. Die Arbeiter in

Erntedank 1908 mit Altbier auf dem Bresserhof in Schiefbahn. Der etwas holprige Text auf der Holzkiste: „Die Ernte ist glücklich ein, es freut sich Groß u. Klein!“

den größeren Brauereien verdienten recht gut und erhielten sogar, was damals unüblich war, drei bis sieben Tage Jahresurlaub.
Von der Arbeitnehmerschaft wurde Konzentration und präzises Arbeiten verlangt, der Zwang zur Selbstkontrolle stieg und mit dem neuen Arbeitsethos sank die soziale Akzeptanz der Volltrunkenheit. Lediglich das Trinken zu besonderen Anlässen wie Schützenfesten, Hochzeiten war nicht verpönt. 1907 stellten die preußischen Fabrikinspektoren übereinstimmend fest, daß das Alkoholproblem der Arbeiterschaft fast überall behoben sei. Hoch blieb der Schnapskonsum bei den Landarbeitern, ihnen gelang keine wesentliche Verbesserung ihrer sozialen Lage. Die „Vorschnitter“ besserten ihren Lohn mit dem illegalen Zwangsverkauf von Schnaps an die von ihnen abhängigen landwirtschaftlichen Wanderarbeiter auf. Ab dem Ende des 19. Jahrhunderts bildete sich allmählich ein neuer Mittelstand heraus, dem Handwerker, Angestellte, Einzelhändler und Gastwirte angehörten. Die alte „Mittelschicht“ der Besitz- und Bildungsbürger vor der Revolution von 1848/49 war als Träger des Bürgertums aufgestiegen und verkörperte jetzt neben dem Adel die Oberschicht.

Der Niederrhein hatte sich von einer ländlich geprägten Region zu einer Industrielandschaft entwickelt.
1910 bewohnten den Regierungsbezirk Düsseldorf 3418388 Menschen; er war damit der am dichtesten besiedelte Landstrich im deutschen Reich geworden. 1914 hatte Düsseldorf 414000 Einwohner, Duisburg 252000 und Krefeld 133000.

VII. Bierkonsum und Kneipen von 1850 bis 1918

Gefeierte Modernisierungen: Eisenbahn, Straßenbeleuchtung, Telefon und Automobil

Der Handel wurde in ganz Deutschland zu Beginn des 19. Jahrhunderts durch schlechte Verkehrswege und ein wirres Maß- und Münzsystem aus den Zeiten deutscher Vielstaaterei erschwert. Zahllose Scheidemünzen, Silber- und Goldmünzen, deren Edelmetallanteile oft auch noch durch „Wipper und Kipper“ gefälscht wurden, machten jedes Geschäft zu einem Abenteuer. Das Handelsbuch des Kaufmanns Christian Noback führte 1833 über 300 verschiedene deutsche Silbermünzen auf. Geschäfte innerhalb Preußens wurden 1821 durch eine „Währungsreform“ erleichtert, die eine einheitliche Münzstaffelung einführte: 1 Taler = 3 Mark = 30 Silbergroschen, 1 Silbergroschen = 12 Pfennig. 1838 übernahmen die Mitgliedstaaten des Deutschen Zollvereins diese Währung. 1870 wurden Maße und Gewichte auf das Dezimalsystem umgestellt. Das ärgerte die Biertrinker, denn aus einem Quart mit 1,145 Litern wurde jetzt 1 Liter, ohne daß der Preis entsprechend gesenkt wurde.
Eine außerordentliche Bedeutung zur Entwicklung des Handels und der Industrialisierung in der längsten Wachstumsperiode Deutschlands von 1850 bis 1914 kam der Eisenbahn zu. Zwar verkehrten auch nach dem Bau der ersten Eisenbahnlinien noch Postkutschen, sie bedienten aber nur noch Nebenstrecken. Sie waren nach wie vor sehr unkomfortabel, man saß beengt zwischen Hunden, Ziegen, Koffern und Bierfässern; man mußte

Karnevalszug in Krefeld 1897: Wagen der Brauerei Rhenania mit dem Motto „Gambrinus“, dem Schutzpatron der Brauer

sogar damit rechnen, von Räubern überfallen zu werden. So versuchte auf der Strecke Geldern Sonsbeck „lichtscheues Gesindel“, dem Postillion fünfzigtausend Mark zu entreißen; der Postillion aber gab Räubern und Pferden die Peitsche und entkam mit Geld und Fahrgästen. Solche Überfälle drohten den Eisenbahnen nicht.

Ab 1838 wurde der Niederrhein nach und nach bahntechnisch erschlossen, und als 1852 zwischen Homberg und Ruhrort eine Eisenbahnfähre – man nannte sie „Traject-Anstalt“ – errichtet wurde, konnte man vom Niederrhein aus bis nach Paris und Berlin fahren. Zur Eröffnung der Köln-Mindener Eisenbahn wurde dem Publikum per Zeitungsannonce kundgetan, daß „von allen Stationen der Hauptbahn Passagiere, Reisegepäck, Hunde, Equipagen, Pferde sowie Eilgut und Vieh (...) zu den (...) ausgelegten Tarifen befördert werden.“ Die Tarife allerdings hatten es in sich: Pro Meile (7,53 km) kostete die Reise in der ersten Klasse 6 Silbergroschen und in der vierten Klasse 1,75 Silbergroschen; das tägliche Einkommen von rund 70 Prozent der niederrheinischen Bevölkerung lag damals unter 8 Silbergroschen. Skeptiker befürchteten, die hohen Geschwindigkeiten könnten Krankheiten auslösen, das erwartete „Delirium furiosum“ stellte sich aber nicht ein, und so ging der weitere Ausbau der Eisenbahnen zügig vonstatten.

Von den um die Jahrhundertwende gebauten Kleinbahnen, die auf kürzeren Zwischenstrecken verkehrten, erlangte die „Geldernsche Kreisbahn" zweifelhafte Berühmtheit. Sie zockelte ab 1900 zwischen Kempen und Kevelaer. Ihre Gleise waren auf zu weichem Grund errichtet, und so entgleiste sie hin und wieder, ohne dabei größere Schäden anzurichten. Streckenwärter sollten die Gleise überwachen, doch die Gleisarbeiter saßen lieber in der Sonne und tranken ihr Bierchen. Das brachte ihnen den Namen „Die faule Rott" ein. Die Passagiere spotteten: „Als Jesus die Rotte sah, weinte er bitterlich". Seit 1928 nannte man die Bahn nur noch den „feurigen Elias", nachdem sie mit einem brennenden Waggon ein mehrstöckiges Wohnhaus mit Anbauten und eine Schule eingeäschert hatte. Durch den Funkenflug brannte in der folgenden Nacht auch noch die Gastwirtschaft „Zum Paradies" in Auwel bis auf die Grundmauern nieder. 1930 wurde die Geldernsche Kreisbahn eingestellt. An die Streckenarbeiter des feurigen Elias erinnert noch heute eine Kachel in der Walbecker Gaststätte Schopmanns mit der Aufschrift „Hier ruht in Gott die faule Rott" (siehe Seite 172).
Auch die individuelle Mobilität nahm gegen Ende des 19. Jahrhunderts zu. In den siebziger Jahren sah man am Niederrhein die ersten „Velozipeds", zunächst als Hochräder mit eisenbeschlagenen Holzrädern. Das Fahren auf den holprigen Kopfsteinpflastern kann kein reines Vergnügen gewesen sein. Trotzdem wurden schon größere Rundfahrten mit den Hochrädern veranstaltet; die beliebten Zwischenstopps in Gaststätten brachten die Gefahr von Stürzen aus beträchtlicher Höhe mit sich. Kurz vor der Jahrhundertwende fuhren besonders fortschrittliche (und wohlhabende) Niederrheiner schon mit Automobilen. Die Fahrprüfung war einfach: Der Schüler fuhr einige Male vor dem Prüfer hin und her und schon gab's die Fahrerlaubnis. In den Wirtshäusern wurde über die rücksichtslosen Fahrer geschimpft, die mit Überschreitung der Höchstgeschwindigkeit von 20 Stundenkilometern Fußgänger und Pferde in Angst und Schrecken versetzten.
Zwei weitere Errungenschaften brachten erhebliche Erleichterungen in das Leben der Niederrheiner: das Telefon und die Straßenbeleuchtung. Ab 1880 wurden die ersten Telefonnetze am Niederrhein eingerichtet, die die unerhörte Möglichkeit brachten, mit Menschen in anderen Städten direkt zu kommunizieren. Das wurde zu Recht als sensationell empfunden. Allerdings erhielt die Freude einen Dämpfer dadurch, daß nicht jede Gemeinde die erforderliche Mindestzahl von zwölf Teilnehmern erreichte.

Die Einführung der öffentlichen Straßenbeleuchtung wurde enthusiastisch gefeiert; vorbei die Zeiten, wo nächtliche Zecher sich in stockdunkler Nacht nach Hause tasten mußten. Denn die nur ganz vereinzelt an zentralen Stellen einiger Städte aufgehängten Rüböl- oder Petroleumfunzeln reichten gerade aus, sich selbst zu beleuchten. Und die Verpflichtung der Wirte, die Kneipeneingänge zu erhellen, brachte nur Licht unmittelbar an der Wirtshaustür.

So war es nicht verwunderlich, daß ein Bürger 1848 in Vorfreude auf die kommende Lichterflut emphatisch dem „Heinsberger Boten" schrieb: „Vorwärts im Lichte! Das ist das allgemeine Feldgeschrei! Des Lichtes mangelnd sollen wir in Heinsberg nun noch länger hinter anderen Städten zurückbleiben, im Finstern tappen und tasten? Nein! Vorwärts, schreitet zum Lichte! Wohlan! (...). die Nothwendigkeit ist hier wohl allen bekannt – aber doch fehlt es an jeder Beleuchtung während der Nachtzeit. Diese Nachlässigkeit hat sogar die sonst so strenge Polizei angesteckt, so daß sie den bestehenden Verordnungen über Beleuchtung der Stein- und Düngerhaufen, Karren, Pfähle usw. während der Dunkelheit nicht nachkömmt, und daß sie es zu scheuen scheint, die Wirthe an die bestehenden Vorschriften über die Erhellung des Hausflures zu erinnern (...). Wie viele Unglücke haben nicht Veranlassung gegeben, das Reisende, welche in den Bach gestürzt waren, sich in den Zeitungen darüber beschwerten. Wohlan, nur ein Anfang gemacht! Die Ausführung muß gelingen! Nur Vorwärts! Vorwärts im Lichte!" (Funken: Märkte)

Trotzdem – es dauerte noch neun Jahre, bis Heinsberg eine öffentliche Straßenbeleuchtung erhielt, und die bestand nur aus Petroleumlampen. Die erste moderne Straßenbeleuchtung mit Gaslicht am Niederrhein wurde 1846 in Düsseldorf in Betrieb genommen. Die erste Gaslaterne Gelderns erstrahlte 1850 unter dem Jubel der Zuschauer und ein Nachbarschaftsmitglied frohlockte: „Hoch lebe ... alles Licht, alle Aufklärung, aller Fortschritt und heute besonders dieses erste Gaslicht, welches in Gelderns Straßen leuchtet!" (Bosch: Geldern).

Verfeinerte chemische Analysemethoden zeigten erstmals die Verschlechterung der Wasserqualität vor allem durch die Industrialisierung am Niederrhein, und es entwickelte sich ein allgemeines Hygienebewußtsein. Es wurden Badeanstalten gebaut und Leitungen für chemisch überwachtes Trinkwasser verlegt. Als sich herausstellte, daß viele der öffentlichen Pumpen verschmutztes Wasser förderten, riß man sie ab. So beanstandete 1888 der Physikus des Kreises Geldern, Dr. Brand, das Wasser

Die Belegschaft der Brauerei Diebels 1897 in zeitgemäßer Pose. Vorn in der Mitte sitzend: Brauereigründer Josef Diebels

der Brunnen auf dem großen Markt in Geldern sei „unbrauchbar und schädlich". Bis 1894 wurden daraufhin allein in Geldern zehn öffentliche Pumpen geschlossen. 1928 beseitigte man in Geldern die letzten öffentlichen Pumpen, doch viele der privaten Pumpen am gesamten Niederrhein blieben erhalten. Sie leisteten gute Dienste, als im Zweiten Weltkrieg die öffentlichen Wasserleitungen durch Bombenangriffe zerstört wurden.

Biergeselligkeit der Pumpennachbarschaften

Wenn auch die meisten öffentlichen Pumpen mit der Ausbreitung der modernen Wasserversorgung verschwanden, so blieben doch nicht wenige Pumpennachbarschaften erhalten und pflegten nach altem Brauch ihre „Gelage". Die Erinnerung an die bierselige Geselligkeit vergangener Tage regte die Pumpennachbarschaft Rees zu einer kleinen „Pumpenkirmes" an: „Da seit mehreren Jahren (Kriegsjahre und böse Zeitläufte hatten es verhindert) eine kleine Pumpenkirmes nicht mehr stattgehabt, so wurde für gut befunden, den schon vor hundert Jahren üblich gewesenen Gebrauch, sich bei dieser Gelegenheit in anständiger Weise lustig zu machen, wieder einzuführen. Deshalb wurden Tische, Stühle und Bänke bei der Pumpe aufgestellt, und nachdem das Wasser nicht mehr schmecken wollte, beim Nachbar Döring Bier geholt, diskutiert, politisiert, geraucht, gesungen und getrunken. Später wurden die Frauen und Töchter – mit und ohne Krinoline – abgeholt, und nun ging der Spektakel erst recht los. Nachbar Lamers gab für Geld und gute Worte Backwerk und Zigarren her, Nachbar v.d. Ven Jr. spielte die Harmonika; es wurden Toaste ausgebracht, geplaudert, gespielt, gesungen, gelacht, gegessen, getrunken, bis es anfing dunkel zu werden." (Keller: Berichte)

Die traditionsreiche „Nachbarschaft von der Pumpe auf dem Fischmarkt" in Rheinberg hielt sogar ihre alten Rituale um die Bierstrafen bei, nachdem diese zumindest aus dem öffentlichen Strafenkanon längst verschwunden waren. Ein Sitzungsprotokoll aus dem Jahre 1882 hielt fest: „Der Nachbar Gerhard Rosendahl, welcher die Versammlung beleidigte, indem er erklärte, dieselbe sei infolge des vielen Biergenusses nicht mehr beschlußfähig, wurde zu einem halben Anker Bier verdonnert...

Pumpenmeister Hein Jansen, welcher öffentlich bekennt, seinen Obliegenheiten (...) nicht gründlich nachgekommen zu sein, bittet um Verzeihung und erkennt seine gerechte Strafe, nämlich die Zahlung eines halben Ankers Biers durch Unterschrift an."

1887 vermerkt das Protokollbuch der gleichen Pumpennachbarschaft: „Herr Josef Dominikus übernimmt die Verpflichtung, an Fastnacht 1888 aus Anlaß seiner silbernen Hochzeit einen Anker Bier zu spendieren, dafür sämtliche unterschriebenen Pumpennachbarn gehalten sind, am 19. Oktober 1887, dem Tag seiner silbernen Hochzeit, zu flaggen. Alle diejenigen, die ihre Häuser bei dieser Gelegenheit nicht beflaggen, sollen zur Strafe für die Unterlassung an Fastnacht 1888 ebenfalls je einen Anker Bier spendieren." Es wurden Listen angelegt, um nur ja die auszugebenden Anker Bier nicht aus dem Auge zu verlieren. Wenn es so richtig gemütlich wurde, gab es kein Halten mehr: „In gerechter Würdigung der Platz gegriffenen Gemütlichkeit kam auch Herr Fr. Schmitz für einen zu leerenden Anker auf (...) und Herr Gerhard Rosendahl spendete noch zur Auffrischung der Gemütlichkeit einen Anker Bier für den Ankauf seines Hauses" (Feltes)

Manche niederrheinische Pumpengemeinschaften nannten ihre Gelage direkt und unumwunden „Ankerfest". Selbst die Auflösung von Pumpen-

Der „Morrer Hebeclub" bei seiner satzungsgemäßen Hauptbeschäftigung, dem Heben von Altbier (Oktober 1892)

gemeinschaften wurde mit Bier gefeiert: 1895 traf sich die Pumpengemeinschaft am Delltor in Rees, um die Auflösung zu beschließen und den restlichen Kassenbestand von 60,09 Reichsmark zu verjubeln. Gegen Ende des 19. Jahrhunderts wurden die besonders von den Nachbarschaften gepflegten Totenwachen mit ihren Trinkexzessen abgeschafft; solcher Begründungen zum Umtrunk bedurfte man nicht mehr.

Die neue Mittelschicht und das trinkfreudige Vereinswesen

Wenn die Niederrheiner die Preußen auch nicht liebten, so arrangierten sie sich doch mit ihnen. Für einige Irritationen sorgte allerdings der durch das erste Vatikanische Konzil 1870 ausgelöste Kulturkampf. Das Konzzil verkündete das Dogma von der Unfehlbarkeit des Papstes, was zur Abspaltung der Alt-Katholiken (der Name bezieht sich nicht auf eine Biersorte) führte, und verurteilte den kulturellen, wirtschaftlichen und

Biertransport um 1880

politischen Liberalismus. Die preußische Regierung reagierte 1873 mit den „Maigesetzen“ und weiteren die Freiheit der katholischen Kirche einschränkenden Maßnahmen: Bischöfe wurden verhaftet, der Jesuitenorden verboten und Konfessionsschulen geschlossen. Diese Repressalien führten zur Entwicklung des politischen Katholizismus, der besonders in den ländlichen Gebieten des linken Niederrheins zur Massenbewegung wurde. Der in Mönchengladbach gegründete „Volksverein für das katholische Deutschland“, die christlichen Gewerkschaften und die katholische Zentrumspartei bestimmten über Jahre hinaus die politische Haltung großer Teile des niederrheinischen katholischen Kleinbürgertums.
Der preußische Liberalismus brachte den Juden 1866 in der Verfassung des Norddeutschen Bundes die volle Emanzipation, für die sich unter anderem schon im Rheinischen Provinziallandtag der niederrheinische Industrielle Hermann von Beckerath vehement eingesetzt hatte. Die jüdischen Gemeinden am Niederrhein blühten auf, die jüdischen Niederrheiner wurden weitgehend integriert.

Als Beispiel mag die kleine Kommune Issum gelten: Hier lebten etwa fünfzig Juden, und als das jüdische Ehepaar Bouscher die goldene Hochzeit feierte, nahm die gesamte Nachbarschaft daran teil, wie die „Geldern'sche Zeitung" am 8. September 1882 meldete: „Gestern feierten die Eheleute Moses Bouscher von hier das seltene Fest der goldenen Hochzeit (...). Die Nachbaren der Gefeierten hatten an dem Ehrentage ihr Festgewand angelegt, die Häuser beflaggt, Triumphbogen errichtet und das Haus des Jubelpaares sowie den Eingang der Synagoge mit Guirlanden, Kränzen und hübschen Sinnsprüchen verziert. Am Vorabende des Festes wurden den allseitig geachteten Jubilaren von zwei hiesigen Gesangvereinen je ein schönes Ständchen dargebracht. Am Festtage selbst gegen 10 Uhr Morgens wurden die Gefeierten in dem mit Guirlanden geschmückten Wagen (...) von hier zur Synagoge geführt, woselbst unter zahlreicher Betheiligung aus den verschiedenen Confessionen die neue Einsegnung der Jubilare stattfand." Nach dem gemeinsamen Essen mit „diversen Trinksprüchen" feierte die Gesellschaft im Saal der Wirtschaft Elspas „in animirter Stimmung".

Der Weseler jüdische Kaufmann Carl Zaudy war Mitglied der Handelskammer, Stadtverordneter, Vorstand verschiedener Vereine und gründete die Allgemeine Ortskrankenkasse Wesel. Seine Frau Alwine wurde gar Schützenkönigin in Wesel, was ja in zweifacher Hinsicht bemerkenswert ist. Leider blieb dieser tolerante Zustand nur eine Episode. Der alte christliche Antijudaismus bestand vor allem in den Kreisen der Geistlichkeit weiter fort und wurde in bösartiger „Erbauungsliteratur" gepflegt, wie etwa in der Schrift des katholischen Pfarrers Dr. Winterstein: „Über den Gebrauch des Christenblutes bei den Juden". Aber auch das nationalistische Getöse nach dem Sieg über Frankreich förderte den politischen Antisemitismus in seiner rassistischen Form. Der Berliner Paul de Lagarde (eigentlich hieß er Paul Bötticher) tönte über die Juden: „Mit Trichinen und Bazillen wird nicht verhandelt (...) sie werden so rasch wie nur möglich vernichtet."

Der Sieg über Frankreich, die Gründung des deutschen Reiches 1871 und die schrittweise Rücknahme der antikatholischen „Maigesetze" zwischen 1880 und 1887 brachten wieder Ruhe in die Reihen der niederrheinischen Katholiken, wenn auch unterschwellige Ressentiments gegen die protestantischen Preußen blieben. Als 1888 Kaiser Wilhelm I. starb, führte das angeordnete tägliche „Trauergeläut" in Kempen zum Ausfall von Kirchenglocken durch Lagerschaden.

Nach den siegreichen „Einigungskriegen“ 1866 und 1870/71 entstanden die meisten Kriegervereine, die „das Erlebnis des Krieges und der Frontkameradschaft“ in geselliger Runde auch als Zivilisten rhetorisch weiter pflegen wollten. Man trank bei den Treffen sein Bier aus „Reservistenkrügen“ und sang das Reservistenlied mit dem Refrain „Ihr Brüder, stoßt die Gläser an! Hoch lebe der Reservemann!“ Pflichtschuldigst hielt man zum Geburtstag des Kaisers und am „Sedanstag“ zur Erinnerung an die siegreiche Schlacht bei Sedan patriotische Reden, ging dann aber sehr schnell zum gemütlichen Teil über. Der Bierdurst der Kriegervereine war allgemein bekannt; sogar aus Kreisen des Klerus beklagte man deren „übermäßige Vergnügungssucht“. Ausgesprochen patriotisch war auch die Haltung der ab 1848 gegründeten Turnvereine des ziemlich reaktionären „Turnvaters“ Jahn; unter dem Motto „frisch, fromm, fröhlich, frei“ trieb man „Körperertüchtigung“ mit dem Ziel, die Wehrfähigkeit zu stärken. Es gab aber auch kirchliche Turnvereine wie die „Katholische Deutsche Jugendkraft“, sozialdemokratische mit dem Namen „Vorwärts“ und freie Turnvereine. Aus den Turnvereinen gingen die meisten niederrheinischen freiwilligen Feuerwehren hervor. Zuvor gab es „Pflichtfeuerwehren“, denen alle Männer zwischen 18 und 60 Jahren zur Verfügung zu stehen hatten. Die neuen freiwilligen Feuerwehren hießen anfangs „Turnerwehren“, waren höchst angesehen und hatten keinerlei Nachwuchssorgen. Nach 1871 kamen verstärkt Vereine auf, die auf sozialen Status und Abgrenzung gegen die „niederen Klassen“ setzten: Bürgergesellschaften, Liedertafeln, exklusive Schützenvereine. Um in einen solchen abgeschlossenen Zirkel aufgenommen zu werden, mußte man Bürgen vorweisen können, oder die Mitglieder stimmten per Ballotage (Abstimmung mit farbigen Kugeln) über die Neuaufnahme ab. In diesen Vereinen bahnte man Geschäfte an und kungelte schon im Vorfeld der öffentlichen Beratung lokal bedeutsame Entscheidungen aus; sie waren und sind teilweise noch heute ein Hort des rheinischen Klüngels.
Kurz vor der Jahrhundertwende entstanden auch die ersten niederrheinischen Fußballvereine; damals war Fußball noch keineswegs ein Massensport. Von England kommend war Fußball das Spiel der sich unterprivilegiert fühlenden Mittelschichten der Angestellten, die größten Wert auf die gesellschaftliche Abgrenzung zum Arbeiterstand legten. In ihrer Orientierung an die gehobene Schicht des Besitz- und Bildungsbürgertums gaben sie ihren Fußballvereinen latinisierte Namen wie „Borussia“, „Alemannia“ oder „Fortuna“ und imitierten die ihnen uner-

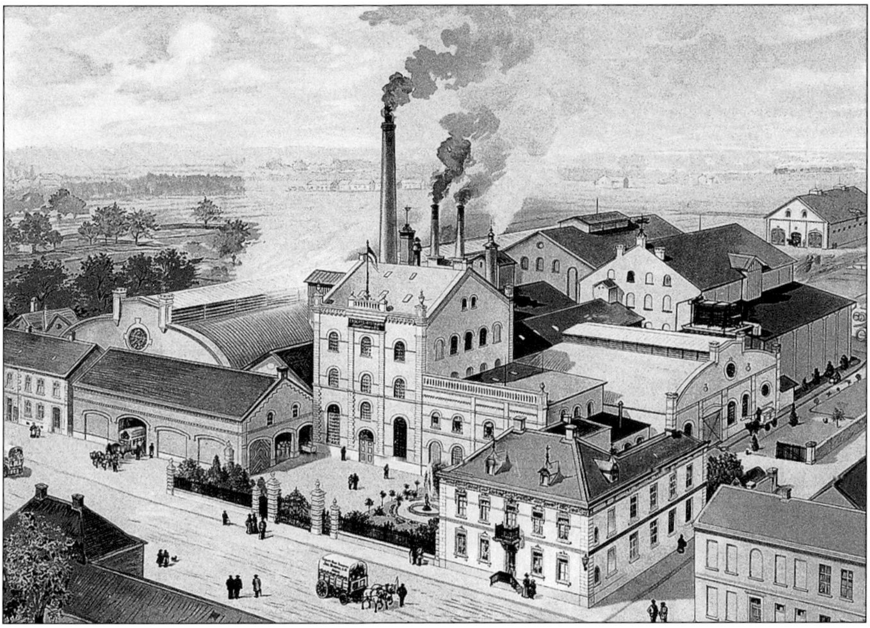

Die „Keimzelle" der Privatbrauerei Diebels in Issum auf einer zeitgenössischen Darstellung

reichbaren studentischen Verbindungen selbst in den Trinkritualen wie „einen Salamander reiben".

Fußball galt als „Parvenü-Sport" und wurde vom gehobenen Bürgertum abgelehnt. Der Mönchengladbacher Fußballverein „Teutonia" trat 1900 der „Marianischen Jünglingskongregation" bei und nennt sich seit dieser Zeit „Borussia". Heute wird er von Diebels Alt gesponsert, ebenso wie „Fortuna Düsseldorf". Dieser 1895 gegründete Düsseldorfer Fußballverein wich etwas von der üblichen Entwicklung ab: Er galt lange als „Arbeiterverein" aus dem „roten Flingern" und unterhielt eine eigene Schützenkompanie und eine Karnevalsgesellschaft.

Was auch immer der satzungsmäßige Vereinszweck sein mochte, ein wesentliches Hauptmotiv aller Vereine war das gesellige Trinken. Während die noblen Vereine sich eigene Kasinos leisten konnten, war die absolute Mehrzahl der Vereine auf die Wirtschaften als Vereinslokale angewiesen. Trotz der Vielzahl der Kneipen war es schwierig, ein Vereinslokal mit noch freien Kapazitäten zu finden. Wie ausgelastet die Wirtschaften mit

Grußpostkarte mit fröhlichen Altbierzechern aus Kempen (um 1900)

der Beherbergung von Vereinen waren, zeigt das Beispiel des Oedter Brauhauses um die Jahrhundertwende: Hier tagten der Kriegerverein, die freiwillige Feuerwehr, der Niederrheinische Verband Christlicher Textilarbeiter, der Volksverein für das Katholische Deutschland, die Zentrumspartei, der Wirte-Verein, der Radsportverein „Immer Schnell“, die St.-Vitus-Schützenbruderschaft und weitere Oedter Vereine. Der 1898 gegründete Musikverein St. Hubert war zunächst gezwungen, in den Privatwohnungen der Mitglieder zu üben. Erst nachdem der Musikzug 1899 den vom örtlichen Wirteverein organisierten Martinszug musikalisch begleitet hatte, stand ihm ab Januar 1900 die Wirtschaft „Zur Post“ als Vereinslokal zur Verfügung.

Ein oft beklagtes Übel für gesellige Vereine und trinkfreudige Privatpersonen waren die rigiden, wirklichkeitsfremden Polizeistunden-Verordnungen. In Abwehr dieser obrigkeitlichen Zumutungen bildeten sich im letzten Drittel des 19. Jahrhunderts sogenannte „geschlossene Gesellschaften“. Sie brauchten im Gegensatz zu den Vereinen und Wirten weder Satzung noch Konzession genehmigen lassen, es reichte, die Statuten mitzuteilen. Der eigentliche Zweck der geschlossenen Gesellschaften, nämlich das zeitlich unreglementierte Biertrinken zu günstigen Preisen, wurde in ihren Statuten meist als „gesellige Unterhaltung und Weckung patriotischer Gesinnung“ bezeichnet. Es gab aber auch Clubs, die unumwunden ihre Ziele im Namen führten wie der „Morrer Hebeclub“, dessen Zweck das gemeinsame „Heben“ von Bier war.

„Paris hät sech öwergäwe!“ Die quicklebendige Kneipenwelt und ihre Kritiker

Immer wieder wurden neue Erlasse zur Durchsetzung des Polizeistunde produziert. Die Schließungszeiten, im Winter um 22 Uhr und im Sommer 23 Uhr, entsprachen keineswegs den Bedürfnissen niederrheinischer Lebensfreude. Wie kleinlich es dabei zuging, zeigte eine Berufungsverhandlung vor dem Krefelder Landgericht im Jahre 1888. Die Wirtin des Osterather Bahnhofslokals hatte einen Vertrag mit der Bahndirektion abgeschlossen, der ihr erlaubte, die Bahnhofswirtschaft zur Bewirtung der Reisenden noch eine Stunde nach Ankunft des letzten Zuges geöffnet zu halten. Damit konnte sie die sommerliche Sperrstunde um 23 Uhr überschreiten. Das Landgericht Krefeld verurteilte sie jedoch zu einer Geldstrafe, weil sie sich hätte vergewissern müssen, daß die Bewirteten Reisende und nicht etwa nur durstige Osterrather waren.

Versuche, über die Polizeistunde hinaus zu zechen, wurden zu einem alltäglichen Sport der geselligen Biertrinker. Die Oedter Gesellschaft „Stillvergnügt“ bedichtete 1875 die vom Bierdurst angestachelten Bemühungen, noch eine geöffnete Kneipe zu finden: „Des Nachts um die zwölfte Stunde / dann tritt die Wache an. / Der Küllertz, Buschen, Recken / und Wessel stets voran. / (...) Dann machen ihre Runde / die Wächter bei der Nacht, / doch wird an jeder Schänke / ganz sicher halt gemacht. / Und am Gemeindeplatze, / dort vor der Pastorat, / da hält der Nachtinspektor / die große Wachtparad'. / Zur Meldung tritt dann jeder / mit strammer Haltung an / und sagt in welchem Wirtshaus / man noch was kriegen kann. / Dann streift die ganze Wache / sie nach der Reihe ab, / bis daß Nachtwächter Dickhoff / sie alle setzt in Trab.“ (Lipp)

Während 1909 eine Lockerung der Sperrzeiten noch abgelehnt wurde, fürchtete 1910 der Düsseldorfer Regierungspräsident die allgemeine „grosse Unzufriedenheit“ und erließ einen Zusatz zur „Regierungs-Polizei-Verfügung“ von 1879: „Die Ortspolizeibehörde ist (...) befugt, allgemein eine spätere Polizeistunde als 11 Uhr, aber nicht später als 2 Uhr festzusetzen, wenn nach Lage der örtlichen Verhältnisse ein Bedürfnis dafür vorliegt . . .“ Ein Bedürfnis lag überall vor, und so blühte das niederrheinische Kneipenleben weiter auf.

Die Zahl der Wirtschaften am Niederrhein war um die Jahrhundertwende hoch: Auf etwa 150 Einwohner kam im Durchschnitt eine Gaststätte. Selbst die kleinste Kneipe bemühte sich um einen prachtvollen, minde-

stens aber originellen Namen wie „Im halben Monde“, „Zum blauen Hahn“, „Schenke zum wilden Mann“, „Im Morian“, „Im schwarzen Roß“. Manche Wirte paßten sich auch politischen Veränderungen an; pünktlich zur Kaiserkrönung 1871 hieß ein Lokal etwa „Zum Deutschen Kaiser“. Auch Benennungen durch die Gäste akzeptierten Wirte nach einiger Zeit und machten die Spitznamen zum Kneipennamen, wie etwa die Wirtschaft „Zur Räuberhöhle“. Der Name bezog sich nicht etwa auf die niederrheinischen Räuberbanden des 18. Jahrhunderts, sondern auf ausländische Arbeiter, die Anfang 1870 die Kanalisation in Uerdingen bauten und täglich sofort nach Arbeitsende ein paar Bier trinken mußten, in Arbeitskleidung und noch ungewaschen.
Die ländlichen Kneipen hatten sich mit ihrer einfachen Ausstattung kaum verändert, einzige Neuerung waren die „Rähmchen“, kleine Fenster für den Bierverkauf außer Haus auf den Fluren vor dem eigentlichen Gastraum. Eine besondere Atmosphäre hatten die Altbierwirtschaften in den größeren Städten wie der Brauereiausschank von Frankenheim auf der Wielandstraße in Düsseldorf. Direkt hinter der Schwemme befand sich der Lagerkeller für das Altbier, so daß die von Pferden gezogenen Bierwagen an den Gästen vorbei durch das Lokal fuhren. An der Längswand der Durchfahrt standen die Bierfässer und Gläser auf Regalen über dem Tresen. Schwemme und Gastraum waren durch eine Glaskabine getrennt, von der aus die „Frau Baas“ alles überblicken konnte. Wenn die Pferdegespanne über den Steinboden rumpelten, mußten die Biertrinker etwas zur Seite rücken. Die Pferde blieben regelmäßig vor der Theke stehen und gingen erst weiter, wenn sie ihr Stück Zucker bekommen hatten.
Bis auf die Durchfahrt für die Bierkutscher sah es in den Düsseldorfer Altbierkneipen um 1900 ähnlich aus. Der Schriftsteller Wilhelm Adloff beschrieb sie so: „Ein Vorraum mit Fässern auf hoher Stellage lud, wie auch an warmen Tagen der Hof, zum Obergärigen ein. Am Eingang lockte ein großes Buffet mit reichhaltigen Speisen. Daneben saßen der Baas oder seine Frau, tadellos frisiert, in dem kleinen Glasverschlag, um von hier aus die Vorgänge hüben wie drüben am Ausschank und am Buffet zu überschauen. Die Räume waren mit Bildern vorzüglich ausgestattet, die dem Heimatsinn ihres Besitzers Ehre machten und eine Art kleines Museum darstellten.“ Daß der Besuch einer Altbierkneipe nicht nur um den Genuß „einer Kanne Bier“ diente, „sondern vielmehr um eine liebgewordene Stätte aufzusuchen und um vom Baas die Tagesneuigkeiten zu erfahren“, erzählte der Düsseldorfer Schriftsteller Müller-Schlösser.

Geburtsstätte des Rhenania-Altbiers: die Hausbrauerei Wirichs um 1880 hinter dem heutigen Brauereiausschank „Et Bröckske" in der Krefelder Innenstadt

Die typischen Altbierkneipen zeichneten sich schon im Kaiserreich durch Geselligkeit über alle „Standesschranken" hinweg aus. Das galt aber nicht für die Bauernwirtschaften am ländlichen Niederrhein; die reichen Bauern, die nach dem Kirchgang beim Frühschoppen in der Dorfkneipe über das Wetter und die Ernteaussichten fachsimpelten, hätten nie geduldet, daß sich ein einfacher Landarbeiter an ihren Tisch setzte.
Die Wirtschaften boten nicht nur Beschaulichkeit und Gespräche beim Bier, es gab auch Kneipen mit „Tingel-Tangel", wie die Behörden Schaustellungen verächtlich nannten. Es traten lose Chansonetten, Artisten, Musiker und Schlangenbändiger auf. Der Gasthof Aschinger in Krefeld führte fünf Sorten Bier, das Glas zu 10 Pfennig. Und 1901 wurde in der „Pannenmühle" bei Niederkrüchten gar eine „Sommerwirtschaft mit Badebetrieb" eröffnet. In einer Zeitungsannonce offerierte der „Badewirt" seinen „Feuchtbetrieb zur inneren und äußeren Befeuchtung" mit launigen Worten: „Wir, Friedrich August Gotzkes und dessen Ehefrau thun

kund und fügen hiermit zu wissen, daß wir an unserer Mühle zu Nutz und Frommen der badenden und schwimmenden Menschheit eine Bade- und Schwimmanstalt errichtet haben (...) Sie können auch ihre heiratsfähigen Töchter mitbringen, die haben hier die beste Gelegenheit, reich zu heiraten. Schön brauchen die Damen nicht zu sein, denn die Herren, die hier verkehren, sind selbst schön genug ..." (Sommer)

In den niederrheinischen Wirtschaften fanden sich auch allerlei Originale ein. Da war zum Beispiel „Hippen Eli" in Dinslaken, der stets mit einer Ziege unterwegs war. Hippen Eli war Schnapstrinker und stand in sämtlichen Säuferlisten. Das über ihn verhängte Kneipenverbot schien aber weder ihn noch die Wirte sonderlich zu interessieren. So stand er als amtlich lizensierter Trunkenbold wieder mal beim Schnaps am Tresen, als der zufällig neben ihm stehende Bürgermeister Leue tadelnd auf das aushängende Säuferverzeichnis hinwies. Hippen Eli fühlte sich im Recht: „Du stehst ja selber auf der Säuferliste. Erst kommt der, dann der, dann ich und dann steht unten ‚Leue, Bürgermeister'" (Dittgen)

Unvergessen ist auch „Et Fanny", ein ältliches Fräulein, das mit seiner Gitarre durch die Düsseldorfer Altstadtkneipen zog und mit Tremolo für Geld oder Bier schaurig-schöne Balladen von verlassenen Müttern und in Saus und Braus lebenden Vätern sang. Ein Scherzbold besonderer Art war der Gelderner Wirt „Tute Manes", dessen Wirtschaft dem Rathaus gegenüber lag. Als während des deutsch-französischen Krieges 1870/71 die deutschen Truppen kurz vor der Einnahme von Paris standen, ließ Tute Manes den Gelderner Stadtboten Boy Paris mit Schnaps und Bier volllaufen, bis diesem äußerst schlecht wurde. Da ließ Tute Manes in der Stadt verbreiten „Paris hät sech öwergäwe!", worauf der patriotische Bürgermeister sofort die ganze Stadt beflaggen ließ. Das dürfte der einzige Fall am Niederrhein gewesen sein, daß eine ganze Stadt wegen der Unpäßlichkeit eines Büroboten geschmückt wurde.

Gelegentlich glaubten Kneipengäste, den Wirt mit ausgefallenen Bestellungen irritieren zu können. So bestellte in der Kempener Ratsschänke ein Zecher spät in der Nacht ein Glas Milch. Zwar konnte der Wirt die Bestellung nicht erfüllen, aber ein anderer Gast hielt in seinem nahegelegenen Hof Kühe. Um drei Uhr stand eine Kuh in der Ratsschänke und wurde hier gemolken. Selbst Beamte wurden in Unfälle durch gedankenlose Kneipenzecher verwickelt. Die „Neußer Zeitung" meldete am 14. März 1888: „Auf dem Trottoir auf der Crefelderstraße stolperte gestern abend ein Bahnbeamter über eine vor einer Wirthschaft stehende Tragbahre, verletzte sich nicht unerheblich am Schienbein und vermochte sich erst nach geraumer Zeit zu erheben. Zwei vermuthliche Schreinergesellen, die die Tragbahre in den Weg gestellt, saßen, wie der Beamte sich überzeugte, gemüthlich in der Wirthschaft hinterm Bier." Der Abtransport des verletzten Beamten mit der unbeschädigten Bahre dürfte daher kein Problem gewesen sein.

Solche Vorkommnisse waren den Behörden ein Dorn im Auge, sie sahen stets die öffentliche Ordnung in Gefahr. Um junge Lehramtsanwärter, die das Kempener Lehrerseminar absolvieren wollten, vor Anfechtungen zu bewahren, wurden sie aufgefordert, sich mit „reinlicher Leibwäsche" und „ohne vorher in einem Wirtshause der Stadt zu übernachten" im Seminar einzufinden. Das war nur zu verständlich, war es doch Aufgabe der angehenden Lehrer „die künftige Genereration zu bilden und (...) der Jugend die Ehrfurcht vor Gott, Treue zum König und Achtung vor dem Gesetz einzuprägen". (Heckmanns)

Die Sorge um die öffentliche Moral bestimmte auch den Ausschlußgrund für die Erteilung von Gaststättenkonzessionen: „Die Errichtung von Gast- und Schankwirthschaften ist (...) ausgeschlossen in Häusern, welche Schlupfwinkel gewerbsmäßiger Unzucht sind, bzw. in welcher der gewerbsmäßigen Unzucht ergebene Frauenspersonen wohnen oder verkehren . . ." (Fischer u. a.) Natürlich vermutete die Obrigkeit in den Kneipen auch staatsfeindliche Propaganda, mindestens aber sozialdemokratische Umtriebe. Die politische Polizei bespitzelte das Kneipenleben und fertigte über ihre Erkenntnisse sogenannte „Wirtschaftsvigilanzberichte" an. Diese Spitzelberichte waren aber ziemlich unergiebig, denn die fleißigen Vigilanten notierten fast alles, was sie zu hören bekamen: Nachbarschaftsklatsch, Witze, anarchistische und auch patriotische Phrasen, religiöse und heidnische Ideen und Gemecker über die Biertemperatur. Aus alledem ließ sich kein einheitliches Bild herstellen, und so wurden die Vigilanzberichte als „Berichte ohne Wert" zu den Akten gelegt.

Abscheu vor Kneipen bewegte auch den Neusser Bürgermeister in seinem Schreiben über die Ziele des katholischen Gesellenvereins an den Landrat: Der Gesellenverein entwickele „im Stillen eine durchaus segensreiche Thätigkeit, welche die höchste Anerkennung von seiten der Behörden verdient. In dem (...) Vereinshause bietet er seinen Mitgliedern ein traulich angenehmes Heim, in welchem dieselben ihre Mußestunden in angenehmer Unterhaltung verbringen, fern den Wirthschaften und fern dem

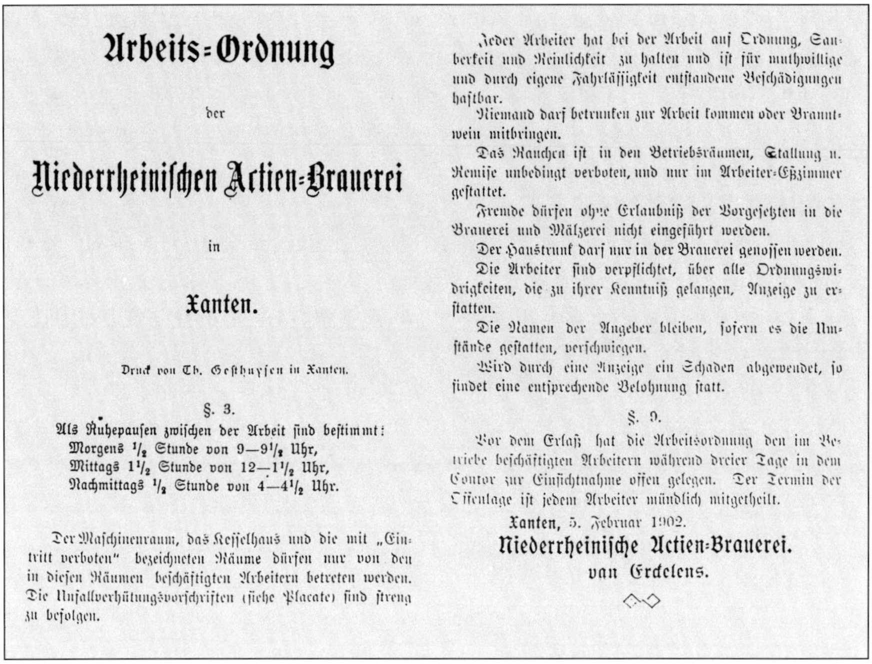

Arbeits-Ordnung

der

Niederrheinischen Actien-Brauerei

in

Xanten.

Druck von Th. Gesthuysen in Xanten.

§. 3.

Als Ruhepausen zwischen der Arbeit sind bestimmt:
Morgens $\frac{1}{2}$ Stunde von 9–9$\frac{1}{2}$ Uhr,
Mittags 1$\frac{1}{2}$ Stunde von 12–1$\frac{1}{2}$ Uhr,
Nachmittags $\frac{1}{2}$ Stunde von 4–4$\frac{1}{2}$ Uhr.

Der Maschinenraum, das Kesselhaus und die mit „Eintritt verboten" bezeichneten Räume dürfen nur von den in diesen Räumen beschäftigten Arbeitern betreten werden. Die Unfallverhütungsvorschriften (siehe Placate) sind streng zu befolgen.

Jeder Arbeiter hat bei der Arbeit auf Ordnung, Sauberkeit und Reinlichkeit zu halten und ist für muthwillige und durch eigene Fahrlässigkeit entstandene Beschädigungen haftbar.

Niemand darf betrunken zur Arbeit kommen oder Branntwein mitbringen.

Das Rauchen ist in den Betriebsräumen, Stallung u. Remise unbedingt verboten, und nur im Arbeiter-Eßzimmer gestattet.

Fremde dürfen ohne Erlaubniß der Vorgesetzten in die Brauerei und Mälzerei nicht eingeführt werden.

Der Haustrunk darf nur in der Brauerei genossen werden.

Die Arbeiter sind verpflichtet, über alle Ordnungswidrigkeiten, die zu ihrer Kenntniß gelangen, Anzeige zu erstatten.

Die Namen der Angeber bleiben, sofern es die Umstände gestatten, verschwiegen.

Wird durch eine Anzeige ein Schaden abgewendet, so findet eine entsprechende Belohnung statt.

§. 9.

Vor dem Erlaß hat die Arbeitsordnung den im Betriebe beschäftigten Arbeitern während dreier Tage in dem Contor zur Einsichtnahme offen gelegen. Der Termin der Offenlage ist jedem Arbeiter mündlich mitgetheilt.

Xanten, 5. Februar 1902.

Niederrheinische Actien-Brauerei.
van Erckelens.

Arbeitsordnung der Niederrheinischen Actien-Brauerei van Erckelens Xanten von 1902. Obwohl die „Branntweinseuche" des 19. Jahrhunderts bereits erfolgreich bekämpft war, fehlt hier nicht das Verbot, Branntwein mit zur Arbeit zu bringen.

Hetzen der Socialdemocratie. Er erhält den Mitgliedern die Religion; in Zeiträumen, welche weise bemessen sind, geht der Verein geschlossen zum Empfang der Sacramente (...) Peinlich hält der Verein alle Elemente von sich fern, welche den guten Geist verderben könnten und er bildet gerade durch die Erhaltung der Religion und streng katholischer Anschauungen einen mächtigen Damm gegen die Socialdemocratie." (Diesler)

Im Kampf gegen die allgemeine „Vergnügungssucht" zogen Behörden und katholische Kirche an einem Strang. Nachdem öffentliche Tanzveranstaltungen von der Obrigkeit nur sehr begrenzt erlaubt wurden, gründeten Gastwirte Vereine, um in diesen geschlossenen Gesellschaften die „Tanzlustbarkeiten" dem behördlichen Genehmigungsverfahren zu entziehen. Die katholische Kirche gab sich damit aber nicht zufrieden.

1899 beklagte sich der Erzbischof von Köln über die allgemeine Vergnügungssucht, die ihre Quelle in den Festlichkeiten der zahlreichen Vereine habe und ihren schädlichen Einfluß selbst auf Nichtmitglieder ausübe.

Diese Klagen fanden beim preußischen Innenminister Gehör und veranlaßten den Oberpräsidenten der Rheinprovinz, vom Düsseldorfer Regierungspräsidenten Gegenmaßnahmen zu verlangen: „Indem ich Ihnen von den vorstehenden Weisungen des Herrn Ministers Kenntniß gebe, versuche ich darnach zu verfahren, insbesondere den Polizeibehörden ein nachdrückliches und strenges Vorgehen gegen die von Vereinen und ‚geschlossenen Gesellschaften' ohne Erlaubniß veranstalteten öffentlichen Tanzlustbarkeiten zur Pflicht zu machen. Bis zum 1. April kd. Jahres wollen Sie mir über das von Ihnen Veranlaßte berichten und sich darüber äußern, ob und eventuell welche weiteren polizeilichen Maßnahmen zur Bekämpfung eines verderblichen Übermaßes von öffentlichen Vergnügungen, insbesondere Tanzlustbarkeiten, angezeigt sein möchten."

Es gab aber auch selbsternannte Sittenwächter, denen das Vergnügen anderer in den Wirtschaften ein Dorn im Auge war. So erreichte den Düsseldorfer Regierungspräsidenten 1911 ein Schreiben, das den ganzen Unmut des Spießers an den vermeintlich zu lockeren Sitten zusammenfaßte: „Um möglichst viel Lustbarkeitssteuer aufzubringen duldet die Polizei Verwaltung zu Düsseldorf in den meisten hiesigen Bierwirtschaften jeden Sonntag gewerbsmäßige Tingel Tangel Aufführungen, was doch einer Stadt-Verwaltung wie Düsseldorf unwürdig ist. In diesen Localen wird für Sonntag Klavier und Tromel oder nur Klavier oder Instrumental Conzert versteuert in Wirklichkeit jedoch ist das eine ganz sittelose verderbliche Tingel-Tangel Aufführung der gefährlichsten Sorte. Der Führer resp. Der Unternehmer ist in der Regel der Trommel-Komiker der um die Sache der Polizei gegenüber etwas verblümt und schmackhaft zu machen nebenbei als Trommler fungiert. Jedenfalls fressen diese unkontrollierten und unbeaufsichtigten Veranstaltungen wie Gift unter dem jungen Volk und daher die vielen Rohheiten und Messerstechereien in der letzten Zeit. Den widerlichen sozialdemokratischen Tingel-Tangel in der Bergerstr. will ich übergehen der ja sehr viel Unheil stiftet. Soll doch die Stadt-Verwaltung lieber auf diese Sorte Lustbarkeitssteuer verzichten ..." Das Schreiben hatte keinerlei Auswirkung: Der Empfänger sandte es der Polizei, die sich für nicht zuständig erklärte. Selbst dem Alkohol feindlich gesinnte Organisationen wie Mäßigkeits-

vereine hielten ihre Versammlungen oft in Wirtschaften ab; Dünnbier zu trinken erlaubten sie ja mittlerweile. Zu einem Vortrag über die gesundheitliche Bedeutung der Kneippschen Wasserkuren trafen sich Mitglieder des Mönchengladbacher Kneipp-Vereins 1896 in der Wirtschaft Lennartz. Nachdem der Referent seine Ausführungen beendet, Wasser als das gesündeste Getränk bezeichnet und den Schnaps verdammt hatte, genehmigte er den Zuhörern den mäßigen Genuß von Bier. Bis 1915 betrieb der „Lehmpastor" Felke in Repelen seine „Naturtherapie", die auf dem naturnahem Gebrauch von Wasser, Licht, Luft und Erde basierte. Er empfahl „Lehmbäder" mit „dem unteren Teil des Körpers in der Erde, dem oberen in der Luft" (was man nicht verwechseln sollte).
Schon der Morgen sollte mit einem kalten Sitzbad beginnen, da war es ein Trost, daß abends Bier erlaubt war. Diese naturnahen Therapien waren Bestandteil einer Bewegung, die nach der Jahrhundertwende als „Lebensreform" die Abkehr von Technik und städtischem Leben unter dem Motto „Zurück zur Natur" forderte. Sie propagierte Siedlungen im Grünen, gesunde Ernährung ohne Alkoholgenuß, Freikörperkultur mit viel Bewegung an der „frischen Luft", mündete aber in eine allgemeine Zivilisationskritik, deren Träger die Jugendbewegung wurde. Der Psychologe Ludwig Klages drückte 1913 diesen Zeitgeist vor Anhängern der deutschen Jugendbewegung so aus: „... Vertilgte Tier- und Pflanzenarten erneuern sich nicht, die heimliche Herzenswärme der Menschheit ist aufgetrunken, verschüttet der innere Born, der Liederblüten und heilige Feste nährte, und es bleibt ein mürrisch-kalter Arbeitstag, mit dem falschen Flitter lärmender ‚Vergnügungen' angetan." Niederrheinisch schlicht beklagte die Mönchengladbacher Autorin Marie Bernays, daß viele junge Leute lieber von Kneipe zu Kneipe zögen statt Spaziergänge zu machen. Durchaus moderner Mittel wie dem neuen „Kinematographen" bediente sich der Mönchengladbacher „Verein für das katholische Deutschland", die jungen Leute vor den Verlockungen der Kneipen zu bewahren; er bot erbauliche Musik- und Filmdarbietungen an, um die Jugend auf ihre künftige Rolle als Eltern vorzubereiten. Die Programme enthielten so aufregende Beiträge wie „Gedichte: ‚Gebet' von Geibel, Ouvertüre zum ‚Glöcklein des Eremiten' von Maillard, Lieder: ‚Schlaf, holder Knabe' von Löwe, ‚In Todesangst um ihr Kind', lehrreiches Schauspiel. Der Film wurde aufgenommen unter Mitwirkung bedeutender Kräfte des Düsseldorfer Schauspielhauses unter der Leitung des bekannten Leiters der Düsseldorfer Kinderklinik Professor Dr. Schloßmann."

Die Resonanz war bescheiden, und die Einstellung der katholischen Kirche zum neuen Medium Film wurde getrübt von der ernüchternden Untersuchung in der Broschüre „Die Kirche und der Kinematograph" von 1910: „In 250 untersuchten Filmen kamen vor: 97 Morde, 45 Selbstmorde, 51 Ehebrüche, 19 Verführungsszenen, 22 Enführungen, 35 Betrunkene und 25 Dirnen."
Trotz aller Versuche, die Kneipen mit ihrem bunten Leben und ihrer biergeselligen Fröhlichkeit einzudämmen, blieben die Wirtshausbesuche Lieblingsbeschäftigung der Niederrheiner. Der Mönchengladbacher Sanitätsrat Franke schwärmte 1914 vom „vortrefflichen Altbier" in der Brandtschen Wirtschaft, die schon Jahre zuvor mit dem Vers gepriesen wurde: „Do onge am Ber, / do tappt mer a Beer, / da dronk ech all mie Läeve gäer!" (Löhr: Mönchengladbach)

Verbesserungen der Brautechnik und das neue untergärige Bier

Das 19. Jahrhundert mit seiner dynamischen Entwicklung brachte wissenschaftliche Entdeckungen in einem zuvor nie gekannten Ausmaß; davon profitierten auch die Brauer. Der Gärungsvorgang des Biers war Wissenschaftlern und Brauern seit jeher ein Rätsel gewesen. Hefe war zwar schon lange bekannt, aber noch Lavoisier sah im 18. Jahrhundert in der alkoholischen Gärung einen durch Sauerstoff ausgelösten chemischen Prozeß. Andere Wissenschaftler hielten Hefe für Eiweiß, andere für „Kleber" oder Säure. Der Neusser Physiologe Theodor Schwann erforschte Bakterien und Hefezellen, konnte aber noch nicht das Vermehrungsverhalten der Hefe erklären. Die wissenschaftliche Neugier entzündete sich an dem vielfach beobachteten Phänomen, daß bei der Gärung mehrerer gleicher Proben nicht immer gleiche Produkte entstanden. Das war ein für die Brauer höchst ärgerlicher Sachverhalt, verhinderte er doch die Erzielung einer stets gleichen Bierqualität. Braumeister forderten 1854 die wissenschaftlich fundierte Ausbildung der Brauer und Erforschung des Brauvorgangs: „Allein die nöthigen wissenschaftlichen Kenntnisse sollten dem nicht fehlen, der auf den Namen eines tüchtigen, eines rationellen Bierbrauers Anspruch macht!" (Cyperrek).
1857 konnte der Franzose Louis Pasteur endlich das Rätsel der Hefe lösen und in seiner Schrift „Études sur la Bière" das Vermehrungsverhalten der Hefezellen genau beschreiben. Nun war es möglich, Hefe mit definierbaren

Die dampfbetriebene Kühlmaschine der Rhenania-Brauerei im Jahre 1905. Solche teuren Anlagen konnten sich früher nur die wenigsten Altbierbrauereien leisten.

Eigenschaften zu züchten, und dadurch ein Bier von gleichbleibender Qualität und größerer Haltbarkeit zu brauen. Das hatte den Nebeneffekt, daß man nun auch den Hopfengehalt des Bieres senken konnte, denn die Hopfenbeigabe diente auch der Konservierung des Bieres; die Biere bekamen durch die Hopfenverminderung einen gefälligeren Geschmack. Das wiederum war den niederrheinischen Hopfenbauern gar nicht recht. Zwar war der Hopfenanbau am Niederrhein zugunsten der lukrativeren Tabakplantagen zurückgegangen, aber noch 1865 gründete der Schiefbahner Bürgermeister Speckmann einen Hopfenbauverein, der zunächst gedieh. Man importierte Saazer Setzlinge und erntete jährlich etwa 40000 Pfund. Als die Hopfenpreise ständig sanken, verschwanden um 1880 die letzten Hopfenpflanzungen am Niederrhein. Lediglich im Kreis Moers

hielten sich bis etwa 1900 kleine Hopfengärten mit insgesamt 1,3 ha Anbaufläche. An die bewegte Geschichte des niederrheinischen Hopfenanbaus erinnern heute nur noch Straßennamen wie Hoppengardshof in Kevelaer, Hopfenstraße in Duisburg, Hoppenwall in Grieth und Hoppenkath in Till-Moyland.
In der zweiten Hälfte des 19. Jahrhunderts drang allmählich das neue untergärige Bier in das Rheinland vor, ohne sich am Niederrhein zunächst so recht durchsetzen zu können. Das hatte klimatische Gründe, wie schon in der Einleitung beschrieben. Aber auch die wirtschaftlichen Verhältnisse der meist sehr kleinen niederrheinischen Brauereien erlaubten nicht die Anschaffung der teuren Kühlmaschinen, die beim milden niederrheinischen Klima zum Brauen untergärigen Biers erforderlich gewesen wären. In den siebziger Jahren brachte die Liberalisierung der Kapitalmärkte und der Ausbau der Transportwege den niederrheinischen Brauereien einen Konzentrationsprozeß, dem viele kleinere Brauereien zum Opfer fielen. Neue, große Aktien- und Privatbrauereien wurden gegründet, die zum Teil untergäriges Bier brauten. Das untergärige Bier wurde von der niederrheinischen Bevölkerung vor allem in der Gegend um Krefeld, Mönchengladbach, Neuss und Düsseldorf nur sehr reserviert aufgenommen.
In ganz Deutschland lag 1873 der Anteil des obergärigen Bieres bei 40 Prozent, sank aber bis 1900 auf 17 Prozent ab. Einige der großen Altbierbrauereien wie Diebels und Rhenania produzierten auch untergärige Biere, konzentrieren sich heute aber wieder auf das Altbier. Am nördlichen Niederrhein versuchten sich auch einige mittlere Brauereien unter hohem Kostenaufwand mit dem Produzieren von untergärigem Bier, konnten sich aber gegen die großen und finanzstarken Export- und Pilsbrauereien nicht durchsetzen. So versuchten sie ihr Bier durch Senkung der Qualität billiger zu verkaufen als die starke Konkurrenz.
Das hatte aber nur den Effekt, daß die Biertrinker entweder auf die besseren untergärigen Biere der bayerischen oder westfälischen Konkurrenz umstiegen oder wieder zum Altbier zurückkehrten. Somit hatten sich untergärige Brauereien, die nicht am Niederrhein produzierten, einen Markt am nördlichen Niederrhein geschaffen. Dagegen hielt am südlichen Niederrhein das Altbier seine beherrschende Marktstellung. Die Einführung des Flaschenbiers spielte für das Altbier keine große Rolle; Altbiertrinker tranken ihr Obergäriges am liebsten frisch aus dem Stichfaß gezapft. 1890 stellte der Neersener Bürgermeister fest, „daß hierselbst im

Eine künstlerisch gestaltete Kachelwand erinnert an die gute alte Zeit des Biertransports mit Pferdefuhrwerken.

Schankverkehr das Bier nur zu einem ganz geringen Theile flaschenweise zum Verkauf gelangt." (Schulte)
1906 wurde das alte Reinheitsgebot deutsches Reichsgesetz. Damit war den finanzschwachen untergärigen Brauereien am nördlichen Niederrhein die Produktion von qualitativ minderwertigem Bier mit Braumalzbeimischungen, wie beispielsweise billigem Reis, vollends unmöglich geworden.

Pils mit „Snob-Appeal". Das Altbier und „Et fein Jebräu"

Unter den neuen Bieren profitierte hauptsächlich das Pils von einem gewissen Snob-Appeal. In der kaiserlichen Ständegesellschaft mit seinem aufstrebenden Kleinbürgertum galt noch die alte „Getränke-Hierarchie", nach der der Edelmann Champagner, der Großbürger Wein, der Arbeiter Bier und der Tagelöhner Schnaps trank (vielleicht war das der Grund, warum der Duisburger Schriftsteller Kuhbier sich Coubier nannte). Die helle Farbe des untergärigen Bieres erinnerte an Wein und die Pilstulpe imitierte das Weinglas. Zudem war das Pils bis in die sechziger Jahre des 20. Jahrhundert immer ein wenig teurer. So konnte man beim Biertrinken seinen vermeintlichen Status demonstrieren. Die Altbiertrinker beeindruckte das überhaupt nicht, sie zeichneten sich ja gerade dadurch aus, daß sie in der „klassenlosen" Gesellschaft der Altbierkneipen auf solche Abgrenzungen keinerlei Wert legten.

Sie genossen weiterhin ihr Altbier und die schönen Geschichten dazu wie die des Düsseldorfer Dichters Müller-Schlösser „Et fein Jebräu": Den Düsseldorfer Franziskanern, die über eine eigene Brauerei verfügten, war einmal ein besonders gutes Bier gelungen, das reißenden Absatz fand. Als sie wieder Bier in der gewohnten Qualität anboten, mußten die Franziskaner auf Nachfrage gestehen, daß einer ihrer Mitbrüder in die Würze gefallen und mit verbraut worden war. Daraus wollten sie aber keine Gewohnheit machen. Unglücke an der heißen Braupfanne waren nicht selten:

Die Stadtchronik von Goch verzeichnete 1894 den Unfalltod eines Brauereiarbeiters: „Gestern abend gegen zehn Uhr verunglückte in der hierselbst an der Voßstraße gelegenen Hodman'schen Bierbrauerei der Brauer Michael Küsters. Küsters, welchem die allabendliche Revision der Brauerei und insbesondere der Feuerung unter der Braupfanne oblag, wollte dieselbe auch gestern abend vornehmen. Bei dieser Gelegenheit glitt derselbe unmittelbar vor der Braupfanne aus und griff, um sich selbst zu halten, unglücklicherweise nach dem Bottichrahmen. Dieser öffnete sich, infolgedessen die siedende Brauwürze sich über den Körper des Küsters ergoß und denselben fast vollständig verbrühte. Der Küsters ist heute seinen Verletzungen erlegen." Um Unfälle zu verhindern, wurden schon frühzeitig Unfallschutzbestimmungen in die Arbeitsordnungen für Brauarbeiter aufgenommen.

Fortschritt war auch in der technischen Ausstattung der Brauereien angesagt. Elektrizität hielt ihren Einzug und vereinfachte viele Arbeitsprozesse. Erste Lastkraftwagen ersetzten die prächtigen Brauerei-Gespanne. Nur manche Brauereibesitzer blieben noch die alten umgänglichen Patriarchen. Als bei Diebels in Issum der Strom eingeführt wurde, achtete der sparsame Brauereichef Josef Diebels persönlich darüber, daß morgens nach Eintritt der Tageshelligkeit das Licht rechtzeitig ausgeschaltet wurde. Vergaß man es, schimpfte er: „Jonges, ihr schient jo Löker in den Daag!" Und die Roßäpfel der Brauereipferde entfernte man zu zweit: Ein Lehrling hielt die Schaufel, und Josef Diebels fegte sie hinein.

Alltag und Altbier im Ersten Weltkrieg

Mit dem Ausbruch des Ersten Weltkriegs war es mit der Altbier-Idylle erst mal vorbei. Man rechnete mit einem schnellen Sieg über die Alliierten und gebärdete sich dementsprechend patriotisch. Kaiser Wilhelm II. vergaß allen Parteienhader und deklamierte: „Ich kenne keine Parteien mehr, ich kenne nur noch Deutsche!" Selbst der eigentlich antipreußische katholische Klerus wollte da nicht zurückstehen. Im August 1914 erschien in der „Neuß-Grevenbroicher Zeitung" folgende Anzeige: „Katholische Krieger! Der Kaiser ruft Euch zur Fahne; vielleicht werdet Ihr bald für das Wohl des Vaterlandes kämpfen müssen. Deutsche Tapferkeit und deutschen Heldenmut könnt Ihr um so herrlicher erweisen, wenn Ihr Euch in Frieden mit Gott, dem Lenker der Schlachten wißt. Schaut Ihr dann nicht um so kühner den Gefahren des Krieges, selbst dem Tode, ins Auge? Darum empfangt die hl. Sakramente, ehe Ihr einrückt! Die katholische Pfarrgeistlichkeit."

Die Wirtschaften schlossen wieder früher, wie aus einer Anweisung des Kempener Landrats Strahl an die Polizeibehörden vom 14. September 1914 hervorgeht: „Die Polizeibehörden weise ich hiermit an, die Polizeistunde auf 11 Uhr, Samstags auf 12 Uhr festzusetzen. Für strenge Innehaltung der Polizeistunde, insbesondere auch in sog. Hinterstuben, ist zu sorgen. Auch sind die Wirte anzuhalten, ihre Gäste zu einem ruhigen Benehmen zu veranlassen, da lautes Wirtshaustreiben nicht in den ungeheuren Ernst der Zeit paßt." Lediglich Silvester 1914 durfte in den Wirtschaften bis höchstens 1.00 Uhr gefeiert werden.

Die Lust zu feiern verging den Deutschen bald. Die Fehleinschätzung eines kurzen und siegreichen Kriegsverlaufs durch den Generalstab hatte eine planvolle Lebensmittelbevorratung überflüssig erscheinen lassen. Schon früh war absehbar, daß ein schneller Sieg über die Kriegsgegner nicht zu erringen war und Lebensmittelknappheit drohte. Im Juli 1916 richtete die „Vereinigung der christlichen deutschen Bauernvereine" einen Appell an ihre Mitglieder „alles aufzubieten, um möglichst viel Nahrungsmittel zu erzeugen und sich auch für sich und ihren ganzen Hausstand in dem Verbrauch in noch vermehrtem Maße einzuschränken, um auf diese Weise der städtischen und Industriebevölkerung die gegenwärtige Kriegsnot möglichst zu erleichtern." (Bihl)

Als ein ungewöhnlich regenreicher Herbst 1916 allein zwei Drittel der Kartoffelernte vernichtete, brach allgemeine Nahrungsmittelknappheit

Hausbrauerei „Zum Schlüssel“ in Düsseldorf um 1915

aus. Da man mangels Kartoffeln auch die Schweine nicht mehr ernähren konnte, wurden sie umgehend geschlachtet. Die nur kurze Fleischschwemme ließ in den Folgewochen bis zum Ende des Krieges einen katastrophalen Fettmangel entstehen. Der Winter 1916/17 ging als „Hungerwinter“ oder auch als „Steckrübenwinter“ in die Geschichtsbücher ein. Zwar hatte man schon 1915 Lebensmittelkarten ausgegeben, die aber verloren ihren Wert, als ab Winter 1916 Lebensmittel auf dem Schwarzmarkt gehandelt wurden. Selbst der Hunger wurde mit nationalistischem Getöse zum Widerstand gegen die Entente-Mächte propagandistisch genutzt: „Die deutsche Familie ist jetzt vor die Aufgabe gestellt, (...) den Kampf gegen den englischen Aushungerungsplan aufnehmen zu müssen (...) Jeder Bissen, der gespart wird, (...) trägt dazu bei, die Wehrkraft unseres Vaterlandes zu stärken.“ (Korte-Böger)
Um den Hunger zu lindern, wurden allerlei Ersatznahrunsmittel und Kochhilfen ersonnen. Die am Niederrhein nur als Viehfutter bekannte Steckrübe wurde wichtigster Kartoffelersatz und gab dem „Steckrübenwinter“ seinen Namen. Um wenigstens die Phantasie beim Verzehr der Steckrübe positiv anzuregen, nannte man sie „Erdkohlrabi“. Zur Berei-

cherung des kärglichen Speiseplans sammelte man in der freien Natur Brennesseln, Löwenzahn, Sauerampfer, Bucheckern, Wacholderbeeren, Pilze, Roßkastanien. Noch vorhandene Lebensmittel wurden gestreckt, Milch verdünnt, „Muckefuck“ ersetzte wieder den Bohnenkaffee und der Kunsthonig wurde erfunden. Gegen den Energiemangel bewährte sich die „Kochkiste“, die mit dicken Lagen Zeitungspapier oder Filz ausgeschlagen wurde, und in der man erwärmtes Essen ohne weiteren Energieverbrauch langsam garen lassen konnte. Dem Fettmangel begegnete man mit den „Ohnefett-Hüllen“ aus Spezialpapier, in denen man fettlos backen und braten konnte. Sie waren die Vorläufer unserer heutigen Bratfolien. Die städtische Bevölkerung zog mit Rucksäcken und Bollerwagen zu den Bauern, um Wertgegenstände gegen Lebensmittel zu tauschen oder nur zu betteln. Die Bauerntochter Maria Föhles beschrieb diese Betteltouren zu ihrem elterlichen Hof in Winternam: Jeden Tag kamen „12 bis 15 Leute zum Betteln. Meine Mutter legte 6 bis 8 Scheiben Speck bereit, die verteilt wurden. Wer um ein Butterbrot fragte, bekam – wie es üblich war – je eine Scheibe Graubrot und Schwarzbrot, mit Kraut bestrichen. Wer um die Mittagszeit kam, mußte warten, bis wir mit dem Essen fertig waren. Was übrig blieb, wurde verteilt.“

Auch das Geld wurde knapp. Da grundsätzlich das offizielle Papiergeld jederzeit in Gold- oder Silberwährung eingelöst werden konnte, die Bürger aber die Edelmetalle aus Sicherheitsgründen zurückhielten, entstanden im täglichen Zahlungsverkehr erhebliche Schwierigkeiten. Unter den schwierigen Lebensumständen im Ersten Weltkrieg blieb am Niederrhein die Biergeselligkeit auf der Strecke, zumal das Bier einen erheblichen Qualitätsverlust hinnehmen mußte. Bei der kritischen Ernährungssituation unterlag die gesamte Getreideernte der Zwangsbewirtschaftung, und davon war auch die Braugerste betroffen. Den Brauern wurden nur noch festgelegte Kontingente an Braumalz zugestanden, bis November 1917 sank der Malzverbrauch auf zehn Prozent der Vorkriegsmenge ab. So waren die Brauer gezwungen, die Stammwürze stark zu verringern und das altbekannte Dünnbier lebte wieder auf. Die niederrheinischen Brauereien versuchten, sich gegenseitig die „Braumalzquoten“ abzukaufen.

Der Eigentümer der Krefelder Rhenania-Brauerei, Josef Wirichs, reiste im Auftrag des „Verbandes niederrheinischer Brauereien“ mit dem Brauer Heinrich Hausmann jeden Samstag nach Berlin, um die Braumalzkontingente auszuhandeln. Josef Wirichs beschrieb die Situation der niederrheinischen Brauer: „Die erste Brauerei, die in Schwierigkeiten kam, war die Bavaria-Brauerei Gebr. Peter in Krefeld (...) Daran anschließend verschwanden in Krefeld die Union-Brauerei, die wir übernommen haben, die Thomas-Brauerei in Kempen, die Brauerei Wienges, die Brauerei Holtappel und die Brauerei Stammen, Sternstraße. Von den drei letztgenannten kauften wir die Kontingente (...) Die Rohstoffzuteilungen waren zu der Zeit nur sehr gering, so daß das Bier teilweise nur ein bis zwei Prozent Extraktgehalt hatte."

Den untergärigen Bieren bekam diese Schlankheitskur gar nicht, sie schmeckten leer und flach, und so waren die meisten Brauereien, die während des Krieges ihren Braubetrieb aufgaben, untergärige Brauereien. Das obergärige Bier verkraftete die Herabsetzung des Stammwürzegehaltes besser, weil die warme Gärführung eine bessere Aromaausbeute brachte und während des Krieges beim obergärigen Bier Malzersatzstoffe erlaubt waren. So gewann das Altbier vor allem in den letzten Kriegsjahren große Marktanteile zurück, gegen Ende des Krieges waren 37 Prozent aller in Deutschland gebrauten Biere Altbier. Die Herabsetzung der Stammwürze reduzierte die Einnahmen des Staates aus der Braumalzsteuer gewaltig, so daß die Braumalzsteuer in eine allgemeine Biersteuer umgewandelt wurde, nach der nur noch die Menge des Bierausstoßes unabhängig von Extraktgehalt versteuert werden mußte.

Der Düsseldorfer Hausbrauerei „Zum Uerige" gelang es als einziger niederrheinischer Brauerei, ihren Gästen weiterhin Altbier in Vorkriegsqualität anzubieten, wenn auch in deutlich reduzierter Menge. Das quittierten die dankbaren Altbiertrinker mit dem Spruch „Der Uerige und der Hindenburg, die halten beide lange durch."

VIII. Vom Dünnbier zum Molkebier 1918 - 1948

Kriegsende mit Dünnbier: Belgische Besatzer setzen Polizeistunde mit aufgepflanztem Bajonett durch

Nach der Meuterei der Matrosen der Kriegsmarine in Kiel bildeten sich ab November 1918 im ganzen Deutschen Reich Arbeiter- und Soldatenräte, die vorübergehend die vollziehende Gewalt übernahmen. Auch am Niederrhein entlud sich die Unzufriedenheit der sich radikalisierenden Arbeiter in Streiks und Massenaufläufen. Selbst die kommunistischen Spartakisten hatten Stützpunkte in Duisburg und Düsseldorf. Der Krieg war verloren, der Kaiser hatte sich nach Doorn in Holland abgesetzt, und eine Besserung der katastrophalen wirtschaftlichen Lage war nicht in Sicht. Die Staatsfinanzen waren zerrüttet: Neben den gewaltigen Reparationszahlungen, die im Versailler Vertrag festgeschrieben waren, mußte das Millionenheer demobilisiert werden, die Ausgaben für Sozialleistungen stiegen ins Unermeßliche und der Unterhalt für die Besatzungstruppen war zu bezahlen. Hinzu kamen die drückenden Kriegsschulden aus den Kriegsanleihen in Höhe von 164 Milliarden Mark. Zwar wurden jetzt demokratische Rechte eingeführt, die Dreiklassenwahl abgeschafft, das Wahlrecht für Frauen verwirklicht, und ab 1919 gab es sogar vier Tage Jahresurlaub für Arbeiter, doch der Alltag blieb auf Grund der Staatsverschuldung und der verheerenden wirtschaftlichen Lage miserabel; selbst die Versorgung mit Lebensmitteln besserte sich zunächst nicht. Lebensmittelkarten blieben im Umlauf, wenn auch die Zuteilungsmengen 1919, so etwa wöchentlich fünf Pfund Brot pro Person, leicht erhöht wurden.
Der Niederrhein war von belgischen Truppen besetzt, die gelegentlich ungerechtfertigt hart und schikanös mit der deutschen Bevölkerung umsprangen. Im Dezember 1918 verhängte der belgische General Lemercier den Ausnahmezustand über die niederrheinischen Städte mit Ausgangssperren ab 20 Uhr und verbot den Verkauf und Ausschank von Alkohol, der allerdings kurze Zeit später wieder reglementiert zugelassen wurde: Die Öffnungszeiten der Wirtschaften wurden per öffentlichem Aushang festgelegt: „... Der Zutritt zu den Wirtschaften, Kaffees ist für die Zivil-

Als die Motoren die Pferde ersetzten …

bevölkerung gestattet von 11 – 2 Uhr (11 – 14 Uhr) und Abends von 5 – 7 Uhr (17 – 19 Uhr) belgische Zeit." Das war insoweit nicht tragisch, als es weder vernünftiges Bier noch Bohnenkaffee gab. Selbst noch im Mai 1921 setzten die Belgier die Sperrstunden rigoros durch. Eine Beschwerde des Vorsitzenden eines rheinischen Konzertlokalverbandes an den Innenminister in Berlin klagte an: „Die Durchführung (der Sperrstunde) wird so erzwungen, daß die Belgier mit aufgepflanztem Gewehr unter Führung eines Angehörigen der Ortspolizei die Wirtschaften abpatrouillieren und in Fällen von Übertretung den Wirt sofort verhaften." Erst am 26. August 1921 ordnet der Düsseldorfer Regierungspräsident per Polizeiverordnung die Wiedereinführung der üblichen Sperrzeiten bis 24 Uhr und samstags bis 1 Uhr an.

Die Braumalzkontingentierung bestand weiter, und um die Grundversorgung mit Bier zu sichern, hob die Reichsregierung vorübergehend das Reinheitsgebot für Bier auf, so daß jetzt allerlei bierähnliche Getränke auf den Markt kamen. Es gab aber auch einen Schwarzmarkt für Braumalz, dessen sich einige niederrheinische Altbierbrauer bedienten.

Rhenania-Brauereichef Josef Wirichs schilderte die nicht ganz gefahrlosen Einkäufe auf dem Schwarzmarkt: „Ich hatte mich damals bei Kommerzienrat Beyertal in Krefeld erkundigt, der dazu riet, daß Herr Josef Neuhaus diese Schwarzgeschäfte machen sollte. Herr Josef Neuhaus wurde später nach Erledigung dieser Angelegenheit verhaftet. Ich hatte mich auch in Berlin bei Herrn Dr. Koppe, der an dem Gesetz mitgearbeitet hatte, erkundigt, und dieser sagte mir: ‚Sie dürfen wohl Malz schwarz kaufen, Sie dürfen nur keinen Malzhandel treiben'. Wir haben uns dann auch nach diesem Grundsatz gerichtet. Es wurden zwar eines Tages ein paar Akten bei uns beschlagnahmt, aber es stellte sich heraus, daß wir mit der ganzen Angelegenheit nichts zu tun hatten."

Da Bierpreise und Bierqualität immer ein Politikum waren und die Preise trotz schlechter Qualität unaufhörlich stiegen, setzte der Düsseldorfer Regierungspräsident im April 1920 die Kleinhandels-Höchstpreise für Bier fest. Danach durfte ein Liter Bier bis zu 3,5 Prozent Stammwürzegehalt maximal fünf Reichsmark, ein Liter Bier mit einem Stammwürzegehalt von 3,5 bis 4,5 Prozent maximal acht Reichsmark kosten. Die niedrigen Extraktgehalte zeigen, wie dünn das Bier damals noch war.

1921/22 gab es wieder richtiges Bier, und der Bierkonsum stieg gewaltig an. Davon profitierte vor allem außerhalb des Niederrheins das untergärige Bier, da das Altbier als „Kriegsbier" galt. Kaum füllten sich die niederrheinischen Kneipen wieder, äußerte der Düsseldorfer Regierungspräsident 1922 auf Druck der Alkoholgegner Besorgnis und forderte über die Landräte Städte und Gemeinden zu Erhebungen zum Alkoholismus in ihren Bereichen auf: „Nachdem im Kriege der Alkoholgenuss in erfreulicher Weise abgenommen hatte, muß jetzt mit Bedauern festgestellt werden, daß der Volksverderber Alkohol täglich drohender sein Haupt erhebt, die bestehenden Nöte vergrößert und die Volksgesundung verhindert (...). Der deutsche Verein gegen den Alkoholismus in Berlin-Dahlem will jetzt seine Arbeit mit erneuten Kräften aufnehmen, er stellt sich mit Schriften usw. zur Verfügung, (...) ich (...) sehe einem Bericht nach 3 Monaten entgegen."

Für das Berichtsjahr 1927 beantwortete die Gemeinde Breyell die umfangreichen Fragebogen lapidar, darunter die Fragen: „Gesamtzahl der gemeldeten Trinker: keine. Neuanmeldungen bei der Trinkerfürsorgestelle: keine. Polizeiliche Festnahmen wegen Trunkenheit: 2. Zahl der Verbrechen, Straftaten infolge Trunkenheit: keine. Zahl der Selbstmorde infolge Alkoholismus: keine. Zahl der Ehescheidungen wegen Alkoholismus: keine. Wie oft mußte das Jugendamt bei trunksuchtgefährdeten Familien eingreifen, um die Kindeserziehung sicherzustellen?: garnicht.

Wieviele Verkehrsunfälle am Ort sind auf Trunkenheit zurückzuführen?: 2." Besonders hervorgehoben waren folgende Fragen: „Wird die Gründung eines Mäßigkeits- oder Trinkerrettungsvereins dort als wünschenswert empfunden?: nein. Wurde Gebrauch von der Einrichtung eines Nüchternheitsunterrichts gemacht?: nein. Wenn nein, warum nicht?: weil ein Bedürfnis nicht vorlag." Die Antworten sind deshalb interessant, weil Breyell mit seinen 73 Kneipen auf 7 395 Einwohner keineswegs eine Insel der Abstinenz war.

Die bierseligen „Goldenen Zwanziger Jahre" in Düsseldorf

Das Alltagsleben der sogenannten „Goldenen Zwanziger Jahre" war keineswegs goldig; der bis heute bewunderte Nimbus jener Jahre bezog sich ausschließlich auf das hohe Niveau des künstlerischen Schaffens der Avantgarde jener Zeit. Nach Meinung der Künstler hatte die alte Welt abgewirtschaftet, und ein wahrer Sog nach einem Aufbruch zu neuen Ufern erfaßte die Kunstwelt. In der Kunststadt Düsseldorf wandten sich die jungen Maler, die trotz Armut im „Malkasten" beim Dünnbier unbekümmert feierten, gegen die konservative Akademiemalerei und die altertümliche Ausstellungspraxis im Kunstpalast, „wo die ältesten Akademiker in ihrem Kitsch schmoren".

Die Künstlergruppe „Junges Rheinland" traf sich in der Kunstgalerie der Johanna Ey, wo zornige Manifeste gegen den Akademiebetrieb verfaßt und Zeitschriften gegründet wurden. Johanna Ey, von den Malern liebevoll „Mutter Ey" genannt, hatte schon vor dem Krieg in ihrem Caféstübchen junge Kunststudenten unterstützt, indem sie Bilder und Zeichnungen gegen Essen und Altbierspenden erwarb. Und gern beteiligte sie sich an den ausgelassenen Altbierfesten der Malerclique. Schließlich wurde sie zur „meistgemalten Frau Deutschlands". Zu ihrem Stammpublikum gehörten so erlauchte Namen wie Otto Dix, Max Ernst und Otto Pankok. Es war schon fast eine Art künstlerischen Adels, zum „Kreis um Mutter Ey" zu gehören. Der Kunsthistoriker Wilhelm Worringer schrieb 1927 über Otto Pankok: „... und wird einer der Führer des jungen künstlerischen Stoßtrupps, dessen Marketenderin die prächtige Frau Ey ward ..."

Als Kaesbach Direktor des Kunstakademie wurde, wandelte sich deren Geist von der altbackenen „Akademiemalerei" zur Avantgarde; unter den neuen Professoren waren Christian Rohlfs, der Krefelder Heinrich

Altbiertrinker in der Düsseldorfer Hausbrauerei „Zum Uerige" in den Zwanziger Jahren. Die Sitte, die Zahl der servierten Altbiere auf Wänden oder Tischen per Kreidestrich zu notieren, hat sich im Uerigen bis heute erhalten.

Campendonk, Paul Klee und Ewald Mataré. Kaesbach ließ aus der Aula der Kunstakademie den wilhelminischen Kitsch entfernen und eine goldgestrichene Wand einziehen, sozusagen als Symbol der „Goldenen Zwanziger".

Die Düsseldorfer Künstler waren bekannt für ihre oft ungehemmte Zuneigung zum Altbier. Als 1928 die Umgestaltung der Hausbrauerei „Zum Uerige" abgeschlossen war, schrieben die Düsseldorfer Nachrichten: „Wohl sämtliche Düsseldorfer obergärigen Wirtschaften haben im Laufe der Jahre eine Umgestaltung erfahren, manche eine so gründliche, daß die trauten, altgewohnten Räumen im neuen Gewande kaum wiederzuerkennen waren. Und lobend muß anerkannt werden, daß die Brauereibesitzer bei der ‚Neurenovierung' ihrer Ausschänke ohne Ausnahme auch der Düsseldorfer Künstlerschaft gedachten, den Malern und Bildhauern guten Verdienst gaben. Ich nenne nur die Namen Ferd. Schumacher, Peter Frankenheim, W. Hoff, Kampes und Seulen. Das war aber auch nicht mehr als billig, denn wenn das obergärige Gebräu und seine Herstellungsstätten weit über Düsseldorfs Grenzen hinaus, ja in ganz Deutschland bekannt geworden sind, so ist dies weniger dem herben Stoff (...) zu danken, als vielmehr den hiesigen Schriftstellern und Zeichnern, die in Wort und Bild das Lob des obergärign Bieres und seine Bekömmlichkeit

kündeten. Neben den eingeborenen Altstädtern waren immer die Künstler die begeisterten Lobsänger des Obergärigen.“
Seit 1904 bewohnte der Schriftsteller Herbert Eulenberg ein Haus mit Rheinblick in Kaiserswerth, das er „Haus Freiheit“ nannte. Es wurde zu einem Mittelpunkt gastlicher Feste und geistreicher Diskussionen mit Malern, Musikern, Schriftstellern und Schauspielern. Zu Gast waren hier Geistesgrößen wie Thomas Mann, Hermann Hesse und Gehard Hauptmann. Im „Haus Freiheit“ schrieb Eulenberg auch die etwas rührselige Erzählung „Der kleine Hamlet“, die von einem kleinen Jungen handelt, der die Untreue an seinen im Krieg verschollenen Vater rächt, indem er den Liebhaber seiner Mutter mit einer Überdosis Bier betrunken macht, um ihn dann in einer Senkgrube auf Nimmerwiedersehen verschwinden zu lassen. Vielleicht war Eulenberg die Geschichte nach einer selbst genossenen Überdosis Bier eingefallen.
Möglicherweise verdankt die Universität Düsseldorf ihre Existenz einem feuchtfröhlichen Altbierabend in der Düsseldorfer Wirtschaft „Im goldenen Kessel“. Hier trafen sich 1919 fünfundzwanzig aus dem Krieg heimgekehrte Medizinstudenten und verfassten im Laufe des Abends eine Denkschrift an die Regierung in Berlin, sie möge der Gründung einer medizinischen Akademie in Düsseldorf zustimmen. Die Regierung stimmte zu, und aus der medizinischen Akademie ist die Universität Düsseldorf entstanden. Der beinahe unschlagbare Beweis: Die Denkschrift von 1919 ist noch heute „Im goldenen Kessel“ hinter Glas zu bewundern.

Ein Glas Altbier für 60 Millionen Reichsmark

Hohe Arbeitslosigkeit, Wohnungsnot und Sorge um das tägliche Überleben bestimmten die Aktivitäten der Menschen in den Zwanziger Jahren. Die alten rheinischen Ressentiments gegen Preußen, das man für die Übel des Krieges und der Nachkriegszeit verantwortlich machte, führten im Oktober 1923 unter dem Motto „Los von Berlin“ zur Ausrufung der „Rheinischen Republik“. Träger der Rheinischen Republik war die „Rheinische Unabhängigkeitspartei“, deren Führer zum großen Teil aus der katholischen Zentrumspartei kamen. Die französischen und belgischen Besatzer sympathisierten mit dieser Bewegung, da sie die Schaffung eines rheinischen Pufferstaates zwischen ihren Staaten und Deutschland für wünschenswert hielten. Zunächst gewannen die Separatisten einigen

Die Studenten der niederrheinischen Universitäten tranken gern einen über den Durst. Grußpostkarte aus den Zwanziger Jahren

Zulauf, denn sie gaben über die von ihnen gegründete „Rheinische Handelsgesellschaft" von Belgiern und Franzosen beschlagnahmte Lebensmittel günstig an die Bevölkerung ab. Man munkelte gar, wer sich den Separatisten anschlösse, erhielte einen Zentner Kohlen geschenkt. Vierzehn Tage lang hielten die Separatisten das Krefelder Rathaus besetzt, das sie nach einem längeren Gefecht mit der Polizei erobert hatten. Dann zogen sie ab; auch in anderen niederrheinischen Städten hatten sie keinen dauerhaften Erfolg.

Schon 1921, bevor die Inflation ihr großes Tempo entwickelte, druckten die Städte eigenes „Notgeld" in kleinen Werten. Eigentlich handelte es sich nicht um richtiges Geld, sondern um Sammlerstücke, die verkauft wurden, um die kargen städtischen Finanzen aufzubessern. Neben den üblichen städtischen Motiven gab es auch witzige, von Galgenhumor inspirierte Aufdrucke. Auf einem 25-Pfennig-Schein der Stadt Krefeld stand „Et es den Uosel en de Wält – vüel Papier on wenig Jäld", und die Stadt Goch verewigte auf ihren 75-Pfennig-Scheinen ein Schmugglermotiv mit den Worten: „Es knallt des Zöllners Schießgewehr, ja, leicht ist's Schmuggeln auch nicht mehr!" Das war ein sehr realitätsnahes Motiv, denn der Schmuggel mit den Niederlanden grassierte. Geschmuggelt wurden hauptsächlich Briketts, Saatgut, Brot, Kaffee, Mehl, Zucker und Frischmilch. Es kam sogar vor, daß ein Fußballverein in einer niedrigeren Klasse spielen mußte, weil die gesamte Mannschaft wegen Schmuggels „einsaß". Die Stadt Zons bechloß noch am 13. Juni 1922, Notgeld in fünf Scheinen mit Zonser Motiven im Nennwert zu 50 Pfennig zu drucken; wegen Ablauf des Einlösetermins, so die offizielle Begründung, kamen sie als Zahlungsmittel nicht mehr in Umlauf und wurden als Sammlerobjekte verkauft.

Auch den Köbessen schmeckt das Altbier. Motiv aus der Düsseldorfer Hausbrauerei „Zum Schlüssel" um 1920. Die Inneneinrichtung zeigt statt der bis ins Kaiserreich üblichen Anrichte und Faßstellage eine Theke.

Die enormen Staatsschulden trieben die Notenpresse an; der Wert des amerikanischen Dollars, der im Januar 1919 noch bei 7,95 Reichsmark lag, stieg bis Januar 1923 auf 7.260 Reichsmark. Das Deutsche Reich geriet mit den Reparationszahlungen geringfügig in Rückstand, daraufhin besetzten belgische und französische Truppen das Ruhrgebiet, um „produktive Pfänder" zu nehmen. Das britische Militär beteiligte sich demonstrativ nicht an diesem Bruch des Versailler Vertrages. Die deutsche Regierung rief aus Protest zum Generalstreik auf, der weitgehend befolgt wurde. Die niederrheinischen Kneipen streikten allerdings nur kurz am 15. Januar von 11 bis 11.30 Uhr.

Im Streikgebiet wurden keine Löhne mehr gezahlt, die Städte und Gemeinden nahmen keine Steuern mehr ein und die Wohlfahrtsunterstützung konnte auch nicht mehr ausgezahlt werden. Unternehmen begannen jetzt wie auch die Städte Notgeld zu drucken, allerdings in bedeutend höheren Nennwerten als das „Sammlergeld" von 1921 bis 1923. 133 Druckereien im deutschen Reich waren Tag und Nacht damit beschäftigt, Geld zu drucken. Da für dieses Geld keinerlei reale Deckung vorhanden war, stieg die Inflation in geradezu groteske Höhen. Der damit verbundene rasante Anstieg der Preise zwang die Gehalts- und Lohnempfänger dazu, ihr Geld sofort auszugeben, da die Preise innerhalb von Stunden stiegen. Im August 1923 kam es in Krefeld zu Tumulten: Fabriken wurden besetzt und Läden geplündert. Wütende Menschenmassen versuchten das Rathaus zu erstürmen, die Polizei schoß; es gab Tote und Verwundete.

Am 27. November 1919 wurden nach der „Verordnung über Sondergerichte gegen Schleichhandel und Preistreiberei" „Wuchergerichte" den Landgerichten zugeordnet. „Wucherabwehrstellen" sollten Einzelhändler

Notgeld der Stadt Goch von 1921 und der Stadt Neuss von 1923

und Gastwirte daran hindern, die nicht mehr überschaubare Kaufkraft der Reichsmark betrügerisch zum Nachteil ihrer Kunden auszunutzen. Die „Wucherabwehrstelle für das neubesetzte Industriegebiet Rheinland und Westfalen“, in deren Zuständigkeitsbereich der Niederrhein fiel, beschäftigte sich in ihrem Rundschreiben Nr. 7 vom 17. August 1923 an die Kommunalverwaltungen mit der Bierpreiserhöhung. Wegen der galoppierenden Inflation – der Dollar kostete zu diesem Zeitpunkt bereits 1,1 Millionen Reichsmark – konnten allerdings keine festen Preise vorgeschrieben werden, sondern nur Relationen zwischen Einkauf und Verkauf.

In dem Rundschreiben heißt es: „In vielen Orten laufen Klagen über die wucherischen Bieraufschläge der Gastwirte ein. Der Versuch, durch objektive Branchen-Sachverständige die Angemessenheit der Ausschankpreise zu ermitteln, stößt häufig auf Widerstände. Um zu verhindern, daß auf diese Weise begründete Anzeigen gegen Wirte verschleppt werden, ersuche ich, bei jeder Erhöhung der Brauereipreise die Angemessenheit der neuen Ausschankpreise nachzuprüfen. Einheitliche Aufschläge lassen sich bei der Verschiedenheit der örtlichen Verhältnisse nicht festlegen; jedoch möge folgendes als Anhalt dienen: (...) Im Frieden wurde in Lokalen einfacher Art mit einem Aufschlag von 80 % kalkuliert. Die Preisprüfungsstelle Berlin hat bei Lokalen einfacher Art Aufschläge zu 100 % zugebilligt. Die wirtschaftliche Lage des deutschen Volkes hat einen Rückgang des Bierkonsums und des Verbrauchs anderer alkoholischer Getränke zu Folge. Wird infolge dieses Rückgangs ein Gasthausbetrieb unwirtschaftlich, so ist es volkswirtschaftlich richtiger, daß er eingeht, als daß er durch übersetzte Gewinnabschläge künstlich über Wasser gehalten wird.“

Zum Höhepunkt der Inflation am 20. November 1923 kostete der Dollar 4.200.000.000.000 (4,2 Billionen) Reichsmark. Für ein Glas Altbier mußte man zum Schluß etwa 60 Millionen Reichsmark hinblättern. Neben der Papierflut des Inflationsgeldes kursierte am linken Niederrhein die sogenannte „bunte Währung" verschiedener ausländischer Sorten, vor allem der niederländische Gulden, nachdem die französischen und belgischen Besatzungsmächte ab Mitte 1923 kein Inflationsgeld mehr in die besetzten Gebiete des Rheinland hineinließen. Ende November 1923 wurde die „Rentenmark" eingeführt, sie ersetzte genau eine Billion Mark Inflationsgeld. Die Einführung der Rentenmark wurde von den belgischen und französischen Besatzungsmächten ungern gesehen, da sie ihrem Ziel eines unabhängigen Rheinlands zuwiderlief. Letztendlich konnten sie die Einführung der Rentenmark aber nicht verhindern. Verlierer der Inflation mit der abschließenden Währungsreform waren die Geldanleger und Sparer; ihr Vermögen hatte sich in Nichts aufgelöst. Große Teile der Mittelschicht verarmten. Gewinner waren die Besitzer von Sachwerten und ganz besonders der Staat: So schmolzen allein die Schulden aus den Kriegsanleihen von 164 Milliarden Reichsmark auf lächerliche 16,4 Pfennig zusammen.

Gebremste Bierfreude bis zur Weltwirtschaftskrise

Verarmung und Zukunftsangst ließen keinen rechten Optimismus aufkommen, die alte Feierfreudigkeit der Niederrheiner war dahin. Viele Vereine hatten sich aufgelöst, darunter auch die meisten Nachbarschaften. Das Verschwinden der Nachbarschaften vor allem in den Städten vergrößerte die soziale Isolation, und der Issumer Pfarrer Trommershausen beklagte die zunehmende Anonymität der Stadtbewohner: „Es gehört im Gegensatz zur Stadt auf dem Lande mit zum schönsten, daß man auf treue Nachbarschaft Wert legt und an dem Ergehen seines Nachbarn in Leid und Freud tätigen Anteil nimmt. In der Stadt wohnt man neben-, oft über- und untereinander in ein und demselben Hause; aber manchmal braucht's Wochen, bis sich die Bewohner eines Hauses auch nur oberflächlich kennengelernt haben. Man kann sterben und verderben, ohne daß es den Mitbewohner des Hauses kümmert."

Nach mehrjähriger Pause traf sich die Nachbarschaft von der Pumpe auf dem Fischmarkt 1927 zur ersten Generalversammlung nach dem Krieg und beschloß die Weiterexistenz der Pumpengemeinschaft. Die schwere Kriegs- und Nachkriegszeit wollte man vergessen, nicht vergessen waren

Werbeanzeige der Brauerei Schumacher von 1925. Sie wirbt neben dem Altbier mit ihrer „sehenswerten Sammlung von Gemälden und Aquarellen erster Düsseldorfer Meister".

allerdings die zwölf noch ausstehenden Anker Bier. Die zwölf Nachbarn, die das Bier trotz der schwierigen Zeit noch auszugeben hatten, nannte man die „Leid- und Festtragenden". Alte Bräuche führte man nach je nach finanziellen Möglichkeiten weiter. Die niederrheinischen Schützenfeste litten unter dem Verbot der Besatzer, Uniformen, Degen und Gewehre zu tragen. Als 1919 in Zons das Schützenfest zum ersten Male seit dem Weltkrieg durchgeführt wurde, mußten die Schützen in Zivil durch die Straßen marschieren; einige Schützen ignorierten das Uniformverbot und wurden prompt verhaftet. Die ersten Zeilen des Gedichtes „Neusser Kirmes" von Otto Brües aus dem Jahre 1926 drücken atmosphärisch etwas von der Wehmut jener Jahre aus: „In hundert Buden flattern Fahnen bunt. / Luftballone träubeln an den Stöcken. / Das Bierzelt zittert über Tuch und Pflöcken. / Der Wirt schlägt in das Faß Heber und Spund."

Die letzten staatlichen Beschränkungen der Braumalzverwendung wurden 1924 aufgehoben, ein paar Monate später trat auch das Reinheitsgebot wieder in Kraft. Der Bierkonsum als Indikator für Lebensfreude stieg wieder an, und damit setzten auch wieder die behördlichen Reglementierungen des Kneipenlebens ein. Ein Erlaß zur Polizeistunde mit allerlei Sonderregelungen jagte den anderen, die „Heilighaltung" der Sonn- und Feiertage wurden bis in penibelste Einzelheiten vorgeschrieben und in langwierigen Prozessen durch alle Instanzen ausgefochten. Ein Stück niederrheinische Normalität war zurückgekehrt.

Die letzten Besatzungstruppen verließen 1925 den Niederrhein, und so war man wieder Herr im eigenen Haus. 1927/28 gab der durchschnittliche Arbeiterhaushalt für Lebensmittel 45 Prozent, für die Miete 10 Prozent seines Einkommens aus. Bei den Angestellten lagen die Werte etwas anders: sie verbrauchten für Lebensmittel nur 34,5 Prozent ihres Gehaltes, dafür lagen die Ausgaben für die Miete etwas höher. Die Einkommen im Rheinland waren neben Berlin die höchsten in Deutschland. Man konnte glauben, die Lage bessere sich allmählich. Aber der New Yorker Börsenkrach am 24. Oktober 1929, der „Schwarze Freitag", machte alle Zukunftshoffnungen zunichte. Ausländische Kredite wurden aus Deutschland abgezogen, viele Unternehmen gingen wegen Kapitalmangels in Konkurs. Die Arbeitslosigkeit stieg gewaltig an und erreichte 1932 mit rund sechs Millionen ihren Höhepunkt.
Die Sozialleistungen des Staates an die Erwerbslosen erreichten schwindelnde Höhen bei gleichzeitig sinkenden Staatseinnahmen. Es gab massive Steuererhöhungen, auch die Biersteuer wurde stark angehoben. Die Menschen verbrauchten ihre letzten Geldreserven. 1932 lag der Durchschnittslohn der Arbeiter, die noch beschäftigt waren, fast fünzig Prozent unter dem amtlich berechneten Existenzminimum. Die Bierproduktion am Niederrhein ging um fünfundvierzig Prozent zurück. Große Teile der Bevölkerung schrieben das wirtschaftliche Elend der ungeliebten Weimarer Republik zu und radikalisierten sich: Der durch die Inflation von 1923 verarmte Mittelstand wandte sich den Nationalsozialisten zu, die überwiegende Zahl der Arbeiter der KPD.

Bier und Brauwesen als „Reichsnährstand": Scheinbarer Wohlstand auf Pump

Hitler kam am 30. Januar 1933 mit Hilfe konservativer Politiker und Industrieller an die Macht, die glaubten, ihn wie eine Marionette führen zu können. Die NS-Propaganda täuschte viele Wähler über die tatsächlichen Ziele der Nationalsozialisten. Besonders am Niederrhein hatten die Nazis zunächst einen schweren Stand: Noch in den letzten freien Wahlen im März 1933 blieb hier das Zentrum stärkste Partei. Hitlers vordringlichste Aufgaben mußten die Konsolidierung seiner Macht und die Bekämpfung der Arbeitslosigkeit sein. Mit dem Ermächtigungsgesetz vom 23. März 1933 zur „Behebung der Not von Volk und Reich" wurden

Steuergutscheine an Unternehmen für Neueinstellungen ausgegeben, ein freiwilliger Arbeitsdienst eingerichtet und weitere Arbeitsbeschaffungsmaßnahmen ergriffen. Weitere Arbeitsplätze wurden durch die Rüstung geschaffen: Schon im Mai 1933 begannen die Vorbereitungen zu einem gigantischen Aufrüstungsprogramm, das bei leeren Kassen durch die „Notenpresse" finanziert wurde. Industrielle gründeten eine „Metallforschungsgesellschaft" mit einem Stammkapital von einer Million Reichsmark. Die von dieser Gesellschaft ausgestellten Wechsel, die „Mefo-Wechsel", wurden grundsätzlich als gedeckt anerkannt. Mit Metallforschung hatte dies nichts zu tun, vielmehr dienten die Wechsel der verdeckten Rüstungsfinanzierung. Daß diese Finanzierung völlig unsolide war, zeigte sich, als bei Beendigung dieser Praktiken 1937 die Wechsel nicht eingelöst und stattdessen von einem Fälligkeitstermin zum nächsten prolongiert wurden.

Die Menschen merkten von diesen unseriösen Manipulationen nichts, sie genossen den rapiden Rückgang der Arbeitslosigkeit ab Mitte 1933. Der Bierkonsum stieg wieder an, und die niederrheinischen Brauereien prosperierten. Das war nicht selbstverständlich, denn der Nationalsozialismus verteufelte den Alkohol. Die Mäßigkeitsvereine stellten sich in ihrer Sprachregelung schnell auf die neuen Verhältnisse ein. Im Juni 1935 forderte die Monatsschrift „Deutscher Alkoholgegner" ganz im Geist der neuen Zeit: „Laß Dir sagen, daß die Bierfreundschaften durchwegs nichts taugen. Nicht die Freundschaft ist hier das Bindende, sondern das Bier, der Alkohol, der den Blick für Menschenkenntnis trübt und die feinen seelischen Regungen und Warnungen hinwegspült (...) Noch niemals ist die Welt durch Stammtischgeschwätz weitergebracht. Dafür gedeihen der Stumpfsinn und die Zote am üppigsten dort (...) Und wenn man erst beginnt, Runden auszugeben, dann kannst du dich dem Zwang der Trinksitten kaum noch entziehen. Dein größter Irrtum aber ist, daß es niemanden etwas angehe, was du mit deiner freien Zeit machst. Wir leben in einem anderen Deutschland, in dem solche individualistischen Anschauungen keinen Platz haben. Dein Volk verlangt von Dir einen gesunden Körper, einen klaren Geist, es erwartet von dir Gründung und Erhaltung einer gesunden Ehe und Sorge für deine Kinder, es fordert von dir Höchstleistungen im Beruf und freiwilligen Einsatz deiner Kräfte für die Ziele des Staates."

Das Bier wurde trotz dieses Lamentos weiterhin als lebensnotwendig angesehen und von den Nazis auch akzeptiert. Die 64 niederrheinischen

Tischaufsteller der Rhenania-Brauerei aus den Dreißiger Jahren. Damals hieß das Rhenania-Alt noch Wirichs Lagerbier.

Brauereien mit ihren 1632 Mitarbeitern (1933) wurden Zwangsmitglieder im „Reichsnährstand" und damit auch im „Brauereiwirtschaftsverband Westdeutschland". Sie unterlagen wie die gesamte Wirtschaft einer straffen zentralen Lenkung: Die Freiheit der unternehmerischen Entscheidung wurde wie bei anderen Wirtschaftsbetrieben auch durch Preisfestsetzungen und Rohstoffkontingentierungen begrenzt. Gewerkschaften und Arbeitgeberverbände waren aufgelöst und in der deutschen Arbeitsfront vereinigt.

Der Bierkonsum steigt und man arrangiert sich

Die Niederrheiner arrangierten sich mit dem eigentlich unbeliebten Nazisystem und trotzten ihm gelegentlich kleine Zugeständnisse ab. Nach dem Rheinberger Motto „Man mött den Düwel ok es en Keerz anstääke" schaffte es die Pumpennachbarschaft vom Fischmarkt zu verhindern, daß ihr Pumpenmeister durch einen NS-Blockwart ersetzt wurde. Die beiden Pumpennachbarschaften vom Fischmarkt und vom Orsoyer Tor intervenierten auch erfolgreich, als die traditionsreichen Pumpen in Rheinberg durch Litfaßsäulen und „Benzinpumpstationen" ersetzt werden sollten.

Viele Niederrheiner zogen sich in ihr Privatleben zurück und feierten ihre altgewohnten Feste. Der Neusser Schriftsteller Karl Schorn beschrieb

Erinnerungskachel an die Geldernsche Kreisbahn, den „feurigen Elias", und die „faule Rott" in der Gaststätte „Haus Schopmanns" in Geldern-Walbeck

nach einer Zeltfahrt durch die niederrheinischen Landschaften und Städte die Kirmes in Kevelaer um 1935: „Einsam und verlassen liegt die Wallfahrtskapelle da. Wo sonst andächtige Waller unter Psalmengesang und Litaneiengemurmel mit Fahnen und Heiligenfiguren durch die Straßen schreiten, da schiebt sich heute mit Johlen und Gelächter oder bierselig stillvergnügt ein ausgelassenes Völkchen. Luftballons steigen blau, grün und rot. Pfeifen, Quietschen, Quäken von allerhand Ulkinstrumenten gellt in die Tanzmusik der offenen Wirtshäuser. Wo sonst Devotionalien und Dinge für den frommen Gebrauch feilgeboten werden, da gibt's heute Moppen, Waffeln, Türkischen Honig und Rollmöpse. Dicht an der Kirche ist die Kirmesstadt aufgebaut. Wir lassen uns gern betören und tanken bei Musikantengedudel, Karussellgeorgel und Schießbudengeknatter zwei halbe Literchen. Und hauen zum Abschluß auf den Lukas, daß das Tummelöhtemännchen nur so herumwirbelt und der Baas uns unter ehrenden Worten einen Orden an die Brust heftet." Bevor Schorn mit seinem Freund nach der mehrwöchigen Reise von Düsseldorf ins heimatliche Neuss den Rhein überquert, genießt er zwar von Ferne den Anblick der Neusser Münsterkirche, aber „uns sagen im Augenblick die deftigeren Genüsse der Altstadtkneipen zu. Ein Gläschen ‚Alt' und ein Schnittchen mit Mostert sollen uns für die Überfahrt stärken."

Die Schützenvereine hatten bei den Nazis einen schweren Stand. Der NS-Kreisleiter von Neuss, Börger, bezichtigte den Schützenkönig des Neusser

Bürger-Schützenvereins der Drückebergerei im Ersten Weltkrieg und warf ihm seine Mitarbeit im Arbeiter- und Soldatenrat 1918 vor. Überhaupt sollte das Neusser Schützenfest nicht mehr Ausdruck niederrheinischer Fröhlichkeit sein, sondern „beseelt von dem nordischen Geist der Ehre und Pflichterfüllung und der Wehrhaftigkeit". Ab 1936 beabsichtigte man „höheren Orts", den Neusser Bürger-Schützenverein dem Deutschen Schützenverband anzuschließen, was den Verzicht auf die traditionellen farbenprächtigen Uniformen bedeutet hätte und daß das Schützenfest unter die Regie der NS-Organisation „Kraft durch Freude" geraten wäre. Erst nach langwierigen Interventionen in Berlin durften die Neusser Schützen ihr Fest in althergebrachter Weise feiern, dafür machten sie einige unappetitliche antisemitische Konzessionen bei den Fackelzug-Themen.

Pogromnacht und Widerstand am Niederrhein

Der von den Nazis schon lange vor der „Machtergreifung" propagierte und nun politische Realität gewordene Antisemitismus fand am Niederrhein keineswegs durchgehenden Anklang. Als im Mai 1935 in Neuss die Geschäfte jüdischer Niederrheiner von SA-Leuten mit antisemitischen Parolen beschmiert wurden, beklagte die stramm nationalsozialistische „Neusser Zeitung" die von den Neussern offen bekundete Abneigung gegen solche Aktionen. Aber es sollte noch schlimmer kommen. Als in Paris der deutsche Gesandtschaftsrat vom Rath von dem Juden Herschel Grynspan getötet wurde, kam es zur wohlorganisierten „spontanen Empörung". In der Pogromnacht des 9. November 1938, die von den Nazis „Reichskristallnacht" genannt wurde, zerstörten SA-Horden jüdische Geschäfte und Synagogen. Die SA traute sich nicht überall, offen gegen die Juden vorzugehen. In St. Tönis wagten der Ortsgruppenleiter und seine drei Helfer nur im Schutz der Dunkelheit, die Synagoge in Brand zu stecken, während die Bevölkerung durch den St.-Martins-Umzug abgelenkt war.

Allerdings – einen großen Teil der Niederrheiner störte mehr die Vernichtung von Sachwerten und die Unordnung des randalierenden SA-Pöbels als die Aggression gegen die Juden. Dennoch wurden viele Juden von Privatleuten in Sicherheit gebracht, teilweise sogar von NSDAP-Mitgliedern. Ein SA-Mann aus Glehn schilderte die Ereignisse aus seiner

Das Stammhaus der Brauerei Gatzweiler in Neuss. Die Hausbrauerei Gatzweiler im prächtigen Renaissancegebäude von 1613 zeigt hier um 1936 trotzig ihre Brauereifahne neben den sonst alltäglichen Hakenkreuzfahnen.

Sicht, leugnete die Organisierung des Pogroms und entschuldigte sich mit Trunkenheit: „Am 9. November hatten wir zusammen mit der Ortsgruppe bei dem Lokal Frangen eine Feier. Vorher war ich mit dem Emil S. in dessen Wohnung zusammen, wo wir etwa gegen 18.00 Uhr erfuhren, daß der Gesandtschaftsrat vom Rath gestorben sei. Wir haben uns über die Sache unterhalten und vereinbart, nach Schluß der angesetzten Ortsgruppenfeier bei verschiedenen Juden die Türen und Fenster einzuschlagen; ohne daß vorher ein SA-Führer oder politischer Leiter uns etwas gesagt hat, haben wir dann etwa gegen 24.00 Uhr, nachdem wir noch bei Drink verschiedene Glas Bier getrunken hatten, die Tat durchgeführt." (Faust)

Am Niederrhein gab es aber auch einen sehr lebendigen Widerstand gegen das NS-Regime. Am bekanntesten dürfte die Gruppe der Tarnorganisation „Germania-Brotfabrik" in Duisburg sein. Sie verteilte Flugschriften und hielt Kontakt zu anderen Widerstandszellen. Mit ihr stand auch die Neusser Gruppe Sistemich in Verbindung, die aus den Niederlanden Informationen einschleuste und an die verschiedenen Widerstandsgruppen verteilte. Am 12. März 1935 flog die Düsseldorfer Widerstandsgruppe und die Germania Brotfabrik auf, auch Sistemich wurde verhaftet. Der Gestapo gelang es nicht, Sistemich zum Verrat seiner Gruppe zu bewegen. Im Februar 1945 kam er im KZ Flossenbürg um.

Der Zweite Weltkrieg – Biermangel schafft Ärger – Nazi-Spitzel in den Kneipen

Mit dem Überfall auf Polen zettelte Hitler den lang geplanten und verheerendsten Krieg an, den die Welt bis dahin erlebt hatte. Man hatte aus dem Ersten Weltkrieg gelernt und schon vor Kriegsbeginn Lebensmittelkarten ausgegeben. In der Bevölkerung war von einer Kriegsbegeisterung wie zu Beginn des Ersten Weltkrieges nichts zu spüren. Nicht ohne Ironie heftete ein zum Militär eingezogener Bäcker aus Düsseldorf ein Schild an die Tür seiner jetzt geschlossenen Bäckerei: „Erst helf ich England kämpfen nieder, dann kehr' ich heim und backe wieder!“ (Odenthal: Düsseldorf 2)

Obwohl im Zweiten Weltkrieg nicht so extrem wie im vorhergehenden gehungert wurde, zeigte sich doch allenthalben Mangel. Die niederrheinischen Bezirkswirtschaftsämter und die Parteibonzen erhielten zahlreiche anonyme Schmähbriefe: „Der Hitler und seine Genossen, wie der vollgefressene Göring, das Großmaul Goebbels, wissen ja überhaupt nicht, wie es den armen Volksgenossen zumute ist, hungern zu müssen und trotzdem das Doppelte leisten zu müssen wie früher. Zwei Pfund Kartoffel in der Woche, kaum ein Brot, kein Fett und kein Gemüse, wovon soll ein Mensch eigentlich noch leben?“ Auch politische Empörung wurde geäußert; der Neusser NS-Kreisleiter Börger erhielt eine Beschimpfung von einem Anonymus: „... Dafür hätten wir das Hitlerschwein, diesen Massenmörder, diesen habgierigen und ländergierigen Halunken (...) nicht als Führer gebraucht. Einen solchen Rohling hat Deutschland als Staatsoberhaupt noch nie besessen.“ (Müller, Manfred)

Bis 1939 war der Altbierkonsum gewaltig angestiegen, jetzt machte sich beim Bier der allgemeine Mangel bemerkbar. Kurz nach Kriegsbeginn wurde die Biersteuer um zwanzig Prozent erhöht. Das Alt als Vollbier mit

Zweiter Weltkrieg: Betriebsfest der Stadtwerke Neuss mit Dünnbier

einem Stammwürzegehalt von bis zu 14,5 Prozent durfte nicht mehr gebraut werden, der Extraktgehalt wurde auf maximal 10,3 Prozent gesenkt. Die geheimen Lageberichte des Sicherheitsdienstes der SS, die „Meldungen aus dem Reich“, konstatierten, daß bis 1940 gerade im Westen entgegen allen Erwartungen der Bierkonsum um 25 Prozent angestiegen sei, so daß im Westen ab Mitte Februar 1940 kaum noch Braumalz zur Verfügung stand.

Diese geheimen Berichte waren recht zuverlässig, denn in den internen Spitzelanweisungen wurde gefordert, die Vorgänge in der Bevölkerung sollten „sachlich, klar, zuverlässig und verantwortungsvoll“ beschrieben werden, „so wie es ist, nicht wie es sein könnte oder sollte.“ Man fürchtete wohl anbiedernde Beschönigungen, und so bekam die SS Unangenehmes zu hören, auch von der Bierfront im Westen. Ab Juni 1941 führte der Mangel an Braugerste im Westen zur Reduzierung der Öffnungszeiten von Gaststätten, die nur noch tage- oder stundenweise ihr Bier ausschenken konnten. Laut Lagebericht des SD machte sich eine allgemeine Verstimmung in der Bevölkerung breit, da sie „ihr Bier als unentbehrlich ansehe und verlange“. Selbst Arbeiter, die mit dem Bau öffentlicher Luftschutzbunker beschäftigt waren, drohten die Arbeit niederzulegen, wenn sie nicht die geforderten Biermengen erhielten.

Manche Wirtschaften wie die Hausbrauerei „Zum Uerige" in Düsseldorf gaben gar Kundenausweise zum Bezug einer bestimmten Menge Altbier aus. Im Laufe des Krieges wurde der Stammwürzegehalt des Bieres bis auf 3,1 Prozent maximale Obergrenze abgesenkt und das Reinheitsgebot wieder aufgehoben. Mit dem „Molkebier", einem vergorenen Gemisch aus Hefe, Molke, Wasser, Hopfen und Hefe, erreichte die Bierqualität einen absoluten Tiefpunkt. Und selbst dieses minderwertige Bier erhielt man nur gegen Rückgabe leerer Flaschen.

Der totale Überwachungsstaat bespitzelte die Menschen bei allen Gelegenheiten. Den vorsichtigen Blick zur Seite beim Gespräch mit Freunden oder Nachbarn aus Angst vor Beobachtung nannte man den „deutschen Blick". Nach Kriegsbeginn wurde die Überwachung schärfer; bei defätistischen Äußerungen wurde sofort verhaftet. In einer Verordnung der Gestapo-Leitstelle Düsseldorf vom 7. September 1939 hieß es: „Besonderes Augenmerk ist auf alle Versuche zu richten, in der Öffentlichkeit – Gastwirtschaften, öffentlichen Verkehrsmitteln usw. – andere Personen in volks- und reichsfeindlichem Sinne zu beeinflussen (...). Wenn die Voraussetzungen der Öffentlichkeit vorliegen (...), sind die verdächtigen Personen in jedem Fall festzunehmen."

Gerade in den Kneipen wurden die Spitzel leicht fündig, denn der Alkoholgenuß lockerte die Zunge. Hier fielen Äußerungen wie: „Wer sich freiwillig meldet ist ein Lump" und „dreckige Nazis". Es wurden aber auch Witze über Hitler belauscht wie: „Wenn Napoleon an die Front ritt, trug er eine rote Weste, damit seine Soldaten sein Blut nicht sähen, wenn er verwundet würde. Wenn Hitler an die Front fährt, trägt er immer eine braune Hose." Der Düsseldorfer Humorist und Karnevalist Leo Statz, der am Biertisch seiner Stammkneipe nach einem Bombenangriff am „Endsieg" zweifelte, wurde verhaftet. Obwohl Tausende Düsseldorfer ein Gnadengesuch einreichten – selbst das war gefährlich –, wurde Leo Statz 1943 wegen „heimtückischer Angriffe auf Volk und Staat" hingerichtet. Die Petitenten hatten Glück, denn bevor die Gestapo die Namensliste auswerten konnte, verbrannte sie nach einem Luftangriff in Berlin.

Die Bombenangriffe der Alliierten erfolgten gegen Kriegsende am Niederrhein in so dichten Abständen, daß die Menschen kaum noch aus den Luftschutzkellern kamen. Die Front im Westen rückte immer näher und am 19. März 1945 gab Hitler den berüchtigten „Nerobefehl": Dem Feind sollten nur zerstörte Industrie- und Versorgungsbetriebe in die Hände fallen. Der Düsseldorfer Gauleiter und „Reichsverteidigungskommissar"

Florian bestellte die führenden Kommunalbeamten und Parteibonzen zu sich und ordnete die Zerstörung aller wichtigen Versorgungseinrichtungen und Industriebetriebe beim Herannahen der amerikanischen und britischen Truppen an. Aus Neuss waren der Oberbürgermeister Tödtmann und der Chef der Stadtwerke Rosellen zum Befehlsempfang angereist. Nach dem Treffen in Düsseldorf vereinbarten Tödtmann und Rosellen, nichts von den Befehlen Florians zu wissen und ignorierten den „Nerobefehl".

Der Krieg ging zur allgemeinen Erleichterung zu Ende. Die amerikanische Militärzeitung „Nachrichten für die Truppe" vom 2. März 1945 wurde hinter den feindlichen Linien abgeworfen und meldete nüchtern: „Die deutschen Besatzungen in München-Gladbach und Rheydt haben gestern den Kampf eingestellt. Amerikanische Panzerkolonnen rollen in Richtung Krefeld vor, während andere alliierte Verbände im Anmarsch auf Neuss gemeldet wurden." Viele wußten es schon seit langem, der Krieg war – glücklicherweise – verloren. Führerbilder und Hakenkreuzfahnen wurden heimlich und eilig entsorgt, und in Neuss verschluckte ein Parteigenosse in letzter Minute sein Parteiabzeichen. Auch Gegenstände, die zu Mißdeutungen Anlaß geben konnten, verschwanden. In Büttgen versenkte ein Mitglied des Schützenvereins die Böllerkanone in einer Jauchegrube. Statt befehlsgemäß Widerstand zu leisten, kamen den amerikanischen Soldaten in Wallrath bei Jüchen singende Betrunkene entgegengetorkelt. Sie hatten sich noch schnell die von abrückenden deutschen Flaksoldaten zurückgelassenen Alkoholika zu Gemüte geführt. Auch die aus Waat bei Jüchen abziehenden Soldaten waren nach Augenzeugenberichten „sternhagelvoll".

Die Herrschaft der Nazis war vorbei. Die grauenvollste Hypothek hinterließen sie mit der Ermordung von sechs Millionen europäischen Juden, hunderttausender Sinti und Roma, oppositioneller Deutschen und anderer ihnen mißliebigen Menschen. Als Beispiel mag die Vernichtung der niederrheinischen Juden im Regierungsbezirk Düsseldorf dienen: Hier lebten 1933 22240 Juden; bis 1939 verringerte sich deren Zahl überwiegend durch Emigration auf 8664. Diese am Niederrhein gebliebenen Juden wurden fast alle ermordet, so daß 1950 im Regierungsbezirk nur noch 831 jüdische Niederrheiner lebten.

Neuanfang in Trümmern: Die im Zweiten Weltkrieg zerstörte Hausbrauerei „Zum Uerige" eröffnet bereits 1945 in provisorisch hergerichteten Kellerräumen ihren Bierausschank. Auf dem Eingangsschild steht: „Dr Uerige hätt widder op"

Das Kriegsende: Not und Molkebier

Die Verluste an privaten und öffentlichen Gebäuden durch Bombenangriffe und Bodenkämpfe waren in den niederrheinischen Städten erschreckend hoch. Emmerich und Wesel waren fast völlig zerstört, Kleve zu über 80 Prozent. Die unzerstört gebliebenen Gebäude waren zum größten Teil beschädigt: In Düsseldorf blieben nur sieben Prozent der Wohngebäude und nur sechs Prozent der Fabriken unbeschädigt. Auch viele Brauereibetriebe und Wirtschaften, davon nicht wenige von baugeschichtlich hohem Rang, waren unwiederbringlich dahin. Nach dem Einmarsch der Amerikaner und Briten mußte zunächst einmal eine funktionierende Verwaltung eingerichtet werden. Die Alliierten griffen hierbei auf erfahrene Verwaltungsbeamte zurück, sofern diese sich keiner schwerwiegenden Verbrechen schuldig gemacht hatten. Die Besatzungstruppen requirierten erst einmal intakte Gebäude für ihre Kommandanturen, die deutschen Behörden mußten sich mit Provisorien zufrieden geben. In Büttgen bezog das Bürgermeisteramt mangels anderer Räum-

lichkeiten die Gastwirtschaft Trippel. Zunächst mußten die wichtigsten Straßen von Trümmern befreit werden. Die Beseitigung der enormen Massen an Trümmerschutt war ein Problem; in Emmerich entfielen auf jeden Einwohner 41 Kubikmeter Schutt, im Neusser Rosengarten entstand ein großer Parkhügel aus einem Teil der Trümmer.
Da die deutsche Kriegspropaganda Widerstand bis zum letzten durch ominöse „Werwölfe" angekündigt hatte, waren die Alliierten vorsichtig: Sie verhängten strenge Ausgangsbeschränkungen, die nur in den Weihnachtsnächten und in der Silvesternacht 1945/46 gelockert wurden. Am 6. Oktober 1946 hob die britische Militärregierung die Ausgangssperren auf. Das den Soldaten befohlene „Fraternisierungsverbot" setzte sich nicht vollständig durch: Kleine Kinder wurden von Amerikanern und Briten mit Schokolade und Kaugummi verwöhnt, zu den jungen deutschen „Frauleins" ließ die befohlene Distanz auch zu wünschen übrig.
Es fehlte an allem: Der katastrophale Wohnraummangel wurde durch die Flüchtlingsströme aus dem Osten verschärft, viele Menschen hausten in Wellblechbaracken, den „Nissenhütten", andere in Bunkern, selbst Trümmer waren bewohnt. Ausgebombte hatten ihren gesamten Hausrat verloren, es gab weder ausreichend Kleidung noch Nahrung noch Heizmaterial. Da war Improvisationstalent gefragt: Aus den Resten des reichlich vorhandenen Militärabfalls wie Stahlhelmen, Gasmasken, Patronenhülsen, Kochgeschirren, Fallschirmen und Teilen abgestürzter Bomber fabrizierte man Töpfe, Pfannen, Kartoffelstampfer, Aschenbecher, Brautkleider und Feuerzeuge. Zwar gab es Lebensmittelkarten, doch sie garantierten keineswegs ausreichenden Nahrungsmittelbezug. Brot backte man aus mit Sägespänen gestrecktem Kartoffelmehl, Fischköpfe wurden ausgekocht, es gab Wassersuppen mit Mohn, und die nötigen Vitamine holte man sich aus in der freien Natur gesammelten Pflanzen. Selbst Kartoffelschalen verzehrte man, und die altbekannten Steckrüben kamen wieder zu Ehren.
Die britischen Besatzungsbehörden unterschieden in der Zuteilung der knappen Lebensmittel ländliche und städtische Regionen; die als städtisch eingestuften Gebiete erhielten mehr, da man davon ausging, daß in ländlichen Regionen die Selbstversorgung leichter möglich war. Dabei waren aber einige niederrheinische Landkreise falsch bewertet worden. So galt den Briten der Kreis Kempen-Krefeld als ländliches Gebiet, tatsächlich aber lebten hier 78 Prozent von der Industrie. Diese Falschbewertung führte dazu, daß es im Frühjahr 1946 im Kreis Kempen-Krefeld nur eine Brot-

zuteilung von 50 Gramm pro Tag gab, das war gerade mal eine Scheibe. In den „Hungerwintern“ 1945/46 und 1946/47 starben zwar nicht viele Menschen an Hunger, wohl aber an den Folgen wie Entkräftung und erhöhter Infektionsanfälligkeit. Auf jedem freien Stückchen Erde wurden Kartoffeln und Tabak angepflanzt. Die Menschen destillierten verbotenerweise Kartoffelschnaps, den legendären „Knolly-Brandy“, der sich als wertvolles Tauschmittel für den Schwarzmarkt eignete. Wurde man von der Polizei beim Schnapsbrennen erwischt, bekamen die Polizisten ihr Quantum ab und die Sache war damit meist erledigt. Die Kinder erhielten eine tägliche Schulspeisung, und wer Glück hatte, ergatterte – ab 1947 – ein Care-Paket.

Mit warmer Kleidung und Heizmaterial sah es nicht besser aus. Im harten Winter 1947 wurden für die 6406 Einwohner Grefraths gerade mal zwei Mäntel, ein Arbeitsanzug und ein Paar Kinderhandschuhe ausgeliefert. Kohlen waren kaum zu bekommen; man mußte sie stehlen oder verheizte Trümmerholz. Der „Kohlenklau“ wurde sehr intensiv betrieben; von einem Waggon, der bei seiner Ankunft auf dem Kempener Bahnhof mit 340 Zentnern Kohle beladen sein sollte, fehlten 330 Zentner. Für das Stehlen von überlebensnotwendigen Gütern erteilte der aus Neuss stammende Kardinal Frings Absolution, fortan hieß das rechtswidrige Organisieren nur noch „fringsen“.

Unter solchen Bedingungen blühte der Schwarzmarkt, wenn auch die meisten Niederrheiner sich die hohen Schwarzmarktpreise nicht leisten konnten. Nach einer Übersicht des Kreises Kempen-Krefeld aus dem Jahre 1947 kostete ein Kilogramm Brot regulär 0,96 Reichsmark, auf dem Schwarzmarkt aber 10 Reichsmark, und für ein Liter Speiseöl, daß regulär nicht zu haben war, verlangte man auf dem Schwarzmarkt 300 Reichsmark. Das waren stolze Preise, wenn man bedenkt, daß ein Arbeiter durchschnittlich 35 Reichsmark pro Woche verdiente. Hoch angesehen waren die amerikanischen Zigaretten als Ersatzwährung; es gab aber auch regionaltypische Ersatzwährungen wie im Raum Mönchengladbach die „Kupon-Währung“, ein Drei-Meter-Stoffballen mit festem Wert.

Angesichts dieser Probleme war das Bedürfnis nach Bierversorgung zweitrangig. Es gab überhaupt nur ein dünnes Molkebier mit einem äußerst geringen Alkoholgehalt; viele hielten es nicht einmal für ein alkoholisches Getränk. So konnte die Oedter Wirtin Franziska Mülkens 1945 den Antrag auf Wiedereröffnung ihrer unzerstört gebliebenen Wirtschaft guten Gewissens mit dem Hinweis stellen: „Ich verpflichte mich, keine alkoholhaltigen Getränke zu verabreichen. Ich bin nicht Parteimitglied." (Lipp)

Nur wenige Gaststätten öffneten nach dem Krieg, die meisten waren ja zerstört, und deshalb begannen einige Kneipen ihren Geschäftsbetrieb nicht selten in Baracken und provisorisch hergerichteten Kellern. Die Hausbrauerei „Zum Uerige" in Düsseldorf zierte zur Wiedereröffnung den Eingang zum erhalten gebliebenen Keller mit Buchsbäumchen und dem Schild „Dr Uerige hätt widder op". Seit dieser Zeit schenkt der Uerige keinen Schnaps mehr aus; der damalige Besitzer Arnold begründete das so: „Schnapskonsum schadet Ihrer Gesundheit und meinem Geschäft." Da es kein akzeptables Bier gab, hielten sich die Wirtshausbesuche allgemein in Grenzen. Lediglich die Rhenania-Brauerei braute richtiges Altbier, das aber war ausschließlich für die britischen Soldaten bestimmt, die ja von ihrem Heimatland her obergäriges Bier gewöhnt waren.

Trotz der wirtschaftlichen Misere ließ man sich nicht unterkriegen. Selbstironisch sang man „Wir sind die Eingeborenen von Trizonesien", und der „Kaloriensong" von Bully Buhlan zeigte die Nöte junger Menschen angesichts der Kalorienknappheit: „Ich muß bei jedem einz'gen Kuß / vor Angst zur Uhrzeit schaun, / um nicht zu viel an Kalorien / beim Küssen abzubau'n. / Ach was nützt mir heut' im Spiel der Liebe / meine Schönheit und Kenntnis in Latein, / heute möchte' ich, wenn ich Frauen sehe, / lieber Bäcker oder Fleischer sein."

Die Briten schufen im Zuge ihrer „Reeducation"-Politik das Kulturinstitut „Die Brücke". Hier wurden die Deutschen erstmals nach jahrelanger Indoktrination durch die Nazis mit den Entwicklungen moderner Kultur und zeitgenössischen Geisteslebens bekanntgemacht. Die Kunstausstellungen, Konzerte und Lesungen waren hervorragend besucht, es wurden Zeitschriften, Theaterensembles und Kabaretts wie das Düsseldorfer Kom(m)ödchen gegründet. Gustav Gründgens wurde Generalintendant der Düsseldorfer Bühnen, Günter Grass, der mit seinen Kommilitonen gern in der Düsseldorfer Altstadtkneipe „Czikos" zechte, absolvierte eine Steinmetzlehre und studierte an der Kunstakademie. 1948 wurde wieder das erste Neusser Bürger-Schützenfest gefeiert, mit Molkebier und „Knolly-Brandy". Holzgewehre und Degen waren verboten, also behalf man sich mit Spazierstöcken und Gerten. Die Pumpennachbarschaft auf dem Fischmarkt in Rheinberg sammelte zu ihren „Ankerfesten" Lebensmittelmarken, und die Anker Molkebier flossen nur spärlich.

IX. Von der Währungsreform zur Trendwelt von heute

Aufkeimender Optimismus und Währungsreform

Die allmählich wieder aufblühenden Aktivitäten kennzeichneten bei aller wirtschaftlichen Not eine allgemeine Aufbruchstimmung. Den wirtschaftlichen Anstoß gab die Währungsreform 1948. Das alte Geld war nichts wert: Der umlaufenden Geldmenge stand kein entsprechendes Warenangebot gegenüber. So war eine Währungsreform unausweichlich geworden, sollte die Wirtschaft gesunden. Die Vorbereitungen zur Währungsreform liefen höchst geheim ab, das neue Geld hatte man vorsichtshalber 1947 in den USA drucken lassen. Die Geheimhaltung war aus zwei Gründen erforderlich: Bei vorzeitiger Bekanntgabe der Einführung neuen Geldes wäre die alte Reichsmark als Zahlungsmittel sofort ausgefallen, und man fürchtete, daß die Sowjetunion mit einer eigenen Währungsreform im sowjetisch besetzten Teil Deutschlands den Westzonen zuvorkommen könnte. Das hätte bedeutet, daß die „Ostzone" mit ihren alten Reichsmarkbeständen den Westen Deutschlands hätte leerkaufen können. Am 20. Juni 1948 war es dann soweit, das neue Geld wurde an jeden Bürger, der im Besitz einer Lebensmittelkarte war, ausgezahlt. Zunächst gab es 40 Mark pro Person, später nochmals 20 Mark. Zurückgehaltene Waren füllten die Schaufenster der Geschäfte. Wenn auch Sparer und Geldanleger ihr Vermögen verloren hatten, so war man doch optimistisch, wieder „richtiges" Geld in den Händen zu halten.

Das Altbier wird wieder führend am Niederrhein

Die Währungsreform und die Mittel aus dem Marshall-Plan leiteten das „Wirtschaftswunder" ein. Ein Bauboom ohnegleichen schuf Wohnraum und Arbeit. Es gab wieder richtiges Altbier, das man „Friedensbier" nannte. Ein geflügeltes Wort der Düsseldorfer Handwerker, denen man nachsagte, vor Arbeitsbeginn immer erst mal eine Flasche Altbier zu frühstücken, lautete: „Wemmer erst mal jut jefrühstückt ham, jearbeitet hammer schnell." Das alte Wirtshausverbot für „Trunkenbolde" wurde

Viererzug der Brauerei Rhenania aus den Fünfziger Jahren. Die Brauereipferde tragen prachtvolle Kummets mit dem Wappen der Rhenania-Brauerei.

mit Erlaß vom 20. Januar 1950 abgeschafft. Einige unseriöse Wirte boten kurz nach der Währungsreform bei turbulenten Festen „Kirmesbier" in der Hoffnung an, die noch an Molkebier gewöhnten Biertrinker würden die gewinnbringende Verdünnung im allgemeinen Trubel nicht bemerken. Ein Irrtum, wie sich bald herausstellte; das Kirmesbier war leicht an seinem flachen Geschmack und großporigen Schaum zu erkennen. Doch das waren Ausnahmen, die vielen ehrlichen Wirte wußten, daß nur ein zufriedener Altbiertrinker treuer Kunde bleibt. Viele traditionsreiche Altbierwirtschaften wurden hergerichtet und füllten sich wieder.
Im neuerrichteten Düsseldorfer „Füchschen" herrschte wie in anderen Altbiergaststätten auch wieder die typisch klassenlose Gesellschaft: Hier tranken Gustaf Gründgens, Konzernchef Flick, Josef Beuys (der gerne Bierdeckel und Tische bemalte) und andere Prominente ihr Altbier einträchtig mit Studenten der nahegelegenen Kunstakademie, durstigen Arbeitern und auswärtigen Altstadtbesuchern. Das Glas Altbier kostete damals im Durchschnitt 35 Pfennig, und wer in der Düsseldorfer Künstlerkneipe „Fattys Atelier" seine Künstlerschaft nachweisen konnte, erhielt

Rabatt. Zum Altbier aß man wieder Röggelchen mit „Blootwoosch met Ölk“ (Blutwurst mit Zwiebeln) und „Düsseldorfer Käseföttchen“ (Käsebrötchen). Die Düsseldorfer Altstadt entwickelte sich allmählich zur „längsten Theke der Welt“; auf etwa 0,5 Quadratkilometern reihte sich Kneipe an Kneipe – und das noch heute.
In den späten fünfziger Jahren konnte das Altbier dem Pils und ganz besonders dem kalorienreichen Export-Bier große Marktanteile abjagen und wurde die meistgetrunkene Biersorte im Rheinland, eine Stellung, die es bis in die achtziger Jahre behaupten konnte. Die großen Altbierbrauereien am Niederrhein gaben die Produktion von untergärigen Bieren ganz auf, die untergärig brauenden Großbetriebe wie Dieterich, Hoefel und Schwabenbräu verschwanden vom niederrheinischen Markt; lediglich die Duisburger König-Brauerei stellte in den sechziger Jahren gegen den Trend ihre Altbierproduktion ein und spezialisierte sich auf Pils, das sie erfolgreich bundesweit verkauft.
Auf dem Altbiermarkt setzte sich der Konzentrationsprozeß fort: Hannen gab seine Marktführerschaft an Diebels ab, und einige alte Traditionsbrauereien stellten ihren Betrieb ein.
Beispielhaft für Aufstieg und Ende der kleineren Altbierbrauereien ist die Geschichte der Rixen-Brauerei in St. Tönis: 1837 von Wilhelm Wirichs gegründet, wurde die Brauerei bereits 1856 von dessen Schwiegersohn Peter Josef Rixen übernommen. Um die Marktstellung nach dem Absatzeinbruch im Ersten Weltkrieg zu verbessern, schlossen sich die Brauerei Rixen mit der 1877 gegründeten St. Töniser Brauerei Ortmanns zusammen. Der alte Standort Kirchplatz, der dem Rixen-Alt den populären Namen „Friedhofsbier“ eingebracht hatte, wurde aufgegeben. Der Bierabsatz entwickelte sich gut, bis der Zweite Weltkrieg den Bierverkauf fast zum Erliegen brachte. In den fünfziger Jahren übernahm der Kölner Brauer Sester die Ortmanns-Anteile der Rixen-Brauerei. Doch gegen die starke Konkurrenz auf dem florierenden Altbiermarkt konnte sich die Rixen-Brauerei nicht behaupten; ihr Bierausstoß reichte zum profitablen Betrieb nicht mehr aus. Gerade auf dem Höhepunkt der Altbierverbreitung am Niederrhein stellte die Brauerei Rixen 1984 den Betrieb ein. Ihre vertragsgebundenen Gastronomiekunden übernahm die Issumer Privatbrauerei Diebels.

Das Pferd „Hektor“ betritt eine Oedter Kneipe, um 35 Glas Bier zu trinken. Eine Bierwette von 1950

Das Pferd an der Theke: Die Altbierfröhlichkeit lebt wieder auf

Wie in alten Zeiten waren die Altbierkneipen Schauplatz von fröhlichen Zechgelagen, ulkigen Streichen und witzigen Wetten. 1950 fand eine bemerkenswerte Wette im „Oedter Brauhaus“ statt: Um die Theke standen Oedter Sänger mit einem Fuhrmann, dessen Gespann vor der Wirtshaustür stand. In einem Anfall von Mitleid erinnerte man sich an das draußen wartende Pferd Hektor: „We suupe he mar, on dat ärme Perd hät nix to drenke.“ Darauf der Fuhrmann: „Hol dat Perd mar erinn!“ Es wurden Wetten abgeschlossen, ob es gelingen könnte, das Pferd durch die enge Gasthaustür an die Theke zu bugsieren. Es gelang. Von den verwetteten 80 Glas Bier trank Hektor an der Theke allein 35, die restlichen 45 Glas teilten sich die Wettkumpane.

Beim Neusser Schützenfest in den sechziger Jahren ritt gar ein Schütze in eine Altbierkneipe, und während er hoch zu Roß ein Glas Alt trank, soff sein Pferd das Spülbecken der Theke leer. Die Züge im Jägerkorps des Neusser Bürger-Schützenvereins trugen wieder ihre großen Büffelhörner

durch die Straßen, aber jetzt statt mit Altbier gefüllt mit prachtvollen Blumenbuketts geschmückt. Dieser Wandel hatte sich allmählich nach 1884 eingebürgert, und der Anlaß war ganz profan: Damit damals beim Marschieren das Altbier nicht aus den Büffelhörnern schwappte, wurden die Hörner mit kunstvoll verzierten Metalldeckeln verschlossen. Ein Jägerzug hatte einen neuen Deckel bestellt, der war aber nicht rechtzeitig zum Fest fertiggeworden. Man behalf sich mit einem Blumenstrauß, den man in das Horn steckte. Das imitierten die anderen Züge nach und nach und suchten sich gegenseitig durch die prachtvollsten Blumengebinde zu übertrumpfen. Heute kostet so ein Blumengesteck um die tausend Mark und wird an allen drei Schützenfesttagen erneuert. Wegen dieses Brauchwandels verzichten aber weder die Jäger noch die anderen Korps auf ihr Altbier während der Umzüge: Die am Straßenrand stehenden vorwiegend weiblichen Angehörigen halten wohlgefüllte Tabletts Altbier für die Vorbeimarschierenden bereit.
Nicht wenige Züge der Neusser Schützenkorps gaben sich Namen, die sich direkt auf das Altbier beziehen, wie zum Beispiel die „Alt-Herren" und „Die Oberjä(h)rigen". Ein besondere Attraktion des Neusser Schützenfestes ist der Fackelzug, bei dem große bewegliche Motivfackeln durch die Straßen gefahren werden; ein über die Jahre immer wiederkehrendes Thema ist das Altbier. Selbst der langwierige Fackelbau und das abschließende „Fackelrichtfest" sind ohne Altbiergenuß nicht denkbar. Die Großfackeln kamen kurz vor dem Ersten Weltkrieg auf, während der Fackelzug selbst auf die Gründungszeit des Neusser Bürger-Schützenfestes 1823 zurückgeht. Damals sammelten sich die Fackelzugteilnehmer im „Eickerschen Gartenlokal", von dort zog man mit „Flambauen" – wachs- oder teergetränkten Fackeln – durch die Stadt. Diese Pechfackeln trägt man auch heute noch neben den Großfackeln mit, dabei gilt es als selbstverständlich, als Handschutz grundsätzlich nur um den Pechfackelschaft gestülpte Altbierdeckel zu verwenden. Bei den insgesamt sieben Umzügen während der vier Schützenfesttage Ende August haben nicht nur die Altbierkneipen als Wachlokale Hochbetrieb, auch die Zuschauer am Straßenrand können sich an zahllosen Bierständen die Kehlen anfeuchten; einige ziehen sogar mit eigenen Altbierfässern auf Bollerwagen durch die Straßen der Innenstadt. In Neuss als Schützenhochburg am Niederrhein fand 1998 nur in vier Wochen keine Schützenveranstaltung statt.
Ein seltsamer Schützenbrauch hat sich in den fünfziger Jahren in Wegberg-Harbeck eingebürgert: Hier wird der Schützenkönig nicht mehr per

Vogelschuß ermittelt, sondern er wird in Kneipe oder Festzelt „ausgeguckt“. Die Prozedur verlangt, daß alle, die nicht Schützenkönig werden wollen, für einige Minuten das Bierzelt – früher die Kneipe – verlassen. Dann erschallt das „Kommando eins: Köpfe runter! Kommando zwei: Köpfe hoch! Kommando drei: Gucken!“ Alles schaut und zeigt mit dem Finger wie abgesprochen auf eine bestimmte Person: der neue Schützenkönig! Der Ursprung dieser originellen Königskür liegt in dem Junggesellenverein „Erholung“, der seit 1907 die Harbecker Kirmes ausrichtete. Wer heiratete, mußte aus dem Schützenverein ausscheiden, und so blieben ihm auch die „Königswürden“ versagt. Daraufhin richteten die Ehemänner ihr eigenes Schützenfest aus, und statt im Freien bei Wind und Wetter den Königsvogel von der Stange zu schießen, beschlossen sie das neue Verfahren in einer behaglichen Wirtschaft durchzuführen. Bis 1957 schmückte man den König zum Zeichen seiner Würde mit einer Kette aus Bierdeckeln, heute muß er sich mit Königssilber zufrieden geben.
Auch der niederrheinische Karneval ist ohne Altbier undenkbar, zahlreiche Motivwagen des Düsseldorfer Rosenmontagszuges haben das Altbier zum Thema. Karnevalsumzüge finden am Niederrhein nicht nur am Rosenmontag statt, „Kappessonntag“ und „Veilchendienstag“ sind ebenso fixe Termine für die närrischen Umzüge. Beim Tulpensonntagsumzug 1999 in St. Tönis hatten sich die teilnehmenden Mitglieder der Kolpingfamilie als Altbiergläser verkleidet und verlangten lautstark ihr seit 1984 nicht mehr gebrautes „Rixen-Alt“ zurück. In Straelen gibt es schon am 11.11. einen kleinen Karnevalsumzug: Die Gesellschaft „Narrenschiff“ trifft sich im Vereinslokal „Zum goldenen Herz“ und zieht anschließend durch die Innenstadt, nicht ohne die Gaststätten am Zugweg ausgiebig zu nutzen. Am gleichen Tag absolviert auch die traditionsreiche Narrenakademie Dülken ihren „Narrenritt“ um die Narrenmühle und zieht anschließend mit Musikbegleitung in ihr Vereinslokal zum geselligen Umtrunk.
Ganz entgegen den Erwartungen hatten sich nicht alle Pumpennachbarschaften mit Einführung der öffentlichen Trinkwasserversorgung aufgelöst; die guten nachbarschaftlichen Beziehungen und die ausgelassenen „Nobberzechen“ mochte man wohl nicht missen. Historische Pumpennachbarschaften existieren noch heute in Emmerich, Geldern, Goch, Issum, Kalkar, Kerken, Rees, Rheinberg, Schermbeck, Straelen, Wachtendonk und Xanten; und obwohl heute kein Trinkwasser mehr per Pumpe gefördert wird, gründeten sich sogar neue Pumpennachbarschaften. In froher Bierlaune dachte man auch schon daran, die Bierversorgung zu

Mitglieder der Düsseldorfer Berufsfeuerwehr mit dem nötigen Proviant auf Vatertagstour

modernisieren: Bei der Einweihung einer neuen Pumpe in Geldern-Veert schlug man vor, eine Bierleitung direkt von der benachbarten Kneipe zur Pumpe zu verlegen. Zur traditionellen Feierfreudigkeit der Pumpennachbarschaften reimte Josef Gormans in seinem Gedicht „Rhinberkse Pompe“: „(...) Met alt on jong, met Mann on Frau, / Bej Bääs on Bier, Danz on Helau / Dat Fäß na Berkse Art begoß, / Die Pompenoberschopp wor los.“

Das alte niederrheinische „Bügelspiel“, das um Bier und Ehre gespielt wurde, schien nach dem Zweiten Weltkrieg vergessen. Bis vor dem Ersten Weltkrieg hatte fast jede niederrheinische Dorfkneipe eine Bügelbahn im Freien. Gepielt wurde mit schüppenähnlichen Schlägern, die eine Holzkugel durch einen im Boden verankerten Eisenring (Bügel) treiben mußten. Da in gebückter Haltung gespielt wurde, platzten öfter mal die Hosen; für diesen Fall hielten die Wirte Nadel und Faden bereit. Deshalb sagten die Kevelaerer zu den Bügelspielern: „De Bögelders sin wat Boxenverschlitters.“ Seit einigen Jahren lebt der alte Bügelsport wieder auf: Im rheinischen Freilichtmuseum Grefrath befindet sich neben dem „Pannekokenhuus“ eine Bügelbahn, auf der sogar internationale Bügel-

meisterschaften ausgetragen werden, und neuere Bügelbahnen gibt es an den Gaststätten „Den Tuddel“ in Lobberich und „An de Jummi-Eck“ in Viersen.
Altbekannte Bräuche wurden gern wieder aufgenommen: Die Kindstaufen wurden reichlich begossen (in Heinsberg sagt man „Das Kind pinkeln lassen“), „Letschtröpken“ flossen wieder reichlich, und die längst nicht mehr behördlich kontrollierten „Leichenschmäuse“ endeten oft in langen bierfeuchten Abenden. Der 1938 gegründete Mundart-Verein „Henese Fleck“ in Breyell tagt wieder beim „Härksblag“ (Wirt) und trinkt sein „Köt“ (Bier), in Nievenheim feiert man die „Hahnekirmes“, wobei das „Hahneköppen“ unblutig bei Altbier an einem Holzhahn ausgeübt wird. Der seit dem „Wirtschaftswunder“ einsetzende allgemeine Wohlstand erlaubte das Feiern zu jeder Zeit; neue feuchtfröhliche Trinkanlässe wie der „Vatertag“ wurden kreiert, und auch ohne bestimmtem Anlaß genoß man die Altbiergeselligkeit.

Szenekneipen und die Renaissance der Altbierwirtschaften

Nach der „Freßwelle“ brach die „Reisewelle“ mit Vehemenz aus, man lernte fremde Länder und deren Genüsse kennen, in der Vollbeschäftigung des Wirtschaftsbooms zogen verstärkt ab 1961 ausländischer Gastarbeiter zu, die bislang unbekannte Spezialitäten-Restaurants eröffneten. Der Großraum Düsseldorf wurde Zentrum japanischer Wirtschaftsaktivitäten in Europa. Verkehrswege wurden forciert ausgebaut, Fernsehen, eine unübersehbare Vielfalt von Presseprodukten und später die „neuen Medien“ brachten die Welt ins Haus. Die Welt als „globales Dorf“ erweiterte den Horizont, und die geringschätzige Abqualifizierung kleinstädtischer oder ländlicher Gebiete als „Provinz“ hat jede Bedeutung verloren: Die weltweiten Informationsmöglichkeiten sind heute in Aldekerk nicht schlechter als in Berlin oder Hamburg. Regionaltypische Bräuche und Eigentümlichkeiten lösen sich zugunsten immer schneller die Welt umrundender Trends weitgehend auf und werden zu Folklore. Das ist auch am Niederrhein so. Dennoch ist der Versuch vieler Brauchtumsvereine, sich trotzig den Trends entgegenzustemmen, keineswegs bloß als blanker Traditionalismus zu verunglimpfen. Beibehaltung und Pflege alter Bräuche und regionaltypischer Eigenheiten kann bei einer gleichzeitigen Aufgeschlossenheit Fremdem und Neuem gegenüber die

vielfältige Buntheit unserer Welt bewahren. Die Palette der Informationsvielfalt und Freizeitangebote spaltete die sich ehedem nur langsam verändernden Großtrends in viele von wirtschaftlichen Interessen forcierte Einzeltrends auf, die sich immer schneller abwechselten.
Diese Entwicklung findet ihren Ausdruck im gesamten Freizeitverhalten. Neben die traditionellen Altbierwirtschaften treten Szenekneipen mit oft exotischem Getränkeangeboten. Gerade relativ junge Leute in altersgemäßem oder modischem Protestverhalten gegen alles „Alte" sind dankbare Kunden. Da gibt es die „Hip-Kneipe", in der die jungen Leute verkehren, die sich für intellektuell halten. Mit schwarzer Kleidung und Designer-Brille muß man schon ausgestattet sein, um hier anzukommen. Schließlich will man unter sich bleiben und fühlt sich enorm elitär. Die Ausstattung der Hip-Kneipe ist betont kühl und orientiert sich an Warhols Stilisierung der Alltagsgegenstände. Immerhin ist es hier erlaubt, Altbier zu trinken. Ein „Hip"-Anhänger würde niemals ein „Kneipaurant" betreten, in dem strickende Junglehrer, stillende Mütter und aufmüpfige Jungchristen aus einem Getränkeangebot von hundert Teesorten wählen können. Dürres Dinkelbrot mit Käse von freilaufenden Bergziegen wird gesundheitsbewußt von der bleichen Kundschaft in permanenter Betroffenheit geknabbert; Rauchen ist verpönt. Da geht es im „Szene-Mainstream-Laden" schon ganz anders zu: Hier darf laut gelacht, geraucht und ungeniert Altbier getrunken werden. Man duldet sogar Outsider. Die werden aber nicht ernstgenommen, wenn sie nicht über das lebensnotwendige Trendbewußtsein verfügen: allerneueste Frisuren und Klamotten, Swatch-Uhren. Die hier gespielte „Chart-Music" wird innerhalb von Tagen zum Oldie.
Anpassung wird im „Theme-World"-Lokal verlangt. Eine vorgegebene Zeit oder ein Motiv bestimmt die Ausstattung des Lokals; Kleidung und Verhalten der Gäste haben sich nach dem Thema zu richten. In der Theme-World „Casablanca" zum Beispiel trinkt man amerikanischen Whiskey, trägt ein weißes Sakko mit Fliege, gibt sich cool und mindestens jeder zweite Gast ist Humphrey Bogart. Kontaktscheue Computerfreaks eigenbröteln in karg ausgestatteten „Internet-Kneipen" bei abgestandenem Bier vor sich hin. „Erlebniskneipen" locken mit „Events". Da wird mal zentnerweise Sand ausgeschüttet und im Bikini eine „Beach-Party" durchlitten; Karaoke-Wettbewerbe, Pyjama- und Revival-Partys verlangen von den erlebnishungrigen Gästen ein Höchstmaß an stilgerechter Anpassung. In Discos wird die Nacht mit „Rave"-Techno-Partys durchgebracht, mit

Energy-Drinks hält man sich fit bis zum Umfallen. Auf „Bizarr-Partys" – meist mit S/M-Touch – ist man einem strengen Dress-Code unterworfen, so verlangte die Mönchengladbacher Disco „Atomage" von ihren Gästen die Ausstattung „Leder, Lack oder sündig".

Diesem Freizeitstreß mit Anpassungsdruck ist nicht jeder gewachsen, und so ist es kein Wunder, daß die traditionellen Altbierkneipen auch wieder Zulauf von jungen Leuten finden. Sie schätzen die freie Kommunikation mit sehr unterschiedlichen Menschen in ungezwungener Atmosphäre. Die Altbierkneipe bietet im Gegensatz zu den Trendkneipen den freien Austausch gegensätzlicher Meinungen bei beliebiger Garderobe; sie ist ein Ort der Selbstvergewisserung und der Übung von Toleranz. Die Wirtschaft als öffentlicher Raum übt eine gewisse soziale Kontrolle aus, Alkoholexzesse finden eher im Verborgenen statt. So stehen denn in der typischen Altbierkneipe Gespräche und Spiele bei geselligem Biergenuß im Vordergrund. Da läßt man sich auch gern mal vom Köbes anfrotzeln, wie der etwas hochnäsige Gast, der in einer Düsseldorfer Altbierkneipe ein Glas Wasser verlangte: „Wie, Ihr wollt Wasser? De Toilette sin henge rechts!"

Die unbestreitbare soziale Bedeutung der Kneipen zeigt sich auch im niederrheinischen Braunkohlerevier. Als in Neu-Garzweiler der Bau einer Dorfkneipe vergessen worden war, erhob sich lautstarker Protest, weil man die Zerstörung sozialer Bindungen befürchtete. Und in Schenkenschanz mit seinen zweihundert Einwohnern überlebte von Kneipe und Lebensmittelgeschäft nur die Wirtschaft „Inselruh".

Die seit Jahren sinkenden Realeinkommen zwingen zur Sparsamkeit und so trinken mittlerweile viele lieber zu Hause das preiswertere Flaschenbier als das teurere Faßbier in der Kneipe. Der Preisunterschied zwischen Flaschenbier aus dem Verbrauchermarkt und dem Bier in der Kneipe ist enorm: Ein 0,2 Literglas Alt Flaschenbier trinkt man für etwa 35 Pfennig, während die gleiche Menge in der Gaststätte durchschnittlich 2,20 DM kostet. Vom Gästerückgang sind vor allem die Trendkneipen und die „Kneipe um die Ecke", weniger die größeren Altbierkneipen, betroffen. Um den gleichbleibenden Kostendruck wie etwa Pacht und Energiekosten zu senken, sind einige Wirte auf eine unschöne Idee gekommen: Kellner werden hier nicht mehr angestellt, sondern pachten vom Wirt ein paar Tische, die sie auf eigenes Risiko bewirtschaften. Daß hier der etwas langsam trinkende Gast kaum mit der üblichen Freundlichkeit bedient wird, liegt nahe. Es bleibt zu hoffen, daß solche Beispiele nicht Schule machen.

Altbier weltweit

Seit den achtziger Jahren geht der Altbierkonsum vor allem am nördlichen Niederrhein kontinuierlich zurück. Gewinner dieser Entwicklung ist das Pils, das seine Stellung überwiegend auf Kosten des fast vom Markt verschwundenen Export-Biers ausbauen konnte. Bundesweit geht der Bierabsatz zurück: Erreichte er 1994 noch 138 Liter pro Kopf jährlich, sank er bis 1997 auf 131,1 Liter ab. Interessant ist eine Vergleichsstatistik des Verbandes rheinisch-westfälicher Brauereien zur sortenspezifischen Absatzentwicklung 1996/1997 bei Alt, Pils und Kölsch. Im Untersuchungsgebiet Nordrhein-Westfalen ging der Gesamt-Bierabsatz ähnlich wie im übrigen Deutschland zurück, Verlierer ist hier das Altbier: Sein Absatzanteil ging im Untersuchungszeitraum von 9,96 % auf 9,7 % zurück, während Kölsch von 8,21 % auf 8,56 % und Pils von 73,55 % auf 74 % stiegen. Über die Gründe des Altbier-Rückgangs ist allerlei gemutmaßt worden, ganz sicher liegt es aber nicht am traditionellen Altbierbecher, der in der Zeitschrift „Getränkefachhandel“ als „stumpig“ und „primitiv“ kritisiert wurde. Tatsache ist, daß der Altbierabsatz seit dem Aufkommen untergäriger Konkurrenz im letzten Drittel des 19. Jahrhunderts fast regelmäßig Schwankungen ausgesetzt war.

Das Alt kann nicht nur auf eine treue Trinkerschar im Raum Düsseldorf, Neuss, Mönchengladbach und Krefeld rechnen – hier besteht nach wie vor eine erhebliche Dominanz des Altbiers. Das Obergärige vom Niederrhein gibt es mittlerweile frisch gezapft auch in allen größeren deutschen Städten. Deutsche Nobelköche bereiten bundesweit Altbier-Gerichte: Das Freiburger Restaurant „Eichhalde“ serviert „Kaninchenkeule aus Altbiermaische“, in den „Schweizer Stuben“ in Wertheim gibt es „fränkischen Schwartelbraten mit Altbiersauce und Grünkohl“, das „Landhaus Waitz“ bei Hanau bietet „Wildschweinrücken-Filets mit Altbiersoubise gratiniert“ und zum Dessert „geeisten Altbierschaum mit Birnen und Pflaumensud“ an. Und im renommierten „Landhaus Scherrer“ an der Hamburger Elbchaussee kann man „Niederrheinisches Kaninchenparfait in Altbiergelee“ sowie „Apfelstrudel auf einem Sabayon von Altbier“ bestellen.

Ein in die kanadische Provinz Alberta ausgewanderter Düsseldorfer Altbierfreund bekommt dort nicht nur Altbier, er fährt stolz mit dem Autonummernschild „Uerige“ herum, und ein US-Amerikaner vom Niederrhein braut sich im mittleren Westen sein Altbier in der Duschtasse

Treue zum Lieblings-Altbier: Das Auto eines nach Calgary in Kanada ausgewanderten Düsseldorfers mit „Uerige"-Nummernschild

selbst. Bei einem Fest, das die Stadt Düsseldorf in Tokio für ehemalige „japanische Niederrheiner" ausrichtete, gab es neben deftiger niederrheinischer Kost auch Alt. Als die Düsseldorfer Oberbürgermeisterin Marlies Smeets das erste Faß anschlug, sang ein japanischer Männerchor begeistert „Ein Prosit der Gemütlichkeit". Im Laufe des Abends vertrank man rund viertausend Glas Alt.

Um die Zukunft des Altbiers muß man nicht bangen: Es bleibt nicht nur das niederrheinische Identifikationsgetränk, das Altbier ist auch Botschafter niederrheinischer Lebensfreude in der Welt.

Anhang
Kurze Geschichte niederrheinischer Altbier-Brauereien

Brauerei Bolten, Korschenbroich

Die Brauerei Bolten bezeichnet sich als die älteste Altbierbrauerei der Welt. Seit 1266 braut man in der Korschenbroicher Brauerei obergäriges Bier, allerdings bis etwa 1450 als Grutbier. Im Jahre 1266 wurde erstmals als Inhaber des „Kraushofs“ Gerard, Sohn Friedrich des Brauers, urkundlich erwähnt. Der Name Kraushof leitet sich ab von Krauthof (Kraut = Grut). Als erster der Familie Bolten ist der Brauer Dries Bolten 1670 in Urkunden benannt. Zum Kraushof gehörte, wie damals bei Brauereien üblich, ein landwirtschaftlicher Betrieb. So konnte man bis 1840 mit eigener Gerste und bis 1868 mit selbst angebautem Hopfen brauen. Heute hat die Brauerei Bolten einen festen Stamm von Freunden des Bolten-Alt. Seit 1995 vertreibt die Bolten-Brauerei ihr Altbier auch an der amerikanischen Ostküste. Das amerikanische „Beer-Magazine“ beschreibt das Bolten Alt als „the world champion Alt“. Seit einigen Jahren braut man in Korschenbroich auch eine besondere Spezialität: das „Bolten-Ur-Alt“, ein unfiltriertes naturtrübes Altbier mit hohem Hefeanteil.

Brauerei Diebels, Issum

1878 wurde in Issum das erste Diebels-Bier gebraut. 1898 produzierte die Brauerei bereits 10.000 Hektoliter Altbier und untergäriges Bier. Eine der Stärken der Brauerei Diebels war sicher, daß sie in ihrer technischen Ausstattung immer mit der Zeit ging. 1901 schaffte Diebels die Rüböl- und Petroleum-Lampen ab: Die Elektrifizierung hielt Einzug. Der Erste Weltkrieg und die anschließende Besatzung durch belgisches Militär brachte jedoch wie den anderen Brauereien auch wirtschaftliche Stagnation. 1920 wurden die ersten Lastkraftwagen angeschafft. 1928 braute man bereits 24.500 Hektoliter. Der Fuhrpark der Brauerei bestand zu dieser Zeit aus vier Pferdegespannen und sieben Lastkraftwagen. Der Zweite Weltkrieg brachte neben Zerstörungen auch den Zusammenbruch des Bierabsatzes. Erst ab 1949 gab es wieder trinkbares „Friedensbier“. Seit 1970 braut Diebels nur noch Altbier. Heute ist Diebels die absatzstärkste Altbierbrauerei und als einzige Altbiermarke in ganz Deutschland erhältlich. Diebels ist die größte Spezialbierbrauerei Deutschlands und engagiert sich im nationalen Musiksponsoring sowie für die Kultur am Niederrhein.

Brauerei Frankenheim, Düsseldorf

1873 gründete Braumeister Heinrich Frankenheim im „Zinterklöske“ auf der Düsseldorfer Hunsrückenstraße eine Hausbrauerei unter dem Namen „Brauerei zum Falken“. Das hier gebraute Altbier traf so gut den Geschmack der Düsseldorfer, daß bereits fünfzehn Jahre später auf der Wielandstraße eine neue Brauerei mit Ausschank eröffnet wurde. Nach den schwierigen Jahren des Ersten Weltkriegs und der Inflation von 1923 ging es ab 1925 wieder aufwärts. 1928 wurden Brauerei und Ausschank vergrößert. Im Zweiten Weltkrieg wurde der Brauereiausschank völlig zerstört, lediglich Teile der technischen Braugeräte blieben erhalten, so daß in eingeschränktem Umfang weiter „Frankenheim obergärig“ ausgeschenkt werden konnte. Nach dem Krieg wurde wieder aufgebaut, und 1992 nahm Frankenheim in Neuss eine moderne Braustätte mit Brauereiausschank in Betrieb. Hier wird unter anderem die Brauwasser-Qualität nicht nur chemisch, sondern auch von hochempfindlichen Zierfischen kontrolliert. Eingebaute „Bio-Filter“ lassen keinerlei Hopfen-Gerüche mehr in die Umwelt entweichen. Heute ist „Frankenheim-Alt“ das am dritthäufigsten getrunkene Altbier.

Brauerei „Im Füchschen“, Düsseldorf

Statt einer Hausnummer zeigte die Hausbrauerei auf der Ratinger Straße in Düsseldorf nach ihrer Gründung im Revolutionsjahr 1848 einen roten Fuchs. 1908 kaufte Theodor König die Brauerei und benannte sie nach dem Hauszeichen „Im Füchschen“. Während des Ersten Weltkriegs wurde das Kupfermaterial der Brauanlagen zwecks Kriegsmaterialbeschaffung beschlagnahmt. Damit war es mit dem Füchschen-Alt für einige Jahre vorbei. Erst 1930 eröffnete die Hausbrauerei „Im Füchschen" wieder. In dem beliebten Lokal trafen sich Künstler und biedere Bürger beim Altbier, bevorzugtes Gericht war „Äzesupp met Ferkesföß". Auch der Zweite Weltkrieg legte das Füchschen für längere Zeit lahm: Ein Bombentreffer zerstörte das Haus, lediglich der Gewölbekeller hielt den Fliegerangriffen stand. Erst kurz vor Weihnachten 1950 wurde die Gaststätte „Im Füchschen" wiedereröffnet, wenn auch nur in einem eingeschossigen Flachbau. Das Altbier mußte damals noch außer Haus gebraut werden. 1954 war dann auch die Brauerei wiederhergestellt, so daß sich Brau- und Gaststätte wieder unter einem Dach befanden. Zu dieser Zeit kostete ein Glas Alt noch 35 Pfennig und eine halbe Bratwurst 50 Pfennig. 1960 wurde der Nachkriegs-Flachbau aufgestockt und 1962 die Flaschenbier-Abfüllung auf der Ritterstraße eingerichtet. Heute ist das Füchschen ein beliebter Treffpunkt mit hopfenherbem Altbier und einer guten Küche mit eigener Metzgerei.

Brauerei Gatzweiler, Düsseldorf

Schon seit 1313 gehört ein Zweig der Familie Gatzweiler der Brauerzunft an. Der Name Gatzweiler verband sich 1902 mit dem „Historischen Brauhaus" in Neuss, als Simon Gatzweiler dieses alte Renaissance-Haus auf der Neusser Oberstraße kaufte. Das hier gebraute und ausgeschenkte Altbier kam bei den Neussern so gut an, daß sie sagten „Wir gehen zum Gatzweiler", wenn sie das „Historische Brauhaus" meinten. 1936 kaufte Gatzweiler die Hausbrauerei „Zum Schlüssel" in der Düsseldorfer Altstadt hinzu. Im Zweiten Weltkrieg wurde das „Historische Brauhaus" bei einem Bombenangriff völlig zerstört, so daß Gatzweiler bis heute sein Altbier nur noch in Düsseldorf braut. Erst als es 1949 wieder möglich war, „Friedensbier" zu brauen, eröffneten die Gebrüder Gatzweiler ihre Düsseldorfer Hausbrauerei. Ab 1952 lieferte Gatzweiler erstmals Faßbier an fremde Gastronomiebetriebe und 1954 begann der Flaschenbierverkauf. Dadurch waren die räumlichen Kapazitäten in der Düsseldorfer Altstadt schnell erschöpft. 1964 wurde im Stadtteil Oberkassel eine komplett neue Brauerei in Betrieb genommen. 1999 übernahm die Hannen/Tuborg-Brauerei Gatzweiler und verlagerte den Braubetrieb von Düsseldorf-Oberkassel nach Mönchengladbach.

Brauerei Gleumes, Krefeld

Bereits 1616 betrieb die Familie Gleumes in St. Hubert (gehört heute zur Stadt Kempen) eine Hausbrauerei mit Schankwirtschaft. 1807 gründete der Brauer Michael Wienges die Hausbrauerei „Zu den drei Kronen“ in Krefeld. Zwei Generationen später verbanden sich die Brauerfamilien Wienges und Gleumes. 1905 baute August Gleumes Brauerei und Ausschank an der Sternstaße um und gab der Gaststätte ihre bis heute unverwechselbare Atmosphäre: Holzvertäfelungen, Glasverzierungen im Jugendstil, der quietschende Speiseaufzug mit Handbetrieb und die Krefelder Originale als Zeichnungen an den Wänden. Ein Sichtfenster im Schankraum erlaubt den Blick auf die Brauanlage. Eine besondere Note erhält Gleumes Alt durch die Verwendung von Naturhopfen statt des im Brauwesen üblichen Hopfen-Extrakts (Pellets). Obwohl Gleumes ein kleine Brauerei ist, hat sie einen Rekord zu verzeichnen: Braumeister Michael Stiffel ist mit seinen weit über zwei Metern Körperlänge wahrscheinlich der größte Braumeister Deutschlands.

Brauerei Hannen, Mönchengladbach

Die Vereinigten Willicher Brauereien und die Brauerei Hannen schlossen sich 1920 zur Hannen-Brauerei zusammen. Der Willicher Brauereizweig braute schon 1725 Altbier. Seit 1969 wird das Hannen Alt in Mönchengladbach produziert. Heute ist das Unternehmen eine Tochter der dänischen Carlsberg/Tuborg-Gruppe.

Brauerei Rhenania, Krefeld

1838 übernahm Hermann Josef Wirichs die Braurechte einer der ältesten Krefelder Brauereien. Seine Brauerei mit dem Ausschank „Im goldenen Stern“ stand genau an der Stelle, an der sich heute noch der Rhenania-Brauereiausschank „Et Bröckske“ befindet. 1888 kaufte der Sohn des Gründers, Robert Wirichs, ein dreißig Morgen großes Grundstück in Krefeld-Königshof, um hier eine große, moderne Brauerei zu errichten. Zum Betrieb gehörten eine eigene Küferei, eine Schlosserei, eine Sattlerei. Eine brauereieigene Schildermalerei stellte die Außenwerbeanlagen für die

Rhenania-Gaststätten her. Damals hieß das Rhenania-Alt noch „Wirichs obergärig". Der Name Rhenania wurde kurz nach der Jahrhundertwende als Markenbezeichnung eingeführt. Brauereiinhaber Josef Wirichs war vom Ersten Weltkrieg bis zum Zweiten Weltkrieg Vorsitzender des Brauereiverbandes linker Niederrhein und organisierte während der beiden Kriege den gemeinsamen Einkauf des kontingentierten Braumalzes. Direkt nach dem Zweiten Weltkrieg durfte Rhenania als einzige Altbierbrauerei wieder richtiges Vollbier brauen, allerdings nur für die NAAFI, die Versorgungsinstitution der britischen Armee. Ab 1949 stand dann auch der deutschen Bevölkerung wieder das traditionelle Altbier in Friedensqualität zur Verfügung.

Brauerei Schlösser, Düsseldorf

Mitten in der Düseldorfer Altstadt gründete 1873 die Familie Schlösser ihre Hausbrauerei. 59 Jahre lang wurde hier Altbier gebraut. 1932 wurde die Brauerei Schlösser von der Schwabenbräu AG Düsseldorf übernommen. 1972 schloß sich die Schwabenbräu mit der Düsseldorfer Brauerei Dieterich/Hoefel zum „Düsseldorfer Brauhaus" zusammen. Ab 1974 nannte sich das in der Münsterstraße gebraute Obergärige wieder Schlösser Alt. Heute gehört die Brauerei Schlösser zum Dortmunder Konzern Brau und Brunnen. Schlösser sponsert die Düsseldorfer EG, eine der bedeutendsten deutschen Eishockey-Mannschaften, das Kabarett „Kom(m)ödchen" und „Schlössers Sommertheater" im Boulevard-Theater „Die Kommödie".

Brauerei Schumacher, Düsseldorf

Für genau 1702 Taler, 13 Silbergroschen und 6 Pfennige kaufte 1838 der aus Kalkum bei Düsseldorf stammende Mathias Schumacher die Düsseldorfer Hausbrauerei „Im Sonnenaufgang", und zwar mit dem gesamten Inventar. Das Haus hatte schon Tradition: Der Düsseldorfer Wirt Carl Joseph Kürten betrieb hier schon viele Jahre zuvor eine Hausbrauerei. Unter dem neuen Besitzer Mathias Schumacher entwickelte sich das an der Citadellstraße in der Altstadt liegende Haus prächtig. Schon bald mußte man umziehen, Brauerei und Ausschank fanden auf der Oststraße ein neues Domizil. Die Hausbrauerei änderte ihren Namen in „Brauerei

Ferdinand Schumacher" nach dem Sohn des Gründers. Mehrfach wurde erweitert, umgebaut, modernisiert. Um auch wieder in der Altstadt präsent zu sein, kaufte Ferdinand Schumacher 1902 die traditionsreiche Hausbrauerei und Gaststätte „Im goldenen Kessel" hinzu. (Neben dieser alten Hausbrauerei wohnte bis 1815 Heinrich Heine; zum Gedenken an diese Nachbarschaft steht im „Goldenen Kessel" bis heute eine Heine-Büste.) Die Brauerei Schumacher ging mit der Zeit: 1903 wurde eine damals hochmoderne Kühlmaschine mit Sauggasmotor installiert. Nach kriegsbedingten Rückschlägen im Ersten und Zweiten Weltkrieg ging es ab 1949 wieder aufwärts. Heute hat das Schumacher-Alt eine treue Fangemeinde: Wenn das Altbier schon nicht direkt in den beiden Brauereiausschänken getrunken werden kann, so holt man es sich in den schon legendären 1-Liter-Flaschen mit Bügelverschluß oder faßweise.

Brauerei „Zum Uerige", Düsseldorf

1862 kaufte Wilhelm Cürten das Weinhaus „Zum Heidelberger Faß" in der Düsseldorfer Altstadt und richtete eine Altbierbrauerei mit Ausschank ein. Das Haus selbst hatte eine lange Tradition als Weinhaus: Bis 1600 läßt sie sich zurückverfolgen, davor hieß es „Bergischer Hof". Wilhelm Cürten war ein mürrischer und griesgrämiger Mann, der sein Haus nur verließ, um sonntags in die nahegelegene Maxkirche zu gehen. Nur einmal soll er in Düsseldorf-Gerresheim gewesen sein, was er als Weltreise betrachtete. Wegen seines übellaunigen Wesens nannten ihn die Düsseldorfer nur noch den Uerigen. Cürten fühlte sich dadurch aber nicht beleidigt. Im Gegenteil: Eines Tages überraschte er seine Gäste mit dem neuen Wirtshausnamen „Zum Uerige". Das von ihm gebraute Altbier fand im Gegensatz zu seinem unwirschen Verhalten großen Anklang. Während des Ersten Weltkriegs braute man im Uerigen im Gegensatz zu den anderen Düsseldorfer Brauereien das Alt als Vollbier, wenn auch wegen der Rohstoffkontingentierung nur in begrenzten Mengen. Im April 1944 wurde die Hausbrauerei „Zum Uerige" durch Bombentreffer zerstört. Unmittelbar nach Kriegsende wurde in provisorisch hergerichteten Kellerräumen der Ausschank wieder eröffnet – mit „Molkebier". Der damalige Brauereibesitzer Rudi Arnold baute zusammen mit Handwerkern die Gaststätte wieder auf, obwohl er keine Baugenehmigung hatte. 1951 wurde die Hausbrauerei um den Bau „Neewean" (nebenan) erweitert und Anfang der sechziger Jahre kam das heutige „Brauhaus“ hinzu. Brauereibesitzer Rudi Arnold war ein echtes Düsseldorfer Original, seine kauzigen Marotten sorgten immer wieder für Gesprächsstoff unter den Gästen. So trug er in seinen ausgebeulten Hosentaschen immer eine Handvoll Groschen mit sich herum; beschwerte sich ein Gast über ein schlecht gezapftes Altbier, so legte Arnold ihm einen Groschen auf den Tisch, „als Ersatz“, wie er sagte. Rudi Arnold starb 1976 im Alter von 86 Jahren. Ihm folgten als neue Betreiber der Hausbrauerei „Zum Uerige“ Christa und Josef Schnitzler; sie bauten die schon als Düsseldorfer Institution zu bezeichnende Hausbrauerei zu einer mittlerweile international bekannten Attraktion aus.

Historische Maße und Gewichte am Niederrhein

Biermaße

1 Faß	= 200 Quart	= 229	Liter
1 Tonne	= 100 Quart	= 114,5	Liter
1 Ohm (Ahm)	= 2 Eimer	= 137,4	Liter
1 Eimer	= 2 Anker	= 68,7	Liter
1 Anker	= 30 Quart	= 34,35	Liter
1 Quart (= 1 Maß)	= 2 Össel	= 1,145	Liter
1 Össel	=	0,5725	Liter

Unsichere Biermaße

1 Teute (von niederl. Tuit = Schnauze, Ausguß) zwischen 4 und 5 Maß
1 Kanne etwa 1 bis 2 Liter

Sonstige Maße und Gewichte

inländischer Hopfen	Zentner zu 110 Pfund
Getreide	Malter (= 12 Scheffel) = 6,595 Hektoliter
Flachs	Stein zu 22 Pfund
Stroh	Schock zu 1 200 Pfund
Brennholz	Klafter = etwa 2 bis 3,5 Kubikmeter

Kleines Glossar zum Altbier

Ahm
= Ohm, siehe Anhang „Historische Maße und Gewichte"

Altbier
Ein dunkles, sehr aromatisch-feinbitteres, obergäriges Bier mit Hauptverbreitungsgebiet am Niederrhein. Als im Verlauf des 15. Jahrhunderts die bis dahin dominanten, obergärigen ☞Grutbiere durch das neue mit ☞Hopfen gebraute Bier verdrängt wurden, war das die Geburtsstunde des Altbiers, wie wir es heute kennen. Allerdings ließ damals die ☞Haltbarkeit sehr zu wünschen übrig, da man die Bedeutung der Hygiene für den ☞Brauvorgang nicht kannte. Im 19. Jahrhundert konnte durch verbesserte Agrartechniken und zunehmende Hygiene die Qualität des Altbiers gesteigert werden. Durch die Entdeckung des Vermehrungsverhaltens der ☞Hefe durch Louis Pasteur im Jahre 1876 war es möglich geworden, Bierhefen zu züchten und damit spezifische, brauereitypische Geschmacksnuancen bei gleichbleibender Bierqualität zu erreichen. Die Erfindung der Kühlmaschine durch Carl von Linde erlaubte einen rationelleren Brauvorgang und erhöhte zusätzlich die Haltbarkeit des Altbiers. Seit dem Ende des 19. Jahrhunderts steht das Altbier in Konkurrenz zum untergärigen Bier, zunächst zum Exportbier, seit den siebziger Jahren des 20. Jahrhunderts ganz überwiegend zum Pils. Bis etwa 1985 blieb das Altbier aber das meistgetrunkene Bier am Niederrhein. Am nördlichen Niederrhein hat das Pils das traditionelle Alt mittlerweile überflügelt, aber im Gebiet der Städte Mönchengladbach, Krefeld und ganz besonders in Düsseldorf und Neuss behauptet sich das Alt unangefochten. Das Altbier wird heute in Fässern, Flaschen und in geringem Maße auch in Büchsen angeboten, doch ist der Anteil an Faßbier im Vergleich zum Faßbieranteil anderer ☞Biersorten hoch. Der Name Alt hat nichts mit „altem" Bier zu tun, sondern mit „alt"-hergebrachter Brauweise. Seit Anfang des 20. Jahrhunderts diente der Name „Altbier" umgangssprachlich als Unterscheidungsbegriff zum neuen hellen untergerigen Bier. Erst in den fünfziger Jahren tauchte das Wort „Alt" in den Markennamen der Altbierbrauer auf ☞Düssel).

Anstellwürze
Die nach dem Kochen mit Hopfen abgekühlte ☞Würze bezeichnet man als Anstellwürze. Sie wird mit Hefe versetzt – „angestellt".

Altbierbecher
Der „klassische" Altbierbecher ist ein zylindrisches, dünnwandiges Trinkglas speziell für Altbier. Wann der Altbierbecher Seidel und Humpen verdrängte, läßt sich heute nicht mehr feststellen, doch dokumentieren alte Fotos den Gebrauch des Altbierbechers bereits vor 1900. Der Altbierbecher bietet ein sehr günstiges Verhältnis von Oberfläche zu Volumen, so daß das Altbier länger kühl und frisch bleibt als in schlankeren Gläsern.

Alkoholgehalt
Der Alkoholgehalt eines Bieres beträgt etwa ein knappes Drittel der ☞Stammwürze, beim Altbier liegt er zwischen 4,0 und 4,8 %.

Anker
Siehe Anhang „Historische Maße und Gewichte"

Biergattungen
Die unterschiedlichen ☞Stammwürzegehalte der Biere bestimmen die Eingruppierung in Biergattungen. Dabei ist es unerheblich, ob es sich um untergärige oder obergärige Biere handelt. Einfachbier hat einen Stammwürzegehalt von 2,5 – 5,5 %, Schankbier 7 – 8 %, Vollbier 11 – 14 % (hierzu gehören die meisten deutschen Biere, auch das Altbier), Bockbier über 16 %. Die Zugehörigkeit zu einer bestimmten Biergattung entscheidet über die Eingruppierung bei der ☞Biersteuer.

Biersorten
Obergärige Biersorten sind Altbier, Kölsch, Weizenbier und Weizenbockbier, untergärige Biersorten sind Export, Pils, Schwarz- und Bockbiere.

Bierspindel
Mit der Bierspindel wird der ☞Stammwürzegehalt des Bieres ermittelt, indem über die Eintauchtiefe eines Schwimmkörpers die Dichte der Würze bestimmt werden kann.

Biersteuer
Biersteuer hat eine uralte Tradition. Die Grut, die Trockensubstanz der mittelalterlichen Grutbiere, wurde von den Territorialherren und Städten an die Brauer verkauft. Dieses Grutmonopol beinhaltete die Grutsteuer und brachte den Inhabern des Grutrechts erhebliche Einkünfte. Für einige niederrheinische Städte war das Grutmonopol die Haupteinnahmequelle für die städtischen Haushalte. Mit dem Aufkommen des Hopfenbieres wurde das Braumalz, aber auch das fertige Bier besteuert. Das preußische Biersteuergesetz von 1819 vereinheitlichte die verschiedenen Biersteuerarten am Niederrhein, versteuert wurde jetzt das verbraute Malz. Seit 1906 ist auch das ☞Reinheitsgebot im Biersteuergesetz festgeschrieben. Nach dem Ersten Weltkrieg wurde die direkte Biersteuer eingeführt. Heute gilt das Biersteuergesetz von 1952. Bemessungsgrundlage für die Biersteuer ist der ☞Stammwürzegehalt des Bieres.

Brauereiausschank
Gaststätten, die nicht von einem Pächter oder Eigentümer, sondern von einer Brauerei selbst betrieben werden, bezeichnet man als Brauereiausschank. Alle Altbierbrauereien verfügen über mindestens einen Brauereiausschank. Sie sind meistens räumlich der Brauerei angegliedert, sofern diese zentral gelegen ist. Hier wird das Altbier so ausgeschenkt, wie der passionierte Altbiertrinker es besonders schätzt: aus dem auf der Theke stehenden Stichfaß.

Braugerste
Als Braugerste wird die zweizeilige Sommergerste verwendet. Wegen ihres niedrigen Eiweißgehalts eignet sie sich besonders gut zum Bierbrauen.

Braumalz
Die gekeimte ☞Braugerste (Grünmalz) muß vor dem ☞Schroten gedarrt (geröstet) werden. Für helle Biere wird das Grünmalz schnell und bei niedrigen Temperaturen bis 85° gedarrt. Das Darren des Altbiermalzes dauert länger als das Darren des Malzes für helle Biere und geschieht bei Temperaturen um 100°. Dadurch erhält das Braumalz und das daraus gebraute Altbier nicht nur seine dunkle Farbe, sondern auch ein kräftig-volles Aroma. Für besonders dunkles Bier werden dem Braumalz geringe Mengen „Röstmalz" zugegeben. Dieses Röstmalz wird bei Temperaturen von etwa 200° gedarrt. Der Brauer nennt das Braumalz auch „Schüttung".

Brauvorgang
Das ☞Malzschrot, die „Schüttung", wird in das ☞Brauwasser, den „Guß", gegeben und in mehreren Stufen erhitzt. Diesen Brei nennt man ☞Maische. Die Enzyme des aufgeweichten Malzschrots wandeln unter anderem die Stärke in Zucker um. Man prüft dies mit der ☞Jodprobe. Nach dem Ende des Maischens beginnt das ☞Läutern, dabei werden im Läuterbottich die festen Bestandteile der Maische von den flüssigen getrennt. Die ☞Vorderwürze, also die nach dem Läutern übriggebliebene Flüssigkeit, fließt in die Würzpfanne, die festen Stoffe, der ☞Treber, bleibt im Läuterbottich zurück. Um auch die restlichen Inhaltstoffe aus dem Treber herauszuwaschen, erfolgt ein ☞Nachguß. Der Vorderwürze wird nun der Hopfen beigegeben (nach der Hopfung bezeichnet man die Vorderwürze als ☞Würze) und das Ganze etwa 1,5 Stunden gekocht. Die Würze wird dabei sterilisiert und der gewünschte Extraktgehalt, die ☞Stammwürze, durch Verdampfen erreicht. Die Stammwürze wird mit der ☞Bierspindel ermittelt, sie liegt beim Altbier zwischen 11,5 und 14 %. Nach dem Kochen wird der Hopfentreber herausgefiltert und die Würze auf 14 bis 22° abgekühlt. Nach der Abkühlung der

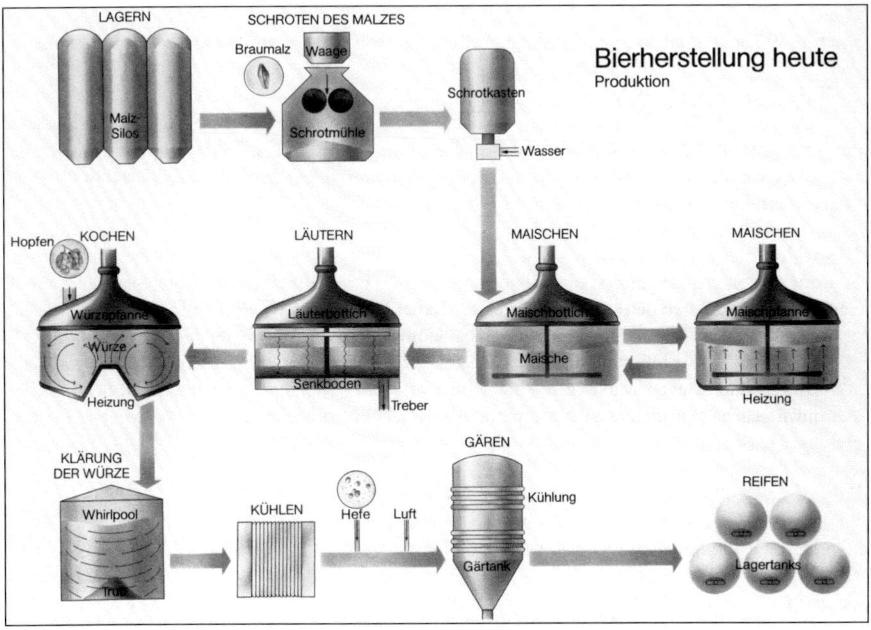

Das Bierbrauen

Würze wird die obergärige ☞Hefe hinzugefügt, „geimpft". Die meisten Altbierbrauereien züchten ihre Hefe selbst, damit der markenspezifische Geschmack gleichbleibend garantiert werden kann. Die ☞Gärung, bei der sich Kohlensäure und Alkohol bildet, ist nach vier bis sechs Tagen abgeschlossen, das ☞Jungbier ist fertig. Das Jungbier wird nun in Lagertanks gefüllt und gärt hier bis zur Reife. Die Gärung wird abgeschlossen, indem das Altbier von der Gärtemperatur auf etwa 8° abgekühlt wird. Vor der Abfüllung in Fässer oder Flaschen wird es nochmals filtriert, damit auch die letzten Trübstoffe entfernt sind und das Altbier kristallklar wird.

Brauwasser
Brauwasser, vom Brauer auch „Guß" genannt, hat nicht nur Einfluß auf den Biergeschmack, sondern auch auf die ☞Farbe des Bieres. Altbier verlangt ein Brauwasser mit einem Härtegrad von etwa 10. Der hohe Carbonatgehalt begünstigt die dunkle Farbe und die Aromaentwicklung, während weiches, carbonatarmes Wasser für helle Biere wie Kölsch und Pils verwendet wird. Brauwasser ist frei von Nitraten, Magnesium, Schwefel und organischen Verunreinigungen. Die Brauereien bereiten ihr Brauwasser nach den Erfordernissen ihres charakteristischen Bieres auf.

Conventbier
Ein ☞Dünnbier, das in den Klöstern vor der Französischen Revolution den einfachen Mönchen vorgesetzt wurde, während die Ordensoberen ☞Vollbier tranken.

Darren
 Rösten des ☞Grünmalzes zu ☞Braumalz

Dextrin
Hochmolekulares Kohlehydrat, ein Abbauprodukt von Stärke. Dextrin kommt in jedem Bier vor.

Dollbier
Ein frühes untergäriges, bierähnliches Getränk war das im 17. Jahrhundert in Neuss gebraute Dollbier, das wegen der untergärigen Brauweise nur im Winter hergestellt werden konnte (☞Gärung). Die Zusatzstoffe „Underheffen, Brandenweinsmoder" und anderes „Dollkraut" hatte verheerende Wirkung und so wurde das Dollbier kurzerhand verboten.

Dünnbier
Bier mit einem sehr geringen ☞Stammwürzegehalt. Bis ins 19. Jahrhundert hinein wurde es produziert, indem man durch den schon genutzten ☞Treber Wasser laufen ließ. Das Dünnbier war das Bier der Armen, in den Klöstern bekamen es als ☞Conventbier die einfachen Mönche zu trinken. Im 20.Jahrhundert wurde Dünnbier nur in Zeiten äußerster Rohstoffverknappung produziert, etwa in den Weltkriegen und in der Nachkriegszeit 1945 bis 1949 als ☞Molkebier. Entsprechend dem geringen Stammwürzegehalt enthielt es auch nur wenig Alkohol, es entsprach in etwa dem Einfachbier (☞Biergattungen).

Düssel
In den ersten Jahrzehnten des 20. Jahrhunderts versuchten die Düsseldorfer Altbierbrauer den Namen „Düssel" als Sortenbezeichnung für in Düsseldorf gebrautes Altbier zu schützen. Sie hatten dabei wohl den Erfolg vor Augen, den die Kölner mit dem Sortennamen „Kölsch" für das in Köln gebraute obergärige Bier erzielten. Der Sortenname Düssel setzte sich aber nicht durch, da es keinerlei qualifizierbaren Unterschiede zwischen dem am rechten und dem am linken Niederrhein gebrauten Altbier gab. Die Niederrheiner behielten stattdessen den seit Anfang des 20. Jahrhunderts umgangssprachlich verwendeten Begriff „Altbier" oder kurz „Alt" bei. Die Altbierbrauer waren von dieser Bezeichnung zunächst nicht angetan. Erst in den fünfziger Jahren tauchte der Begriff „Alt" als Zusatz zu den Markennamen der Brauereien auf.

Eimer
Siehe Anhang „Historische Maße und Gewichte"

Einfachbier
☞Biergattungen

Extraktgehalt
☞Stammwürze

Farbe
Die Farbe des Altbieres wird von mehreren Faktoren bestimmt. Ausschlaggebend ist die Farbe des ☞Braumalzes, aber auch die Beschaffenheit des ☞Brauwassers spielt eine Rolle. Nach dem deutschen Reinheitsgebot ist für obergärige Biere auch der Zusatz von ☞Zuckercouleur zur Farbgebung erlaubt. Davon macht allerdings kaum eine Altbierbrauerei Gebrauch.

Faß
Siehe Anhang „Historische Maße und Gewichte"

Filterkuchen
☞Treber

Flaschenbier
Flaschenbier kam im letzten Drittel des 19. Jahrhunderts am Niederrhein auf. Bis in die achtziger Jahre des 20. Jahrhunderts war der Flaschenbieranteil des Altbiers aber sehr gering. Erst mit dem

zunehmenden Preisunterschied zwischen Faßbier und Flaschenbier stieg der Flaschenbierabsatz an. Heute haben sich die Flaschen aus braunem Glas durchgesetzt, da sie den besten Lichtschutz und damit eine erhöhte Haltbarkeit des Altbiers bieten.

Gärung
Die Gärung der ☞Würze wird beim Brauen von Altbier von obergäriger ☞Hefe ausgelöst. Dabei wird der Malzzucker der Würze in Alkohol und Kohlensäure umgewandelt. Die „warme Gärführung“ für das Altbier verlangt Temperaturen zwischen 14° und 22°, dabei vermehren sich die Hefezellen optimal. Nach Meinung mancher Altbierbrauer ist das volle Aroma des Altbieres auch auf die warme Gärung zurückzuführen, da diese Temperaturen besser die Bildung von Geschmacksstoffen ermöglichen als die kalte Gärführung zwischen 4° und 9° bei den untergärigen Hefen. Bei der Untergärung sinken die Hefezellen nach unten, bei der Obergärung steigen sie nach oben und bilden einen hellbräunlichen Schaum, die ☞Kräusen.

Grünmalz
Als Grünmalz bezeichnet man die ☞Braugerste nach dem vollen Auskeimen (☞Mälzen).

Guß
☞Brauwasser

Haltbarkeit
Die Haltbarkeit des Altbieres war früher gering, da man noch nichts von Bakterien wußte. Mit den „wilden ☞Hefen“ gelangten unerwünschte Mikroorganismen in die ☞Würze und begrenzten so die Haltbarkeit des Bieres, wenn nicht sogar der ☞Brauvorgang mißlang. War das Faß erst einmal angeschlagen, so mußte es am gleichen Tage ausgetrunken werden. Mit der Verbesserung der hygienischen Verhältnisse im Verlauf des 19. Jahrhunderts und der Erforschung der Mikroben wurde das Bier haltbarer. Heute ist das Altbier, kühl und lichtgeschützt gelagert, bis etwa drei bis vier Monate ohne Qualitätsverlust haltbar.

Hausbrauerei
Hausbrauereien sind kleine Braubetriebe mit eigenem Ausschank. Vor dem Aufkommen der Großbrauereien waren praktisch alle Altbierbrauereien Hausbrauereien. Sie verfügten bis weit ins 19. Jahrhundert hinein über landwirtschaftliche Betriebe mit eigenem Anbau von ☞Braugerste und ☞Hopfen. Die große Zahl der Hausbrauereien überlebte die mit der Industrialisierung aufkommende Konzentration des Brauwesens nicht. Die heute noch existierenden Hausbrauereien genießen einen Kultstatus. Hier wird wie in den meisten ☞Brauereiausschänken das Altbier aus dem Stichfaß gezapft.

Heckenwirtschaft
Kleine illegale Hausbrauereien mit Ausschank in Hinterzimmern. Sie waren bis ins 18. Jahrhundert vor allem am ländlichen Niederrhein verbreitet.

Hefe
bewirkt die Gärung der ☞Würze. Bei diesem biologischen Prozeß der Zellteilung wird der Malzzucker in Kohlensäure und ☞Alkohol umgewandelt. Man unterscheidet obergärige und untergärige Hefen (saccaromyces cerevisiae und saccaromyces carlsbergensis). Die obergärige Hefe bildet bei der Gärung verzweigte Zellverbände, die von den aufsteigenden Kohlendioxid-Bläschen mit nach oben getragen werden. Die Zellen der untergärigen Hefe vereinzeln und sinken nach unten. Die obergärige Hefe benötigt zur Gärung Temperaturen zwischen 14° und 22°, die untergärige etwa 4° bis 9°. Obwohl die Wirkung der Hefen schon sehr lange bekannt war, entdeckte erst Louis Pasteur den Charakter der Hefe als einzelliges Lebewesen. 1876 beschrieb er in der Abhandlung „Études sur la bière“ das Vermehrungsverhalten der Hefe und ermöglichte so deren Züchtung. Vor dieser Zeit war man beim Brauen auf die Mitwirkung der „wilden Hefen“ angewiesen, und so bestimmten damals Zufall und Gärtemperatur den Geschmack und die Haltbarkeit des Bieres mit. Da nach dem allmählichen Erkal-

ten der Würze auf etwa 25° die Gärung einsetzte, konnten sich nur die obergärigen „wilden Hefen" durchsetzen. Das ist der Grund dafür, daß bis ins 19.Jahrhundert hinein fast ausschließlich obergärige Biere gebraut wurden. Das Brauen von untergärigen Bieren vor 1800 gelang nur per Zufall in kalten Wintern, wenn die Temperatur der gekochten Würze schnell auf weniger als 10° absank. Ein Beispiel für untergäriges Bier am Niederrhein schon im 17. Jahrhundert ist das untergärige Neusser ☞Dollbier.

Hopfen
Hopfen ist eine Maulbeerpflanze, deren unbefruchtete weibliche Dolden seit dem 15. Jahrhundert am Niederrhein zur Bierherstellung verwendet werden. Der Hopfen entfaltet eine Reihe geschmacksbildender und stabilisierender Wirkungen: Die aseptische Wirkung des Hopfenbitterstoffs Lupulin verhindert die Vermehrung von unerwünschten Milchsäurebakterien; andere Hopfenbitterstoffe sind für den feinbitteren Geschmack des Bieres und die Stabilität des Bierschaums verantwortlich; die Gerbstoffe erhöhen die ☞Haltbarkeit des Bieres. Hopfen ist ein enger Verwandter des Hanfs und kam in seiner Wildform am gesamten Niederrhein vor. Seine gesundheitliche Wirkung war schon vor dem Aufkommen des Hopfenbieres bekannt. Bis ins 19. Jahrhundert hinein war der linke Niederrhein das Hauptanbaugebiet für Hopfen im Rheinland. Seit den achtziger Jahren des 19. Jahrhunderts gibt es am Niederrhein kaum noch Hopfenanbau. Letztes Refugium des Hopfenanbaus am Niederrhein war eine 1,3 Hektar große Fläche um 1900 im Kreis Moers. Die Altbierbrauereien beziehen heute überwiegend ihren Hopfen aus der Hallertau in Niederbayern und zwar in Form von Hopfenkonzentrat (Pellets).

Inhaltsstoffe
☞Stammwürze

Jodprobe
Mit der Gabe einer 1%igen Kaliumjoditlösung in eine Maische-Probe kann festgestellt werden, ob sich ☞Maltose gebildet hat und zwar durch Gelbfärbung der Probe.

Jungbier
Zwischen der Hauptgärung und der ☞Nachgärung bezeichnet man das Gebräu als Jungbier (☞Brauvorgang).

Kaloriengehalt
Altbier ist entgegen landläufiger Meinung eines der kalorienärmsten Getränke. Nur Wasser, schwarzer Kaffee, schwarzer Tee (ohne Milch) und alkoholfreies Bier haben weniger Kalorien. Altbier 380 – 420 kcal pro Liter; Pils 400 – 430 kcal; Export 440 – 450 kcal; Apfelsaft ca. 410 kcal; Cola ca. 470 kcal; Vollmilch 660 kcal

Kanne
Siehe Anhang „Historische Maße und Gewichte"

Keutebier
Ein obergäriges Bier mit Beimischung von Weizen und Gewürzen von bernsteinähnlicher Farbe. Keutebier wurde vorwiegend zwischen 1500 und 1700 gebraut.

Köbes
Kellner in Altbierkneipen

Kräusen
Beim ☞Gären von obergärigem Bier vermehrt sich die ☞Hefe und steigt als hellbräunlicher Schaum nach oben. Diesen Schaum nennt der Brauer die Kräusen. Die Kräusen wird abgeschöpft und kann mehrmals als Hefe wiederverwendet werden.

Lagerbier
Ursprünglich bedeutete der Begriff Lagerbier, daß das Bier vor dem Trinken einige Tage gelagert werden sollte. Mit dem Vordringen des untergärigen Bieres an den Niederrhein um die Mitte des 19. Jahrhunderts unterlag der Begriff einem Bedeutungswandel, man bezeichnete als Lagerbier jetzt das helle untergärige Bier wegen der längeren Haltbarkeit. Diesen verkaufsfördernden Vorsprung des untergärigen Bieres holten die meisten Altbierbrauereien aber schnell auf, indem sie gegen Ende des 19. Jahrhunderts moderne Kühlmaschinen installierten und durch wissenschaftlich fundierte Brautechniken erreichten, daß Altbier ebenso lange gelagert werden konnte wie untergäriges Bier. Folgerichtig bezeichneten die Altbierbrauer ihre Produkte auch als Lagerbier wie zum Beispiel „Wirichs Lagerbier" – heute Rhenania Alt – oder „Schumacher Obergäriges Lagerbier" – heute Schumacher Alt. Der Begriff Lagerbier ist eine heute veraltete Bezeichnung für ober- und untergärige Biere.

Läutern
Beim Läutern werden die festen Bestandteile der ☞Maische von den flüssigen getrennt. Die flüssigen Bestandteile fließen aus dem Läuterbottich in die Würzpfanne, der Brauer nennt diese Flüssigkeit ☞Vorderwürze. Die übrig bleibende feste Substanz, den Filterkuchen, bezeichnet der Brauer als ☞Treber.

Maische
Die Maische besteht aus dem Guß, also dem ☞Brauwasser und dem geschroteten ☞Braumalz, der Schüttung. In der Maischpfanne wird die Maische auf mehrere Temperaturstufen erhitzt, dabei lösen sich aus dem Malz die verschiedenen Inhaltsstoffe wie ☞Dextrin, ☞Maltose, Geschmacksstoffe und Vitamine.

Maltose
Malzzucker

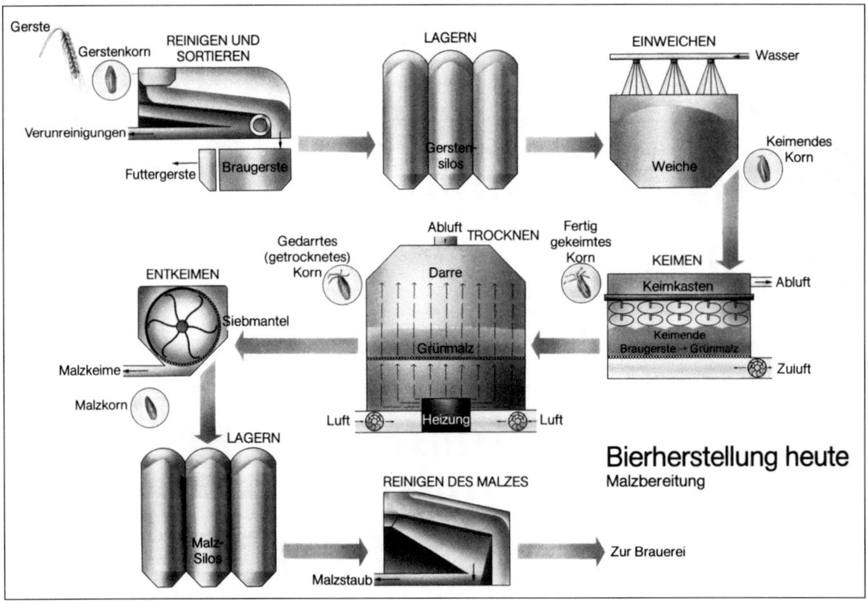

Mälzen
Die ☞Braugerste wird zunächst in Wasser eingeweicht, bis sie zu quellen und zu keimen beginnt. Danach wird sie in Keimkästen ausgebreitet, nach etwa fünf Tagen ist aus der Gerste Grünmalz geworden. Die Keimung wird durch das ☞Darren beendet. Das fertige ☞Braumalz enthält nur noch etwa 3 bis 4 % Feuchigkeit. Nach dem groben Zermahlen ist das geschrotete Braumalz fertig für das Bierbrauen. Während früher die Brauereien ihr Braumalz selbst bereiteten, beziehen sie es heute von Mälzereien.

Molkebier
In den Notzeiten des Ersten und des Zweiten Weltkriegs und in den Nachkriegszeiten waren die Rohstoffe zum Bierbrauen kontingentiert, insbesondere die Gerste. Zunächst behalf man sich damit, die ☞Stammwürze zu senken und so ein ☞Dünnbier zu produzieren. Als die Gerste noch knapper wurde, verwendete man Molke zum Brauen. Das so entstandene Molkebier schmeckte nach Aussagen von Zeitzeugen nach gekochtem Stroh und hatte einen sehr geringen Alkoholgehalt. Es entsprach vom Stammwürzegehalt am ehesten dem „Einfachbier“ (☞Biergattungen).

Nachgärung
☞Gärung

Nachguß
Nach dem ☞Läutern der ☞Maische laugt der temperierte Nachguß (☞Brauwasser) die restlichen Bestandteile aus dem Filterkuchen, dem ☞Treber. Dieser Nachguß mit den Restbestandteilen aus der Maische diente früher als „Maische“ für die Herstellung von ☞Conventbier. Heute fließt der Nachguß mit in die ☞Vorderwürze.

Obergärig
☞Gärung

Ohm
Siehe Anhang „Historische Maße und Gewichte“

Össel
Siehe Anhang „Historische Maße und Gewichte“

Oxhoft
Historisches Hohlmaß für Branntwein: 1 Oxhoft = 1,5 Ohm = 206,1 Liter. Der Name Oxhoft leitet sich ab von „Schweinekopf“.

Quart
Siehe Anhang „Historische Maße und Gewichte“

Rähmchen
Kleine fensterartige Öffnung zwischen Schankraum und Flur des Wirtshauses. Durch das Rähmchen wurde Altbier in Kannen außer Haus verkauft.

Reinheitsgebot
Das bayerische Reinheitsgebot von 1516 bestimmte, daß Bier nur mit Wasser, Gerste und Hopfen gebraut werden dürfe, von der Bedeutung der Hefe für das Brauen wußte man zu dieser Zeit noch nichts. Im Jahre 1906 wurde das Reinheitsgebot deutsches Reichsgesetz und gilt noch heute. Das Reinheitsgebot ist auch im ☞Biersteuergesetz festgeschrieben.

Schalander
Raum in der Brauerei, in dem die Arbeiter ihr Altbierdeputat trinken konnten. Dieser Raum oder nur das Faß wurde auch scherzhaft als „Zum Sternewirt“ bezeichnet, nach dem sechszackigen Stern, dem alten Zunftzeichen der Brauer.

Schankbier
☞Biergattungen

Schaumkrone
Die Schaumkrone des Altbieres muß feinporig, fast cremig und schneeweiß sein. Daß selbst bei sehr dunklem Altbier der Schaum reinweiß bleibt, liegt an den hochmolekularen Verbindungen der Bierfarbstoffe, die sich im Schaum nicht anreichern.

Schüttung
☞Braumalz

Stammwürze
Stammwürze ist der Extraktgehalt der ☞Anstellwürze vor der Vergärung. Ein Stammwürzegehalt von 14 % bedeutet, daß 14 Teilen gelösten Extraktes 86 Teile Wasser gegenüberstehen. Der Alkoholgehalt des Bieres beträgt ein knappes Drittel des Stammwürzegehaltes: in diesem Beispiel also etwa 4,5 %. Der Extrakt enthält zahlreiche Inhaltsstoffe, darunter Spurenelemente und Mineralien, Kohlehydrate, Proteine und Vitamine vor allem der B-Gruppe.

Sudhaus
Im Sudhaus wird die ☞Maische bereitet, geläutert und die ☞Würze gekocht.

Teute
Siehe Anhang „Historische Maße und Gewichte“

Tonne
Siehe Anhang „Historische Maße und Gewichte“

Treber
Treber ist der Filterkuchen, der nach dem Läutern zurückbleibt. Der Treber ist sehr nahrhaft und wird meist als Tierfutter verwendet. Man kann in aber auch als Beimischung zum Brotteig verwenden. In Düsseldorf und Neuss gibt es Bäckereien, die würziges Altbiertreberbrot anbieten.

Vollbier
☞Biergattungen

Vorderwürze
Die nach dem ☞Läutern der ☞Maische in die Würzpfanne gegebene Flüssigkeit vor der Beigabe des ☞Hopfens

Würze
Die nach dem ☞Läutern mit ☞Hopfen versehene Flüssigkeit nennt man Würze. In ihr sind die gelösten Bestandteile der ☞Maische enthalten. Sie wird in der Würzpfanne gekocht und dadurch sterilisiert (☞Brauvorgang).

Zappes
Der hinter der Theke stehende Bierzapfer

Zuckercouleur
Zuckercouleur ist unterschiedlich stark caramelisierter Zucker und dient der zusätzlichen Dunkelfärbung des Bieres, seit vielen Jahren aber nur noch der Malzbierherstellung. Eine Verwendung für obergärige Biere ist zwar nach dem Reinheitsgebot bzw. Biersteuergesetz in Ausnahmefällen erlaubt, müßte aber deklariert werden. Die niederrheinischen Altbierbrauer lehnen die Verwendung von Zuckercouleur ab.

So brauen Sie Ihr Altbier selbst

Sie können Ihr Altbier auch zu Hause selbst brauen. Das ist allerdings nicht ganz einfach. Vor allem die Brauzeiten und die angegebenen Temperaturen müssen peinlich genau beachtet werden. Zunächst sollten Sie den Härtegrad Ihres Leitungswassers bei den Stadtwerken erfragen; er sollte den Wert 10 nicht übersteigen. Ist der Härtegrad zu hoch, können Sie ihn leicht durch Beimischung von destilliertem Wasser senken. Zum Brauen von etwa 10 Litern Altbier benötigen Sie 16 Liter Brauwasser: 8 Liter zum „Einmaischen" und 8 Liter für den „Nachguß".

Nun zu den Geräten, die für ein einfaches Brauverfahren unbedingt erforderlich sind:

1 Einkochtopf mit mindestens 15 Litern Fassungsvermögen
1 „Partyfaß" mit Ablaßhahn (mind. 15 l), wenn möglich mit Siebeinsatz
1 Kochtopf (10 l)
1 Einkochthermometer
1 Badethermometer
1 großer Holzkochlöffel
2 Stücke Gaze mit einer Maschenweite von 1 mm als Filter (die Größe der Gazestücke sollte den Umfang Ihres größten Braugefäßes um mindestens 20 cm übersteigen)
mindestens 10 Wäscheklammern (zum Befestigen der Filtergaze)
einige Kühlakkus (zum schnellen Abkühlen der Würze)
1 kleine Flasche 1%ige Kaliumjoditlösung
Flaschen aus braunem Glas zum Abfüllen des „Jungbieres"
1 Bierspindel (da man in Deutschland selbst für das Brauen eines einzigen Liters Bier Biersteuer zahlen muß, benötigt man die Bierspindel zum Ermitteln des „Stammwürzegehalts", der Bemessungsgrundlage für die Biersteuer ist)

Zum Brauen von 10 Litern Altbier brauchen Sie folgende Zutaten:

2 kg dunkles Malz
0,5 kg helles Malz (beides bekommt man als fertiges Malzschrot vakuumverpackt)
30 g Hopfenpellets

300 g obergärige Flüssighefe saccaromyces cerevisiae (die angegebene Menge Hefe ist sehr hoch, aber die hohe Dosis verhindert durch den massiv einsetzenden Gärungsprozeß das Eindringen „wilder" Hefen)
2 mal 8 Liter Brauwasser

Als Tatort sollten Sie einen Raum mit Wasseranschluß und Kochmöglichkeit wählen, bedenken Sie aber, daß der Raum für einige Stunden blockiert sein wird. Als Kochgelegenheit wäre ein Gasherd oder ein großer Campinggaskocher ideal, damit lassen sich die Temperaturen exakter als mit einem Elektroherd regulieren. Beim Brauen ist auf präzise Einhaltung der Temperaturen und Zeitangaben zu achten. Auch die Hygiene darf nicht zu kurz kommen, alle Braugeräte müssen während des Brauvorgangs peinlich sauber gehalten werden. Sollten „wilde Hefen", die sich in der Luft tummeln, oder irgendwelche Bakterien in Ihr Gebräu gelangen, so wird daraus alles mögliche, nur kein Altbier.
Sobald Sie Gerätschaften und Zutaten beisammen haben, kann die große Tat beginnen. Stellen Sie den Einkochtopf mit 8 Litern Brauwasser und dem Malzschrot auf den Herd und erhitzen Sie den Inhalt unter ständigem Rühren auf 40° Celsius. Ist diese Einmaischtemperatur erreicht, folgt ein 15minütige Pause, die „Eiweißrast". Danach wird die Temperatur der Maische unter ständigem Umrühren auf genau 65° erhöht. Es folgt die erste „Verzuckerungsrast" zur Maltosebildung; sie dauert 40 Minuten. Anschließend wird die Maische, wieder unter ständigem Umrühren, auf genau 72° erhitzt. Jetzt schließt sich die zweite Verzuckerungsrast von 40 Minuten Dauer an, dabei bildet sich Dextrin.
Nach Ablauf der zweiten Verzuckerungsrast müssen Sie unbedingt die „Jodprobe" vornehmen, um festzustellen, ob die Bildung von Malzzucker stattgefunden hat. Und das funktioniert so: Geben Sie ein wenig der 72° heißen Maischeflüssigkeit auf ein weißes Tellerchen, dazu kommt ein Tropfen der Jodlösung. Schwenken Sie das Ganze leicht hin und her. Bleibt die Jodlösung bläulich, nehmen Sie den Einkochtopf mit der Maische vorsichtig vom Herd und gießen diesen Fehlversuch in die Kloschüssel; Altbier wird daraus nie und nimmer. Fangen Sie entweder nochmals ganz von vorn an oder gehen Sie frustriert in die nächste Kneipe. Verfärbt sich die Lösung aber gelb, sind Sie Ihrem selbstgebrauten Altbier schon einen Schritt näher gekommen. Erhöhen Sie jetzt die Temperatur der Maische kurz auf genau 78° (keinesfalls höher!). Der Maischvorgang ist nun abgeschlossen, es beginnt das „Läutern".

Das Partyfaß wird jetzt zum Läuterbottich umgerüstet: Befestigen Sie die Filtergaze durchhängend mit den Wäscheklammern am Rand des Läutergefäßes. Gießen Sie die heiße Maische vorsichtig in den Läuterbottich. In dem Kochtopf haben Sie die restlichen 8 Liter Brauwasser auf 78° erhitzt und spülen mit diesem Wasser die Restbestandteile aus dem Einkochtopf durch die Gaze in den Läuterbottich. Dieser „Nachguß" ist wichtig, damit nichts von der Maische verlorengeht. Die im Gazenetz zurückbleibenden Rückstände nennt man „Treber" und sind sehr nahrhaft. Sie können den Treber als Zusatz zum Brotteig verwenden (falls Sie selbst Brot backen) oder ihn an Schweine verfüttern.
Nachdem Sie den jetzt wieder leeren Einkochtopf sorgfältig gereinigt haben, dient er als „Sudpfanne", in der die „Vorderwürze" gekocht wird. Vorderwürze – das ist die geläuterte Maische, die Sie nun in die Sudpfanne, also den Einkochtopf, gießen. Bringen Sie den Sud schnell zum Kochen und geben Sie die Hälfte der Hopfenpellets, etwa 15 Gramm, zu. Der sanfte Kochvorgang sollte unter gelegentlichem Umrühren 70 Minuten dauern. Schließen Sie zwischendurch den Deckel des Topfes. Kurz vor Ende der Kochphase geben Sie den Rest des Hopfens zu. Aus der Vorderwürze ist nach der Hopfenzugabe die „Würze" geworden. Zwischenzeitlich reinigen Sie den Läuterbottich und decken den Rand wie gehabt mit dem zweiten Stück Gaze ab. Der Läuterbottich wird zum Gärtopf.
Nach dem Kochen gießen Sie die heiße Würze durch die Gaze in den Gärtopf. Jetzt kommt es darauf an, die Würze so schnell wie möglich auf die Gärtemperatur von 14° bis 22° herunterzukühlen. Legen Sie dazu die vorgefrosteten Kühlakkus in die Würze. Bis die Gärtemperatur erreicht ist, können Sie Ihren staatsbürgerlichen Pflichten nachkommen: Mit der Bierspindel ermitteln Sie den „Stammwürzegehalt" Ihres Gebräus, er ist die Bemessungsgrundlage für die Besteuerung. Warten Sie mit dem Gang zum Finanzamt aber tunlichst, bis sich die Trinkbarkeit Ihres Bieres erwiesen hat. Ist nunmehr die Würze auf 14° bis 22° abgekühlt, schütten Sie die obergärige Flüssighefe zu, dabei rühren Sie die Würze kräftig um: Die Hefe braucht Sauerstoff zum Gären. Decken Sie jetzt den Gärbottich mit einem Deckel ab und hoffen Sie inständig, daß die Gärung nach spätestens 24 Stunden eingesetzt hat. Das erkennen Sie daran, daß sich ein hellbräunlicher Schaum an der Oberfläche der Würze absetzt. Ist das nicht der Fall, kommt leider Ihre Kloschüssel wieder zum Einsatz.
Wenn die Würze gärt, schöpfen Sie den Schaum, „Kräusen" genannt, täglich ab und vergessen Sie nicht, die Gärtemperatur täglich zu kontrollie-

ren. Diese „Hauptgärung“ dauert drei Tage. Nach dieser Hauptgärung füllen Sie das „Jungbier“ in Flaschen und lagern diese stehend, damit sich die restlichen Trübstoffe am Flaschenboden absetzen können. Diese „Nachgärung“ dauert 10 Tage. Während dieser Zeit öffnen Sie die Flaschen täglich kurz, damit der Überdruck entweichen kann. Kontrollieren Sie aber weiterhin die Gärtemperatur. Am 10. Tag öffnen Sie die Flaschen nicht mehr, denn ein gewisser Kohlensäuregehalt garantiert die Haltbarkeit Ihres Altbiers. Den Gärvorgang beenden Sie jetzt, indem Sie die Flaschen bei etwa 7° in den Kühlschrank stellen. Nun ist Ihr selbstgebrautes Altbier trinkfertig und etwa 8 Wochen bei kühler und lichtgeschützter Lagerung haltbar. Es empfiehlt sich aber, das eigene Gebräu erst mal selbst zu verkosten, ehe man Freunde zum Umtrunk einlädt.

Wenn Sie mit dem Brauergebnis zufrieden sind und weiterhin Ihr eigenes Altbier brauen wollen, so können Sie die abgeschöpften Kräusen der letzten Tage mehrfach als Hefe verwenden, denn die Hefe vermehrt sich ja beim Gären. Wenn Sie nicht zufrieden sind, wissen Sie jedenfalls theoretisch wie das Brauen funktioniert und werden künftig Ihr Altbier mit Hochachtung vor der Kunst der Brauer genießen.

Verzeichnis der verwendeten Literatur

Abelshausen, Werner u.a. (Hg): Deutsche Sozialgeschichte 1914 – 1945. München 1985
Aengenheister, Heinrich: Die Landwirtschaft des Kreises Geldern unter Berücksichtigung der natürlichen, wirtschaftlichen und sozialen Verhältnisse und des geschichtlichen Werdegangs. Dissertation. Leipzig/Köln 1901
Arens, Detlev (Hg): Rhein-Maas – Kulturraum in Europa. Köln 1991
Aubin, Hermann u.a.: Geschichte des Rheinlandes von der ältesten Zeit bis zur Gegenwart. 2 Bde. Essen 1922
Avé-Lallemant, Friedrich Christian Benedict: Das deutsche Gaunertum in seiner sozialpolitischen, literarischen und linguistischen Ausbildung zu seinem heutigen Bestande. Reprint der Ausgabe von 1858. Wiesbaden o.J.
Battenberg, Friedrich: Das europäische Zeitalter der Juden. Darmstadt 1990
Bauer, Max: Der deutsche Durst. Methyologische Skizzen aus der deutschen Kulturgeschichte. Leipzig 1903
Baumann, Hans: Alt hält jung. Eine Bierreise durch Deutschland. In: VIF – Das Gourmet-Journal 1/1987
Bihl, Wolfdieter (Hg): Deutsche Quellen zur Geschichte des ersten Weltkriegs. Darmstadt 1991
Birker, Hans Josef: Kempen. Düsseldorf 1981
Birtsch, Günter: Der Idealtyp des aufgeklärten Herrschers. In: Aufklärung. Interdisziplinäre Halbjahresschrift zur Erforschung des 18. Jahrhunderts und seiner Wirkungsgeschichte 1/1997
Blaesen, Paul: Große Unruhe in der Holzweiler Schützengesellschaft um 1830. In: Heimatkalender des Kreises Heinsberg 1988
Blaß, Heinrich: 400 Jahre Reformation in der Grafschaft Moers. In: Der Niederrhein 1960
Blessing, Werner K.: Vom Bierkrawall zum Bierboykott. In: Tenfelde, K./Volkmann, H.: Streik. Zur Geschichte in Deutschland während der Industrialisierung. München 1981
Blotevogel, Hans Heinrich: Gibt es eine Region Niederrhein? In: Geuenich, Dieter (Hg): Der Kulturraum Niederrhein, Bd.2. Bottrop/Essen 1997
Boberach, Heinz (Hg): Meldungen aus dem Reich. Die geheimen Lageberichte des Sicherheitsdienstes des SS. 17 Bde Herrsching 1984
Böcking, Werner: Erlebt auf der Fangstelle Husen. In: Der Niederrhein 1975
Böcking, Werner: Fischverarbeitung am Niederrhein. In: Der Niederrhein 1976
Böcking, Werner: So fischte man am Niederrhein. Die einstigen Fangmethoden von Emmerich bis Neuss Bilder eines alten Handwerks. Kleve 1988
Bode, Wilhelm: Kurze Geschichte der Trinksitten und Mässigkeitsbestrebungen in Deutschland München 1896
Bodens, Wilhelm: Sage, Märchen und Schwank am Niederrhein. Bonn 1937
Bömmels, Nicolaus: Der Fetzer. In: Neusser Jahrbuch 1974
Born, Karl Erich: Von der Reichsgründung bis zum Ersten Weltkrieg. Gebhhardt Handbuch der deutschen Geschichte Bd. 16. 10. Auflage München 1985
Bosch, Heinz: Illustrierte Geschichte der Stadt Geldern 1848-1969. Bd. 1. Geldern 1994
Brandt, Hartwig (Hg): Restauration und Frühliberalismus 1814 – 1840. Quellen zum politischen Denken der Deutschen im 19. und 20. Jahrhundert Bd. III. Darmstadt 1979
Braubach, Max: Von der Französischen Revolution bis zum Wiener Kongreß. Gebhardt Handbuch der deutschen Geschichte Bd. 14. 9. Auflage München 1983

Bremen, Walther: Die Hortges Poort binnen Anrath und das Wirtshaus „Zur blauen Hand“. In: Der Niederrhein 1960
Bremer, Jakob: Das kurkölnische Amt Liedberg. Mönchengladbach 1930
Briesen, Detlef u.a.: Gesellschafts- und Wirtschaftsgeschichte des Rheinlands und Westfalens. Köln 1995
Brocker, Manfred: Arbeit und Eigentum. Der Paradigmenwechsel in der neuzeitlichen Eigentumstheorie. Darmstadt 1992
Burzynski, Edmund: Die Geschichte des Bergbaus in Kamp-Lintfort. In: Der Niederrhein 1984
Bussmann, Claus: Gibt es „Niederrheiner“? Historische Gründe für das Fehlen eines niederrheinischen Identitätsbewußtseins. In: Geuenich, Dieter (Hg): Der Kulturraum Niederrhein, Bd. 1. Bottrop/Essen 1996
Cardauns, Hermann/Müller, Reiner (Hg): Die Rheinische Dorfchronik des Joan Peter Delhoven aus Dormagen (1783 – 1823). Dormagen 1966
Caumanns, Peter: Schützenwesen am Niederrhein. In: Der Niederrhein 1972
Caumanns-Dong: Wirtschaftliches aus der Grafschaft um 1800. In: Land und Leute der Grafschaft Mörs. Mai 1930
Cepl-Kaufmann, G./Schmitt-Föller, R. (Hg): Niederrheinisches Kochbuch 1777. Reprint Düsseldorf 1996
Cuypers, Wilhelm: Europas älteste Narrengesellschaft feiert in Kleve 600jähriges Bestehen. In: Niederrheinische Blätter 4/1981
Cuypers, Wilhelm/Dreißig, Gunter: Leben am Niederrhein. Duisburg 1981
Cyperrek, R.: Das andere Bier. Wiesbaden 1975
Dann, Otto: Die Friedensdiskussion der deutschen Gebildeten im Jahrzehnt der Französischen Revolution In: Huber, Wolfgang (Hg): Historische Beiträge zur Friedensforschung. Stuttgart/München 1970
Detmold, Johann Hermann/Schrödter, Adolf: Thaten und Meinungen des Herrn Piepmeyer, Abgeordneten zur constituirenden Nationalversammlung zu Frankfurt am Mayn. 6 Hefte Frankfurt/Main 1848 bis 1849. Neuausgabe Dortmund 1979
Dickhäuser, Horst: Von Steckrüben, Rindviechern und Anderem. Kleine Dinslakener Bettlektüre. In: Der Niederrhein 1994
Diesler, Peter: Bis die letzte Fessel der Arbeit zerbricht…, 100 Jahre sozialdemokratische Arbeiterbewegung in Neuss. Neuss 1989
Dittgen, Willi: Anno Tobak. Dinslaken 1973
Dörpinghaus, Karl: Zur sozialen Entwicklung im Kreisgebiet. In: Heimatbuch des Kreises Kempen-Krefeld 1966
Dorsch, A.J.: Statistique du Département de la Roer. Köln 1804
Drafz, Helge: Separatisten riefen die Rheinische Republik aus. In: Niederrheinische Blätter 3/1983
Dröge, Franz/Krämer-Badoni, Thomas: Die Kneipe. Zur Soziologie einer Kulturform. Frankfurt 1987
Dülmen, Richard van: Die Gesellschaft der Aufklärer. Zur bürgerlichen Emanzipation und aufklärerischen Kultur in Deutschland. Frankfurt 1986
Eggebrecht, Arne u.a.: Geschichte der Arbeit. Vom alten Ägypten bis zur Gegenwart. Köln 1980
Eisenberg, Christiane: Fußball in Deutschland 1890 – 1914. Ein Gesellschaftsspiel bürgerlicher Mittelschichten. In: Geschichte und Gesellschaft 2/1994
Elias, Norbert: Über den Prozeß des Zivilisation. Soziogenetische und psychogenetische Untersuchungen. 2 Bde. Frankfurt 1976
Elsas, M.J.: Umriß einer Geschichte der Löhne und Preise in Deutschland. 2 Bde. Leiden 1936 – 1949

Endt, Rudi vom: Düsseldorf – so wie es war. Düsseldorf 1962
Engelbrecht, Jörg: Landesgeschichte Nordrhein-Westfalen. Stuttgart 1994
Engelbrecht, Jörg: Räume und Grenzen in historischer Perspektive. Die Entwicklung der deutsch-niederländischen Grenze im Wandel der Jahrhunderte (Schriften des Museumsvereins Dorenburg Nr. 51) Grefrath 1997
Engler, Karl-Heinz: Dormagen. Skizzen aus einer jungen Stadt. Dormagen 1969
Erckens, Günter: Rheydt – wie es war. Düsseldorf 1978
Erckens, Günter: Rheydt – wie es war 2. Düsseldorf 1978
Eßer, Paul: Mythos Niederrhein. Nachruf auf eine schwierige Heimat. 2. Aufl. St. Augustin 1998
Evans, J. Richard: Kneipengespräche im Kaiserreich. Hamburg 1989
Ewers, Marcus: Die Revolution von 1848/49 in Viersen. In: Heimatbuch des Kreises Viersen 1998
Faust, Anselm (Hg): Verfolgung und Widerstand im Rheinland und in Westfalen 1933 – 1945. Köln 1992
Feldmann, Irene: Minderheiten am Niederrhein an der Wende vom 17. Zum 18. Jahrhundert. Das Beispiel der Krefelder Mennoniten. In: Der Niederrhein 1992
Feltes, Paul: 200 Jahre Nachbarschaft von der Pumpe auf dem Fischmarkt 1788 – 1988. Festschrift Rheinberg 1988
Fenske, Hans (Hg): Vormärz und Revolution 1840 – 1849. Quellen zum politischen Denken der Deutschen im 19. und 20. Jahrhundert Bd. IV. Darmstadt 1976
Fenske, Hans (Hg): Unter Wilhelm II. 1890 – 1918. Quellen zum politischen Denken der Deutschen im 19. und 20. Jahrhundert Bd. VII. Darmstadt 1982
Fertig, Ludwig (Hg): Die Volksschule des Obrigkeitsstaates und ihre Kritiker. Texte zur politischen Funktion der Volksbildung im 18. und 19. Jahrhundert. Darmstadt 1979
Fischer, Gert u.a.: Bierbrauen im Rheinland. Köln 1985
Föhl, Walther: Zur Geschichte der Arbeiterbewegung im Kreise Kempen. In: Heimatbuch des Kreises Kempen-Krefeld 1959
Föhles, Maria: Nahrung und Speise im Wandel seit 1900. In: Geldrischer Heimatkalender 1991
Fonk, Genno: Altbierlandschaft Niederrhein. Geschichte und Gegenwart der niederrheinischen Bierspezialität. In: Langensiepen, Fritz (Hg): Bierkultur an Rhein und Maas. Bonn 1998
Fonk, Genno: Das Altbier am Niederrhein. Eine sozial- und kulturgeschichtliche Skizze. In: Jahrbuch Kreis Wesel 2000
Forster, Georg: Ansichten vom Niederrhein. Ausgabe der Edition Deutsche Bibliothek München 1985
Friesen, Hartmut: Räuberbanden. Diebestouren, Gaunerzinken und Bockreiter. Duisburg 1992
Funken, Hans-Peter: Heinsberger Märkte und Kramläden in der ersten Hälfte des 19. Jahrhunderts. In: Heimatkalender des Kreises Heinsberg 1977
Funken, Hans-Peter : Eigenartige Unsitten bei Beerdigungen in Heinsberg vor 125 Jahren. In: Heimatkalender des Kreises Heinsberg 1989
Gahlings, Karl/Matenaar, Franz: Eine Volksgutsammlung aus dem Leben und Brauchtum am Niederrhein. Kleve 1936
Garber, Jörn: Kritik der Revolution. Theorien des deutschen Frühkonservativismus 1790 – 1810. Bd. 1: Dokumentation. Kronberg/Ts. 1976
Gesellschaft zur Verbreitung gemeinnütziger Kenntnisse (Hg): Das Pfennig-Magazin. Leipzig 1833-1842
Gillessen, Leo: Gewerbliche Frühzeit. Dargestellt am Beispiel der Bierbrauer um 1500. In: Heimatkalender der Erkelenzer Lande 1970
Gillessen, Leo: Vom Winkel zum Supermarkt. Historisches über die Versorgung mit Waren des täglichen Bedarfs. In: Heimatkalender des Kreises Heinsberg 1993

Gillessen, Leo: Brauchwandel im westlichen Grenzland. Dargestellt am Beispiel der Fastnacht im 19./20. Jahrhundert. In: Volkskultur an Rhein und Maas 2/1990
Glaser, Hermann: Maschinenwelt uns Alltagsleben. Industriekultur in Deutschland. Vom Biedermeier bis zur Weimarer Republik. Frankfurt 1981
Gorissen, Friedrich: Kleve – so wie es war. Düsseldorf 1977
Grebing, Helga: Arbeiterbewegung. Sozialer Protest und kollektive Interessenvertretung. München 1985
Grotjahn, A.: Der Alkoholismus. Nach Wesen, Wirkung und Verbreitung. Leipzig 1898
Haasis, Hellmut G.: Spuren der Besiegten. Bd. 2: Von den Erhebungen gegen den Absolutismus bis zu den republikanischen Freischärlern 1848/49. Reinbek 1984
Hackspiel, Wolfgang: Niederrheinische Irdenware. In: Der Niederrhein 1987
Hahn, Helmut/Zorn, Wolfgang (Hg): Historische Wirtschaftskarte der Rheinlande um 1820. Rheinisches Archiv Bd. 87. Bonn 1973
Hansmann, Änne: Geschichte von Stadt und Amt Zons. Düsseldorf 1973
Hantsche, Irmgard: Flüchtlinge und Asylanten am Niederrhein vom 16. bis 18. Jahrhundert. In: Geuenich, Dieter (Hg): Der Kulturraum Niederrhein Bd. 1. Bottrop/Essen 1996
Hantsche, Irmgard: Atlas zur Geschichte des Niederrheins. Bottrop/Essen 1999
Hauser, Hermann: Die wirtschaftliche Lage der Gemeinde Bracht im 19. Jahrhundert. In: Heimatbuch des Kreises Kempen-Krefeld 1966
Heckmanns, Franz: Wie einer früher Lehrer wurde. In: Der Niederrhein 1979
Heinze, Werner H.: Moers – junge Großstadt mit alter Geschichte. In: Der Niederrhein 1992
Heizmann, Berthold: Ländliche Festspeisen im nördlichen Rheinland. In: Rheinisch-westfälische Zeitschrift für Volkskunde 29/1984
Heizmann, Berthold: Vom Korn zum Schnaps. In: Volkskultur an Rhein und Maas 6/1987
Heizmann, Berthold: Trinkhallen. Versuch einer volkskundlich-historischen Annäherung an die Alltagskultur. In: Volkskultur an Rhein und Maas 1/1989
Heizmann, Berthold: Die rheinische Mahlzeit. Zum Wandel der Nahrungskultur im Spiegel lokaler Berichte. Köln 1994
Hellmuth, Eckhart: Naturrechtsphilosophie und bürokratischer Werthorizont. Studien zur preußischen Geistes- und Sozialgeschichte des 18. Jahrhunderts. Göttingen 1985
Hendriks, W.: Die Fossa Eugeniana. In: Geldrischer Heimatkalender 1965
Henning, Friedrich Wilhelm: Das vorindustrielle Deutschland 800 bis 1800. 3. Aufl. Paderborn 1977
Henning, Friedrich Wilhelm: Die Industrialisierung in Deutschland 1800 bis 1914. 5. Aufl. Paderborn 1979
Henning, Friedrich Wilhelm: Das industrialisierte Deutschland 1914 bis 1978. 5. Aufl. Paderborn 1979
Henning, Hansjoachim: Bevölkerungsentwicklung und Erwerbsstruktur am linken Niederrhein 1815 – 1933. In: Der Niederrhein
Hermes, Jakob: Das alte Kempen. Eine Stadt im Spiegel der Jahrhunderte. Krefeld 1982
Hermsen, Wilhelm: Stadtporträt Wesel. In: Der Niederrhein 1994
Hertslet, William/Hofmann, Winfried: Der Treppenwitz der Weltgeschichte. Geschichtliche Irrtümer, Entstellungen und Erfindungen. 13. neubearb. Auflage. Berlin, Frankfurt, Wien 1991
Hlatky, Michael/Reil, Franz: Bierbrauen für jedermann. Graz 1995
Höpfner, Hans Paul: Eisenbahnen. Ihre Geschichte am Niederrhein. Duisburg 1986
Honnen, Peter: Kümmeltürmerei. Von den Resten einer Gaunersprache. In: Volkskultur an Rhein und Maas 1/1993
 Houben, Heinrich: Leitfaden zum Krämerlatein, genannt Henese Fleck. Breyell 1888

Hövelmann, Gregor: Die weltweite Klimakatastrophe von 1816 im Kreise Geldern. In: Geldrischer Heimatkalender 1986
Huber, Ernst Rudolf (Hg): Dokumente zur deutschen Verfassungsgeschichte, Bd. 1 und 2. 3. Aufl. Stuttgart 1978/1986
Huck, Jürgen: Der Fetzer und seine Bande in Neuss im Lichte neuerer Forschungen. In: Almanach für den Kreis Neuss 1983
Hübner, Regina/Hübner, Manfred: Der deutsche Durst. Illustrierte Kultur- und Sozialgeschichte. Leipzig 1994
Janke, Klaus/Niehues, Stefan: Echt abgedreht. Die Jugend der 90er Jahre. München 1995
Jansen, Johann Heinrich: Der Schlüssel zum Krämerlatein oder: kurze Anleitung zum Henese-Flick der Breyeller. Breyell 1848
Jantke, C./Hilger, D. (Hg): Die Eigentumslosen. Der deutsche Pauperismus und die Emanzipationskrise in Darstellungen und Deutungen der zeitgenössischen Literatur. Freiburg/München 1965
Jarren, Volker: Schmuggel auf dem Niederrhein von 1818 bis zur Jahrhundertmitte. In: Der Niederrhein 1993
Jarren, Volker: Vom „schändlichen und demoralisierenden Gewerbe des Schleichhandels". Sicherheitspolizeiliche Maßnahmen gegen Schmuggel am linken Niederrhein 1817 – 1848/50. In: Der Niederrhein 1994
Jukubowski, Elmar/Trebels, Heinz: Uerdingen – so wie es war. Düsseldorf 1977
Jung, Hermann: Armee auf Schleichwegen. Erlebtes und Erlauschtes vom Schmuggelkrieg im Westen. Köln 1932
Jung, Hermann: „Sorgen Sie dafür, daß den Räubern das Handwerk gelegt wird". In: Niederrheinische Blätter 4/1982
Jung, Hermann: Vor 800 Jahren führten die Mönche des Klosters Kamp den Weinbau ein. In: Niederrheinische Blätter 3/1983
Kellenbenz, Hermann: Deutsche Wirtschaftsgeschichte, 2 Bde. München 1977
Keller, Karl: Nachbarschaften im Gelderland. Geldern 1979
Keller, Karl: Über niederrheinische Pumpengemeinschaften in Walbeck, Wachtendonk, Kapellen, Geldern, Rheinberg, Rees und Goch. In: Der Niederrhein 1988
Keller, Karl: Aktuelles und Historisches über niederrheinische Nachbarschaften in Rheinberg, Nieukerk, Straelen und Geldern. In: Geldrischer Heimatkalender 1988
Keller, Karl: Neue Nachbarschaftspumpen und ländliches Brauchtum im Gelderland. In: Geldrischer Heimatkalender 1995
Keller, Karl: Verschiedene Berichte über nachbarschaftliches Brauchtum am Niederrhein. In: Der Niederrhein 1997
Keuck, Bernhard: Juden in Issum. Issum 1990
Kirchhoff, Hans Georg: Heimatchronik des Kreises Grevenbroich. Köln 1971
Kirchhoff, Hans Georg: Aus Mittelalter und Neuzeit. Gesammelte Aufsätze zur Geschichte des Kreises Neuss. Dormagen 1995
Klapheck, Anna: Düsseldorf. München/Berlin 1971
Kleipaß, Herbert: Emmerich – gestern und heute. In: Der Niederrhein 1994
Kleßmann, Eckart (Hg): Deutschland unter Napoleon in Augenzeugenberichten. Düsseldorf 1965
Kluthe, Reinhold/Kasper, Heinrich (Hg): Alkoholische Getränke und Ernährungsmedizin. Stuttgart 1998
Kneipp-Verein Mönchengladbach e. V. (Hg): 100 Jahre Kneipp-Verein Mönchengladbach. Festschrift Mönchengladbach 1996
Knigge, Adolph Freiherr von: Über den Umgang mit Menschen. Neuausgabe Frankfurt 1977

Knupp-Uhlenhaut, Christine: Grafschafter Museum im Moerser Schloß. Kulturgeschichte und Volkskunst der Grafschaft Moers und des Niederrheins. Museumskatalog. Moers 1984
Köppen, Ernst: Krefeld – so wie es war. Düsseldorf 1974
Korte-Böger, Andrea: Notspeisen. Rezepte aus Kriegszeiten. In: Volkskultur an Rhein und Maas 1/1995
Kremers, Elisabeth: Trunkenbolde in den Akten des 19. Jahrhunderts. In: Heimatbuch des Kreises Viersen 1989
Krings, Friedel: Das mittelalterliche Gasthaus und seine Kapelle St. Leonhard in Erkelenz von 1400 bis 1990. In: Heimatkalender des Kreises Heinsberg 1991
von Krockow, Christian: Heimat – eine Einführung in das Thema. In: Bundeszentrale für politische Bildung (Hg): Heimat. Bd 2: Analysen, Themen, Perspektiven. Bonn 1990
Langewiesche, Dieter: ‚Fortschritt', ‚Tradition' und ‚Reaktion' nach der Französischen Revolution bis zu den Revolutionen von 1848. In: Schmidt, Jochen (Hg): Aufklärung und Gegenaufklärung in der europäischen Literatur, Philosophie und Politik von der Antike bis zur Gegenwart. Darmstadt 1989
Leson, Willy: So lebten sie am Niederrhein. Texte und Bilder von Zeitgenossen. Köln 1980
Levenstein, A.: Die Arbeiterfrage. München 1912
Lipp, Johannes: Das „Alte Brauhaus" in Oedt. In: Oedter Heimatblätter 11/1992
Löhr, Wolfgang: Mönchengladbach – wie es war. Düsseldorf 1976
Löhr, Wolfgang: Mönchengladbach – wie es war 2. Düsseldorf 1979
Löhr, Wolfgang: Viersen – so wie es war. Düsseldorf 1979
Loth, Wilfried: Soziale Bewegungen im Katholizismus des Kaiserreichs. In: Geschichte und Gesellschaft 3/1991
Lutterbeck, Wolfgang: Das Bier am Niederrhein. Berlin 1940
Lutz, Heinrich: Zwischen Habsburg und Preußen. Deutschland 1815 – 1866. Berlin 1985
Meuter, Hanna: Breyell, wat huckste knäbbig! Ein Heimatbuch vom alten Kiepenträgerdorf. Breyell 1959
Meuter, Hanna: Geheimsprachen in Rheinland und Westfalen, im besonderen das Krämerlatein der Breyeller. In: Der Niederrhein 1958
Meyers, Fritz: Nachbarschaften feiern Fastnacht. In: Der Niederrhein 1970
Meyers, Fritz: So war es am Niederrhein. Kevelaer 1990
Michel, Joh. Jakob: Die Bockreiter von Herzogenrath, Valkenburg und Umgebung (1734 – 1756 und 1762 – 1776). Aachen 1905
Mindel, Carl Heinrich August: Wegweiser Düsseldorfs oder Grundlage zur geographisch-, statistisch-, topographisch-historischen Darstellung von Düsseldorf nach seinen früheren und derzeitigen Verhältnissen. Reprint der Ausgabe von 1817. Düsseldorf 1996
Mommsen, Hans (Hg): Herrschaftsalltag im Dritten Reich. Düsseldorf 1988
Mott, Barbara: Die Pfälzer am Niederrhein. Die Geschichte der Pfälzersiedlungen Pfalzdorf, Louisendorf und Neulouisendorf im Rahmen der preußischen Binnenkolonisation des 18. und 19. Jahrhunderts. Ausstellungskatalog. Kevelaer 1989
Müller, Josef (Hg): Rheinisches Wörterbuch. Bonn 1928 – 1971
Müller, Manfred: Neuss unterm Hakenkreuz. Die NSDAP und ihre Gegner in einer katholischen Stadt des Rheinlandes. Essen 1988
Müller, Rudolf H.: Der Kreis Viersen am Niederrhein. Stuttgart/Aalen 1978
Müller-Schlösser, H.: Düsseldorfer Geschichten. Düsseldorf 1912
Münch, Paul (Hg): Ordnung, Fleiß und Sparsamkeit. Texte und Dokumente zur Entstehung der „bürgerlichen Tugenden". München 1984
Neusser Bürger-Schützen-Verein e.V. (Hg): 175 Jahre Neusser Bürger-Schützen-Verein 1823 – 1998. Festschrift. Neuss 1998

Niepoth, Wilhelm: Die Anfänge des Täufer-Mennonitentums am Niederrhein. In: Der Niederrhein 1955
Nießen, J.: Die Pflanzen im Volksglauben und Volksbrauch. Bonn 1936
Nordrhein-Westfälisches Hauptstaatsarchiv (Hg): Die rheinische Stadt. Lebensraum im Wandel der Jahrhunderte. Kleve 1988
Nover, J.: Bilder vom Niederrhein. Unser deutsches Land und Volk. Leipzig 1881
Obendorf, Heinz-Georg: Die Industrie im Kreis Kempen-Krefeld 1945 bis 1965. In: Heimatbuch des Kreises Kempen-Krefeld 1966
Odenthal, Josef: Düsseldorf – so wie es war 2. Düsseldorf 1978
Offermann, Toni: Die regionale Ausbreitung der frühen deutschen Arbeiterbewegung. In: Geschichte und Gesellschaft 4/1987
o.Verf.: Beiträge zur Statistik der königlich-preußischen Rheinlande, aus amtlichen Statistiken zusammengestellt. Aachen 1829
o.Verf.: Der vollkommene Bierbrauer. Oder kurzer Unterricht alle Arten Biere zu brauen, wie auch verdorbene Biere wieder gut zu machen, auch alle Arten von Kräuterbieren. Frankfurt und Leipzig 1784
Palla, Rudi: Verschwundene Arbeit. Ein Thesaurus der untergegangenen Berufe. Frankfurt 1995
Peters, Leo: Kinderarbeit im Kreise Kempen im 19. Jahrhundert. In: Heimatbuch des Kreises Viersen 1978
Petri, Franz/Droege, Georg (Hg): Rheinische Geschichte. 3 Bde. Düsseldorf 1979
Von Plato, Alexander/Leh, Almut: „Ein unglaublicher Frühling". Erfahrene Geschichte im Nachkriegsdeutschland 1945 – 1948. Bonn 1997
Pöls, Werner (Hg): Deutsche Sozialgeschichte 1815 – 1870. Dokumente und Skizzen. 3. Aufl. München 1979
Potthoff, O.D./Kossenhaschen, Georg: Kulturgeschichte der deutschen Gaststätte. Umfassend Deutschland, Österreich, Schweiz und Deutschböhmen. Berlin 1933
Press, Volker: Kriege und Krisen. Deutschland 1600 – 1715. Deutsche Geschichte Bd. 5. München 1991
Prieur, Jutta: Juden am Niederrhein. Xantener Vorträge zur Geschichte des Niederrheins Nr. 13. Duisburg 1994
Purpar, Rolf: Reisebuch Niederrhein. 2. Aufl. Aachen 1991
Riedel, Lothar: Die Geldernsche Kreisbahn. Die Verkehrsgeschichte der schmalspurigen Kleinbahn Kempen-Straelen-Kevelaer. Geldern 1989
Ritter, Gerhard/Kocka, Jürgen (Hg): Deutsche Sozialgeschichte 1870 – 1914. Dokumente und Skizzen. 3. Aufl. München 1982
Roberts, S. James: Der Alkoholkonsum deutscher Arbeiter im 19. Jahrhundert. In: Geschichte und Gesellschaft 2/1980
Rotthoff, Michael: Notzeiten. Schriften des Museumsverein Dorenburg e.V. Nr. 45. Grefrath 1992
Rüden, Peter von/Koszyk, Kurt (Hg): Dokumente und Materialien zur Kulturgeschichte der deutschen Arbeiterbewegung 1848 – 1918. Frankfurt 1981
Schmitt, Carl: Politische Romantik. 4. Auflage Berlin 1982
Schönherr, Volker: Die Geschichte des Niederrheins. Duisburg 1998
Schorn, Karl: Zeltfahrten am unteren Rhein, Berg und Ruhr. Leipzig/Düsseldorf o.J. (ca 1934)
Schrutka-Rechtenstamm, Adelheid: „Alles verliert seine – man kann sagen – Ordnung". Leben mit der Umsiedlung im rheinischen Braunkohlegebiet am Beispiel Garzweiler. In: Volkskultur an Rhein und Maas 2/1998
Schulte, Paul-Günter: Bier, Korn und Wirtshäuser in Willich. In: Heimatbuch des Kreises Viersen 1989
Schulze, Hagen: Weimar. Deutschland 1917 – 1933. Berlin 1982

Schumann, Uwe-Jens (Hg): Deutschland deine Biere. München 1993
Schwarz, Dieter: Ein wahres Bierwunderland. In: Düsseldorf Magazin 2/1986
Seidl, Conrad: Bier. Deutsche und europäische Braukunst. Weyarn 1997
Seyppel, Hans: Düsseldorfer Originale und Rezepte von Anno dazumal. Schrift der Privatbrauerei Frankenheim. Düsseldorf o. J.
Sieferle, Rolf Peter: Fortschrittsfeinde? Opposition gegen Technik und Industrie von der Romantik bis zur Gegenwart. München 1984
Siemann, Wolfram (Hg): Der „Polizeiverein" deutscher Staaten. Eine Dokumentation zur Überwachung der Öffentlichkeit nach der Revolution von 1848/49. Tübingen 1983
Siemann, Wolfram: Vom Staatenbund zum Nationalstaat. Deutschland 1806 – 1871. Deutsche Geschichte Bd. 7. München 1995
Sollbach-Papeler, Margrit: Kriegsende 1945 im Kreis Neuss. Neuss 1995
Sombart, Werner: Der moderne Kapitalismus. Historisch-systematische Darstellung des gesamteuropäischen Wirtschaftslebens von seinen Anfängen bis zur Gegenwart. Reprint der Auflage München/Leipzig 1916. 3 Bde. München 1987
Sommer, Susanne: Mühlen am Niederrhein. Die Wind- und Wassermühlen des linken Niederrheins im Zeitalter der Industrialisierung (1814 – 1914). Köln 1991
Stadt Willich (Hg): Bier, Korn und Wirtshäuser in Willich. Willich 1986
Stammen, Theo/Eberle, Friedrich (Hg): Deutschland und die Französische Revolution 1789 – 1806. Quellen zum politischen Denken der Deutschen im 19. und 20. Jahrhundert Bd. I. Darmstadt 1988
Stampfuß, Rudolf: August Thyssen und die Industrialisierung des Niederrheins. In: Der Niederrhein 1956
Stehr, A.H.: Alkoholgenuß und wirtschaftliche Arbeit. Jena 1904
Steinberg, Heinz Günter: Menschen und Land in Nordrhein-Westfalen. Eine kulturgeographische Landeskunde. Köln 1994
Steitz, Walter: Quellen zur deutschen Wirtschafts- und Sozialgeschichte im 19. Jahrhundert bis zur Reichsgründung. Darmstadt 1980
Straub, Hans: Residenz am Rhein: Fürsten in Düsseldorf. In: Merian 7/XXVII
Straver, Hans: Hochdeutsch – Breyeller Platt – Henese Fleck. Breyell 1984
St.-Sebastianus-Schützenbruderschaft (Hg): Die St.-Sebastianus-Schützenbruderschaft Osterrath und das Schützenwesen. Chronik zum Festjahr 1975. Meerbusch-Osterrath 1976
Stürmer, Michael: Das ruhelose Reich. Deutschland 1866 – 1918. Berlin 1983
Thun, Alphons: Die Industrie am Niederrhein und ihre Arbeiter. Leipzig 1879
Trommershausen: Rheinische Nachbarschaft. In: Rheinisches Land 1 – 2/1926
Ulrich, Jochem: Soziale Entwicklungen im industriellen Umbruch. Die Anpassungskrise in der niederrheinischen Textilindustrie, dargestellt am Gebiet der heutigen Stadt Viersen 1890 – 1913. Dissertation. Duisburg 1985
Ulrich, Jochem: Industrie und Gesellschaft am Niederrhein. Köln 1986
Ulrich, Jochem: Viel Ziegen gab's und wenig Brot. In: Der Niederrhein 1987
Ulrich, Jochem: Wanderungen ausländischer Arbeitskräfte an den Niederrhein 1830 – 1913. In: Der Niederrhein 1987
Valentin, Veit: Geschichte der deutschen Revolution von 1848/49. 2 Bde. Frankfurt 1977
Vollmer, Adolf: Geschichte der Gemeinde Wegberg. Köln 1912
Weber, Heinz: Plauderei über die Treidelei. In: Der Niederrhein 1985
Wehler, Hans Ulrich: Deutsche Gesellschaftsgeschichte. 3 Bde. München 1987 ff
Weinforth, Friedhelm (Bearb.): Armut im Rheinland. Dokumente zur Geschichte von Armut und Fürsorge im Rheinland vom Mittelalter bis heute. Kleve 1992

Wesoly, Kurt: Sterbeladen und Leichengesellschaften als frühe Formen der sozialen Sicherung. In: Volkskultur an Rhein und Maas 1/1993
Wierstraet, Christian: Die Geschichte der Belagerung von Neuss. Reprint und Transskription der Erstausgabe von 1476. Neuss 1974
Wolters, Anja: Der „Verein gegen den Mißbrauch geistiger Getränke“ in Mönchengladbach um die Wende vom 19. zum 20. Jahrhundert. Examensarbeit. Mönchengladbach 1993
Wysocki, Josef: 25 Thaler gut angelegt. Festschrift zum 150jährigen Jubiläum der Stadtsparkasse Krefeld. Krefeld 1990
Zacharias, Eva-Maria: Moers. Düsseldorf 1984
Zimmermann, Christa-Maria (Hg): So lebten sie im alten Düsseldorf. Texte und Bilder von Zeitgenossen. Köln 1983
Zitzen, E. G.: Scholle und Strom. Rheinischer agrargeschichtlicher Wortschatz. Bonn 1957

Bildnachweis

Archiv der Privatbrauerei Diebels, Issum: Seiten 120, 133, 136, 139, 152, 159
Genno Fonk, Kempen (Fotos): 41, 45, 51, 172, (Repros): 19, 24, 25, 29, 34, 42, 72, 108, 109, 166
Privatarchiv Genno Fonk: 176
Archiv der Brauerei Frankenheim, Düsseldorf: 168
Archiv der Brauerei Gatzweiler, Düsseldorf: 155, 165, 174
Gesellschaft für Öffentlichkeitsarbeit der deutschen Brauwirtschaft e.V., Bonn: 204, 208
Stadtarchiv Goch: 146
Stadtarchiv Kempen: 140
Stadtarchiv Krefeld: 23
Mercator-Verlag, Duisburg: 36, 69
Stadtarchiv Mönchengladbach: 122, 135
Grafschafter Museum Moers: 26
Stadtarchiv Moers: 56, 116
Oedter Heimatblätter 11/92: 186
Archiv der Brauerei Rhenania, Krefeld: 91, 130, 143, 150, 164, 171, 184
Archiv der Hausbrauerei „Zum Uerige“, Düsseldorf: 162, 179, 189, 194
Medienzentrum des Kreises Viersen: 128

Vorsatzabbildung aus: Hantsche, Irmgard, Atlas zur Geschichte des Niederrheins, Bottrop/Essen 1999

Niederrhein-Bücher aus dem Mercator-Verlag

Hermann Jung

Die Vogelfreien der Bönninghardt

Tolldreiste Geschichten von dem Räuber Wilhelm Brinkhoff am Niederrhein

Wilhelm Brinkhoff und andere lichtscheue Gestalten verunsicherten bis zur Jahrhundertwende als „Vogelfreie der Bönninghardt" die Bevölkerung. Da sich aber bei ihren Raubzügen auf Überfälle bei reichen oder unbeliebten Mitbürgern konzentrierten, rankten sich um die Bande zahlreiche heitere Geschichten und lustige Anekdoten, die weitergesponnen und ausgeschmückt wurden. Hermann Jung hat die Moritaten und Streiche recherchiert und zusammengestellt, zum ersten Mal im Jahr 1929. Diese Neuauflage folgt der Ausgabe von 1958 in unserem Verlagshaus (mit Zeichnungen von Anton Heinen).

204 Seiten, gebunden mit Schutzumschlag, ISBN 3-87463-283-0

In gleicher Ausstattung erschien:

Hubert Brüggen

Vertraute Wege

Ein Dorf am Niederrhein

Ein stilles Dorf und ein kleiner Bauernhof am Niederrhein sind Schauplatz der nachdenklichen und humorvollen Erinnerungen an die Zeit der dreißiger Jahre bis zum Ende des Zweiten Weltkrieges.

184 Seiten, ISBN 3-87463-284-9

Rita Mielke

Niederrheinisches Kochbuch, 2. Auflage

Rezepte, Bilder und Geschichten aus Großmutters Zeit

Der kulinarische Niederrhein hat mehr zu bieten als deftige Eintöpfe und Suppen – das beweisen die 88 Gerichte von gestern in 13 Kapiteln. Alle Anleitungen wurden behutsam für die Küche von heute überarbeitet und laden ein, alte Traditionen aufleben zu lassen. Bilder und Geschichten aus Großmutters Leben umrahmen die Rezepte und erweitern die Sammlung zu einem historischen Lesebuch.

96 Seiten, zahlreichen Fotos, Vignetten und Zeichnungen, Duplex-Druck, gebunden, ISBN 3-87463-291-1

Hanns Dieter Hüsch / Norbert Schinner

Tach zusammen

Geschichten und Bilder vom Niederrhein, 4. Auflage

Der großformatige Bildband mit jahreszeitlich geordneten Farbfotos von Norbert Schinner lebt besonders von den Geschichten über den Niederrhein, die der bekannte Kabarettist und Schriftsteller Hanns Dieter Hüsch beisteuert. Mit über 30.000 Exemplaren in der 4. Auflage ist das gewichtige Buch eines der erfolgreichsten Niederrhein-Bücher der letzten Jahre.

124 Seiten, Großformat, gebunden, ISBN 3-87463-260-1